KB133432

한국 현대사 산책 **1990년대 편 2권**

한국 현대사 산책 **1990년대 편**(전3권)
3당합당에서 스타벅스까지 · 2권
© 강준만, 2006

초판 1쇄 2006년 6월 26일 펴냄
초판 11쇄 2017년 9월 13일 펴냄

지은이 | 강준만
펴낸이 | 강준우
기획 · 편집 | 박상문, 박효주, 김예진, 김환표
디자인 | 최진영, 최원영
마케팅 | 이태준
관리 | 최수향
인쇄 · 제본 | 제일프린테크

펴낸곳 | 인물과사상사
출판등록 | 제17-204호 1998년 3월 11일

주소 | 04037 서울시 마포구 서교동 392-4 삼양E&R빌딩 2층
전화 | 02-325-6364
팩스 | 02-474-1413

www.inmul.co.kr | insa@inmul.co.kr

ISBN 978-89-5906-033-7 04900   ISBN 978-89-5906-035-6 (세트)

값 12,000원

3당합당에서 스타벅스까지 **1990년대 편 2권**

한국 현대사 산책

강준만 저

인물과
사상사

제5장 6공 남북전쟁 · 입시전쟁 · 광고전쟁 / 1994년

제6장 세계화와 삼풍백화점 / 1995년

제3장 소비문화와 대중문화의 결혼 / 1992년

정주영의 통일국민당 창당 | 제14대 총선과 민자당 경선 | 국민을 열광시킨 바르셀로나올림픽 | 제14대 대통령선거: 언권선거 | 마광수와 이문열: 시대와의 불화 | 자동차혁명: '마이카시대' | '바람부는 날이면 압구정동에 가야 한다' | '질투'와 '최진실 신드롬' | 드라마 페미니즘: '아들과 딸'과 '여자의 방' | 서로 닮아가는 드라마와 광고 | 10대가 지배하는 대중문화

자세히 읽기
종교의 대선 참여 | SBS의 반란 | '원초적 본능'과 '결혼이야기' | '서태지와 아이들'의 출현 | 노래방의 대중화

제4장 김영삼 · 이건희 · 신세대 신드롬 / 1993년

김영삼 신드롬 | 김영삼의 여론정치 | 금융실명제와 '깜짝쇼' | 대학입시 부정사건 | 이건희 신드롬 | 기차 · 비행기 · 배 참사: 구포에서 위도까지 | 쌀: 우르과이라운드 협상 타결 | 서편제 열풍 | 신문전쟁과 신문개혁 | 텔레비전: 당당한 상업주의, 대담한 시청자 | 신세대: 네 멋대로 해라 | '연예인 신드롬'과 연예저널리즘

자세히 읽기
김영삼의 청교도적 생활 | '한완상의 충격적인 대북관'? | 박정희 복고주의 | 지역생활정보신문 돌풍

1994년

제5장

남북전쟁 · 입시전쟁 · 광고전쟁

"김현철은 새 정부 최후의 성역인가"

"대통령만 뛰었다"

『동아일보』 1994년 2월 14일자는 '문민정부 1년'을 평가하는 연재 기사의 제목을 "대통령만 뛰었다"로 내걸었다. 다음과 같은 에피소드들은 대통령이 정말 바쁘게 일했다는 걸 실감케 하기에 충분했다.

"지난 2일 김영삼 대통령이 부산·경남지역을 순시할 때다. 2차례의 업무보고를 비롯해 이날 하루 동안 치러진 행사는 모두 7차례. 대통령을 수행하던 인사들은 모두 녹초가 됐다. 그때 최형우 내무장관이 박관용 대통령비서실장에게 한마디했다. '박 실장, 나는 비서실장을 하라고 해도 못하겠구만…….'"

이 기사는 "김 대통령의 이 같은 부지런함은 집무 스타일에도 그대로 연결된다"고 했다.

"김 대통령은 2일 부산으로 가는 전용기 안에서 이기태 서울경찰청장에게 전화를 걸었다. 전날 있었던 과격 농민시위에 대한 철저한 수사를 당부하기 위해서였다. 집무실이건 관저건 교통편으로 이동 중이건 그는 문제가 있으면 바로 관계자를 찾아 지시를 내린다. 예비군 제도 개선, 슬롯머신 폐지, 구총독부 건물 철거, 인사청탁 엄단, 그리고 장영자 씨 어음 부도, 낙동강 오염사건, 오렌지족 집단 구타사건 등에 대한 철저 조사 지시 등등 그가 취임 후 지금까지 내린 지시는 헤아릴 수 없이 많다. 부인 손명순 여사는 주변 사람들에게 이런 얘기를 했다. '대통령은 집에 와도 저녁식사하면서 전화를 하고, 텔레비전 보고 신문 보고 서류를 챙기는 바람에 내조할 틈이 없다. 그래서 재미도 없다."

대통령 혼자만 뛰는 문제점을 지적해 줄 순 없었을까? 94년 2월 23일 민자당이 개최한 대통령 취임 1주년 기념 정책토론회는 그런 생산적인 제언이나 비판보다는 일종의 '찬사 경연대회'로 전락하고 말았다. 주제 발표자인 외국어대 명예교수 김계수는 이런 말을 했다.

"사상적인, 역사적인, 도덕적인 김 대통령의 개혁정치는 참으로 또 처음으로 미국, 일본 등 여러 나라에 선구자적인 선도자적인 정치 시범을 보여 주었고 그의 정치개혁은 모든 국민의 압도적 지지와 관심의 대상일 뿐만 아니라 세계적인 관심사가 됐다."

반면 야당은 혼자만 뛰는 대통령의 판단 능력과 사고방식을 문제삼았다. 민주당 대표 이기택은 94년 3월 11일 여야 영수회담을 하고 나서 "대통령이 물가가 오르는 것은 냉해 때문이라고 하면서 4월에는 새 마늘이 나오니 물가가 안정될 것이라고 합디다. 이게 물가에 대해 대통령이 말한 전부입니다. 새 마늘이 나오면 물가가 해결된다니 말이나 될 법합니까. (대통령과의 대화를 적은 종이를 꺼내 들며) 예산제도의 개편이나 한은 독립 등도 촉구했습니다만 대통령은 이에 대해서는 단 한마디도 없었습니다"라고 말했다.[1]

---

1) 『경향신문』, 1994년 3월 14일.

김영삼과 이회창의 충돌

대통령과 국무총리의 관계도 삐꺽거렸다.

1994년 4월 21일 국무총리 이회창은 총리실 간부회의에서 "정부 정책은 내각의 논의를 거친 뒤 결정되어야 한다"며 "통일안보정책조정회의에 회부 조정된 정책사항은 관계장관이 사전에 총리의 승인을 받아 시행해야 한다"고 지시해 정부의 주요 정책이 자신의 결재·승인을 거치지 않고 발표되는 데 대해 강한 불만을 표출했다.

이회창은 관변단체 지원중단을 내무부, 청와대 비서실 등과의 사전협의 없이 일방 지시한 것 등과 관련해서도 여권으로부터 강한 견제를 받아왔었다. 그는 특히 낙동강 수질오염 사태, UR 최종이행계획서 수정제출과 관련해 취임 100여 일 만에 두 차례나 대국민 사과를 하게 되자 "정부 정책이 총리와의 충분한 협의 없이 결정된 뒤 막상 문제화되자 총리에게만 책임을 묻고 있다"며 유감을 표시하기도 했다.

4월 22일 하오 4시 김영삼은 청와대에서 이회창으로부터 30분 동안 주례보고를 받은 자리에서 이회창의 최근 언동에 강한 불쾌감을 표시했다. 이회창은 주례회동이 끝난 뒤 정부종합청사 총리집무실로 돌아와 총무처장관 황영하를 통해 총리직 사임서를 제출했다. 오후 5시 김영삼은 이회창의 사표를 전격수리하고 후임 총리에 부총리겸 통일원장관 이영덕을 내정했다. 이로써 이회창은 93년 12월 16일 취임, 128일 만에 물러났다. 이회창은 김영삼에게 주례보고를 마친 뒤 청와대 발표가 있기 전에 공보비서관 강형석을 통해 사표제출 사실을 발표했다.

청와대 고위관계자는 이회창의 사표 수리와 관련, "외교안보는 대통령의 고유권한으로서 이 총리가 외교안보 정책 결정의 사전보고를 내각에 지시한 것은 월권"이라고 말해 이회창이 전날 통일안보정책조정회의의 결정사항을 사전에 보고하라고 지시한 것이 사표수리의 주요 요인임

이회창은 1993년 12월 16일 국무총리에 취임, 128일 만에 물러났다. 사진은 김영삼 대통령이 이회창 국무총리에게 임명장을 수여하는 모습이다.

을 분명히 했다. 또 다른 청와대관계자도 "이 총리의 사퇴는 문책성 경질로 보아야 한다"고 말했다.[2]

당시 청와대 공보수석이었던 주돈식도 자신의 감각으로는 '해임'이었다고 했다. 그러나 그는 "김 대통령에 대한 지지도가 50% 선 이하로 떨어진 것은 이회창 국무총리의 전격 해임 사건을 계기로 해서였다"며 "그 반면 해임당한 이회창 씨는 인기도 조사의 대상에도 끼지 못했던 위치에서 무려 35% 선으로 뛰어올랐다"고 말했다.[3]

---

2) 『한국일보』, 1994년 4월 23일, 1면.
3) 주돈식, 『문민정부 1천2백일: 화려한 출발, 소리 없는 실종』(사람과책, 1997), 74쪽.

"현철이 이야기만은 함부로 하지 말라"

그러나 이즈음 진짜 문제는 대통령의 아들 김현철이 이른바 '소통령' 또는 실질적인 대통령으로 무소불위의 권력을 행사하기 시작했지만, 이 문제가 '성역'으로 여겨지고 있었다는 데에 있었다. 김 정권 내부에서조차 그랬다. 그건 바로 김영삼 때문이었다. 대통령 비서실장 박관용은 훗날 이렇게 증언했다.

"청와대 입주 초기였습니다. 청와대 살림살이를 관장하는 홍인길 총무수석이 '현철이에 대한 김 대통령의 애정이 각별하니 다른 이야기는 다 하더라도 현철이 이야기만은 함부로 하지 말라'고 충고해 줍디다. 가신 출신이 아닌 나로선 상도동 집안 사정을 속속들이 알 수 없는 처지였기 때문에 혹시 실수를 할까 봐 홍 수석이 선의의 충고를 해 주었던 겁니다. 홍 수석뿐 아닙니다. 주위의 여러 사람들이 '상도동 시절부터 현철이 이야기를 입에 올려서 살아남은 사람이 없다'며 입조심을 당부했습니다."[4]

『한겨레신문』과 그 자매지인 『한겨레21』만이 94년 봄부터 문제 제기에 나섰다. 『한겨레신문』 기자 곽병찬은 『한겨레21』 94년 3월 24일자에 쓴 〈김현철은 새 정부 최후의 성역인가〉라는 제목의 기사에서 "일부 중앙 일간지와 시사주간지 그리고 월간지에서는 김현철 씨 문제를 특집으로 기획했으나 이를 알아차린 청와대 등 권력기관의 '점잖은 충고'로 모두 중도 포기해 버렸다"고 말했다.

"특히 ㄴ시사주간지는 비밀리에 원고까지 마감시켰으나 사진을 구하던 과정에서 노출돼 출고를 포기했다. 이때 가장 적극적인 '충고자'는 청와대의 ㅇ수석이었던 것으로 알려졌다. 그는 또 타 주간지가 김씨를 기획취재한다는 정보를 접하고는 '가능한 모든 법적 대응을 하겠다. 일

---

4) 한국일보 특별취재팀, 『대통령과 아들: 실록 청와대-문민정부 5년』(한국문원, 1999), 17쪽.

정재중(좌)과 지용규(우)의 기자회견 모습. 이 자리에서 정재중은 자신의 폭탄선언을 번복했다.

자일획도 조심해야 할 것'이라고 강조했다. 이 주간지에 대해서는 안기부의 차관급 고위관계자까지 나서 게재하지 말 것을 종용하기도 했다. ㅈ월간지 역시 정치부 기자를 대상으로 한 '현 정부의 실력자' 조사에서 선택지 안에 포함되지도 않았던 현철 씨가 상위에 올랐으나 '기관의 정중한 권고'에 따라 이 부분을 기사에서 삭제했다."

이때 이미 무자격 한약업자들의 로비와 관련한 이른바 '김현철 파동'이 수면 아래에서 일어나고 있었다. 이 '사건'은 단순한 정치자금 수수 사건에 그치지 않고 언론탄압의 문제로까지 비화되었다. 김현철 파동은 『한겨레신문』 94년 4월 27일자의 다음과 같은 보도로 시작되었다.

"이날 밤 서울 구치소에서 보석으로 풀려난 정재중 씨는 '92년 대선 직전인 12월 12일 유성농협 발행어음 5장(총액 1억 500만 원)과 수표 현금 1,500만 원 등 모두 1억 2,000만 원을 여의도 맨하탄호텔에 있던 김현철 씨 사무실로 한약업사 구제위원회 고문인 지용규 씨가 이충범 변호사에게 가져다 주었고 이 자리에는 김현철 씨도 있었다는 말을 지씨한테서 전해 들었다' 고 말했다. 정씨는 이어 '이 돈은 변호사 수임료가 아니라 한약업사들을 구제해 달라는 조건의 정치자금이었다' 고 주장했다.”

그러나 이 보도 이후에 전개된 사건의 전말에 대해선 국민은 알기 어려웠다. 『한겨레신문』을 제외한 거의 모든 언론이 입을 닫아 버렸기 때문이다. 민주언론운동협의회 정책기획부 간사 박광우는 『말』지 94년 6월호에 기고한 글에서 “'미안하다. 회사를 살려야 되지 않느냐. 수서사건 때보다 더 큰 압력이 들어오고 있다.' 지난 4월 26일 『세계일보』가 한약업사 정재중 씨로부터 김현철 씨의 정치자금 수수에 대한 증언을 최초로 확인하여 사회면 머리기사로 보도하기로 했다가 청와대의 압력으로 게재되지 못한 데 대한 손아무 부사장의 해명 발언이다”고 말했다.

“잘 알려진 대로 『세계일보』는 6공화국 때 '수서사건에 청와대가 개입했다' 는 특종 보도로 모기업인 통일그룹이 세무조사를 받는 등 심한 후유증을 앓았다. '3공이나 5공도 아닌데 무슨 얘기냐. 6공 때도 이러진 않았다' 며 김현철 씨 관련 기사 삭제 압력을 거부하였다는 『동아일보』 편집국장. 그러나 얼마 후 그는 편집 데스크를 불러 기사 축소를 지시했다. 이에 대해 『동아일보』 노동조합은 경영진이 직접 압력을 받은 결과가 아니냐는 의혹을 제기했다. 이 사건과 관련해 다른 신문과 방송도 이처럼 청와대와 안기부 등의 압력으로 축소와 침묵으로 일관했다. 『한겨레신문』만이 4월 27일자 1면 머리기사로 보도했다가 김현철 씨의 20억 원 손해배상 청구소송에 휘말려 있는 상태다.”

언론의 침묵

한국기자협회의 기관지인 『기자협회보』 기자 장현철은 『사회평론 길』 94년 6월호에 기고한 글에서 “한국 언론이 방황하고 있다. 정확히 표현하면 한국 언론이 정부의 교묘한 언론정책에 휘말려 중심을 잃고 있다. 한국 언론의 방황은 세무조사에서 압축적으로 드러나고 있다"고 말했다. 그는 "근 10여 년간 세무조사라는 '양날의 칼'을 면제받아 온 언론사들은 생각보다 세무조사의 위력이 대단하다는 반응들을 보이고 있다"며 "대단하다는 근거는 최근 언론의 보도 태도가 지극히 위축되고 있는 데서 보다 뚜렷이 확인된다"고 했다.

"『기자협회보』, 『언론노보』 등에 의해 각 언론의 기사 삭제 경위가 자세히 소개된 현철 씨 선거자금 수수의혹과 관련한 언론의 눈치보기는 비참할 정도다. 한 조간신문은 자사 기자들의 취재로 현철 씨에게 1억 2,000만 원에 달하는 거금이 무자격 한약업사들에 의해 흘러 들어갔다는 구체적인 증언을 다른 언론에 앞서 맨 처음 받아내고 사회면 머리기사로 조판까지 끝마쳤으나 청와대 모 수석의 전화 한 통을 받곤 이 기사를 삭제했다. 뚝심 있는 지면제작으로 정평이 난 또 다른 신문도 거의 비슷한 이유로 초판에 보도된 기사를 돌연 증발시켰다. 『한겨레신문』만 유일하게 현철 씨 측과 '외로운 전쟁'을 벌이다 언론의 침묵에 힘을 얻은 현철 씨 측의 법률적 공세로 20억대의 송사에 휘말렸다."

1994년 5월 한국기자협회가 실시한 김현철 관련 설문조사는 김영삼 정부하에서의 언론 자유의 현주소를 적나라하게 보여 주었다. 『한겨레신문』을 제외하고 다른 신문, 방송이 이 문제를 다룬 태도가 전반적으로 어떠했느냐는 질문에 기자 절대 다수(88.3%)가 '소극적이었다'고 응답했다. "일부 신문이 이 문제를 아예 다루지 않거나 축소보도한 것은 외압 탓인가"라는 질문엔 기자들 대다수(76.6%)가 "그렇다"는 반응을 보였다.

실제로 김현철 사건에 대해선 오로지 『한겨레신문』만이 외로운 싸움을 벌였으며 일부 진보 월간지들이 그 싸움의 실상을 알렸을 뿐이었다. 김현철 문제는 비단 '대선자금' 문제만은 아니었다. 그의 활동 자체가 언론의 성역이라는 것이 더 큰 문제였다.

'대통령' 김영삼과 '소통령' 김현철.

　『한겨레신문』 워싱턴 특파원 정연주는 94년 4월 29일자 칼럼에서 김현철에 대한 구설수와 관련, "어느 정도까지가 사실인지 확인할 길은 없지만, 워싱턴까지 날아와 떠돌아다니는 그에 대한 이야기 가운데는 '김영삼 대통령에게 직언을 할 수 있는 사람은 둘째 아들인 현철 씨뿐'이라는 말도 있다. 이 이야기는 사실 여부와 관계없이 중대한 심각성을 갖는다. 우선 이런 말이 생겨나게 된 권력 주변의 정치적 분위기가 김 대통령의 개인적 권위주의, 즉흥적·감정적 대응과 무관하지 않기 때문이다"고 썼다.

　"그 결과 대통령 주변에는 '예스 맨'들만 남게 되고, 그래서 '장관들까지도 그저 기획관리실장 정도밖에 아니다'라는 박준규 전 국회의장의 진단에 많은 이들이 고개를 끄덕이게 되는 코미디 같은 현실도 목격하게 된다. 게다가 '김현철 씨뿐'이라는 말이 떠돌아다니게 되면 김현철 씨에게로 권력의 큰 축이 집중되게 마련이다. 권력핵심의 그림자, 그것도 보통의 그림자가 아니라 '대통령에게 직언할 수 있는 유일한 인물'이라는 신비감마저 가미된 그림자라고 한다면, 그러한 그림자가 갖는 권력의 흡 인력은 보통이 아닐 터이다. 그의 이름 앞에 장식된 '황태자'라는 수식 어가 어찌 우발적으로 생겨난 돌연변이라 할 수 있을까?'

안기부 언론팀과 미림팀의 활동

1년 후, 언론을 감시하는 주간신문인 『미디어오늘』 창간호인 1995년 5월 17일자에서 밝혀진 사실이지만, 이미 이때에 국가안전기획부는 언 론팀을 별도 기구로 두고 언론에 대한 정보수집 활동을 하고 있었다. 『미 디어오늘』은 언론사에 출입하는 안기부 요원 13명의 명단까지 공개하면 서 "안기부가 서울지부 정보과 산하에 40여 명으로 구성된 언론팀을 두 고 언론인과 언론사에 대한 정보수집 활동을 계속하고 있다"며 "이 팀 소속 요원은 언론사 안의 학연이나 지연 등을 활용해 주로 언론사 밖에 서 언론인들을 만나 정보수집 및 '보도조정' 활동을 하는 것으로 파악됐 다"고 밝혔다.

또 11년 후에나 밝혀질 사실이었지만, 안기부는 이때에 비밀도청 조 직인 미림팀을 운영하고 있었다. 김영삼 정부 출범 후 재건된 2차 미림 팀의 활동시기는 94년 6월에서 97년 11월까지였는데, 미림팀은 국내 주 요 인사들의 대화 내용을 1,000여 회가량 엿들었으며, 미림팀 도청 테이 프에 등장하는 도청 대상자는 모두 636명인 것으로 밝혀졌다. 미림팀의 도청 정보는 대통령 김영삼의 주례보고서 내용에 일부 포함됐으며, 김현 철과 청와대 정무수석 이원종 등에게도 보고돼 정치사찰에 활용된 것으 로 드러났다.[5]

---

5) 이는 2005년 12월 14일 서울중앙지검 도청수사팀이 발표한 수사결과다. 김영화, 〈도청정보 YS에도 보고〉, 『한국일보』, 2005년 12월 15일, 1면.

전쟁위기설: 미국의 대북 전면전 검토

북한의 '서울 불바다' 발언

1993년 12월 초 미국 언론은 북한 핵문제를 다루면서 한반도에 곧 전쟁이라도 날 것처럼 보도했다. NBC-TV는 북한에서 모든 군인들에게 삭발령을 내렸다는 보도를 하면서 한 군사전문가의 말을 빌어 다음과 같은 해석을 하기까지 했다.

"북한 군인들이 모두 삭발을 했다는데, 그것은 군사 전략면에서 보면 커다란 실수를 저질렀다는 게 군사전문가의 지적이다. 삭발을 하고 나면 머리가 반빡반짝 빛나기 때문에 밤에 쉽게 적에 노출되기 때문이다. 그런가 하면 북한 병사들 머리에 이가 많아서 달리 위생처리할 길이 없어 일제히 삭발령을 내렸을 것이라는 분석도 있다."[6]

『월스트리트저널』지 93년 12월 14일자 북한 관련 기사는 "시위를 벌

---

6) 정연주, 〈'북한 핵' 과장하는 미국 언론〉, 『언론노보』, 1994년 1월 22일, 3면.

1994년 3월 19일 제8차 특사교환 실무접촉에서 북측단장 박영수(우)는 이른바 '서울 불바다' 발언으로 남북관계를 긴장시켰다.

인 수천 명의 한국인들이 북한의 위협에 대한 우려를 표명하기 위해서가 아니라 쌀 수입 개방을 반대하기 위해 거리로 뛰쳐나왔다"며 비꼬기도 했다.[7]

1994년 2월 15일 일부 신문은 외신을 인용, 1면 머리기사로 〈북한 이미 핵실험〉이라는 오보를 하기도 했지만, 언론은 전반적으로 '북한 핵' 문제는 일단 기사를 '키우고 보자'는 쪽으로 보도해 위기감을 고조시켰다.[8]

위기감은 이른바 '서울 불바다' 발언 보도로 극에 이르렀다. 3월 19일 제8차 특사교환 실무접촉에서 북측단장 박영수는 남측대표 송영대에게

7) 정연주, 〈'북한 핵' 과장하는 미국 언론〉, 「언론노보」, 1994년 1월 22일, 3면.
8) 〈'외신' 인용 오보 많다〉, 「언론노보」, 1994년 2월 19일, 1면; 〈북한 핵 '키우고 보자' 면피주의〉, 「언론노보」, 1994년 2월 19일, 3면.

"서울은 여기서 멀지 않소. 전쟁이 일어나면 서울이 불바다가 될 것이오. 송 선생도 살아남기 어려울 것이오"라는 말을 던진 후 북한 대표단은 회담장을 박차고 나갔다. 청와대는 회담 장면을 공개하지 않았던 전례를 깨고 김영삼의 승인하에 회담 장면을 담은 녹화 테이프를 방송사에 배포했다.[9]

언론도 '불바다'를 키웠다. 『언론노보』는 "당일 회담이 끝난 후 담당 기자들은 가십거리 정도로 여기고 실제 기사 처리도 그렇게 끝냈으나 일부 편집진은 박 단장의 발언을 원문 그대로 게재하도록 주문하고, 눈에 띄는 제목으로 편집하도록 다시 지시한 것으로 알려지고 있다"고 보도했다.[10]

또 언론은 정부에 대해 "북한을 몰라도 너무 모른다"고 개탄하면서 대북 경계 태세 강화, 패트리어트 미사일 배치, 주한미군 증강, 유엔 안보리를 통한 북한 제재 등 갖가지 대북 강경책을 조속히 만들도록 촉구했다. 또 사설과 기명 칼럼 등을 통해선 "오만방자한 북한"에 "본때를 보여줘야 한다"는 식의 분통을 터뜨리기까지 했다.[11]

4월 15일 정부가 남북특사 교환을 포기했다는 발표를 하자, 언론은 이를 '현실주의적 발상'이라며 칭찬했다. 그러나 원래 특사교환을 북미 회담 전제조건으로 들고 나온 건 언론이었다. 언론의 비일관된 태도에 정부가 오락가락한 게 한두 번이 아니었다. 그래서 "통일정책이 언론장단에 춤을 춘다"는 말까지 나오게 됐다.[12]

한국인 100만 명 사망하는 전쟁 시나리오

미 CIA 요원 제럴드 리는 '서울 불바다' 발언이 김일성 '특유의 수

9) 돈 오버더퍼, 이종길 옮김, 『두개의 한국』(길산, 2002), 448쪽.
10) 〈'불바다'에 덩달아 흥분 보도〉, 『언론노보』, 1994년 3월 26일, 3면.
11) 위의 글.
12) 김교만, 〈통일정책 언론 장단에 춤춘다〉, 『문화일보』, 1994년 4월 20일, 7면.

라고 주장했다. 김일성은 판문점에 나간 북측 대표에겐 '서울 불바다' 발언을 하게 지시해 놓고 자신은 미 CNN 기자에게 "미국에 가서 친구도 만나 낚시하고 사냥도 하고 싶다"고 말하는 등 이중플레이를 벌였다는 것이다. 제럴드 리는 유엔군사령관 게리 럭이 미국무성에 보낸 보고서도 김일성의 이중플레이를 돕는 결과를 낳았다고 했다. 그 보고서의 내용은 다음과 같았다.

"미군이 북한의 핵 시설을 선제 공격할 경우, 북한은 그들의 핵을 사용하지 않고 휴전선 전방에 배치된 재래식 무기만으로도 서울을 불바다로 만들 수 있다. 서울을 포함해 안양까지 5~6분 사이에 6,000개의 포탄이 떨어진다. 또한 노동 1호와 노포동 미사일은 주요 기간산업과 고리, 영광 등 원자력 발전소를 겨냥하고 있는데, 마하 5~6 정도의 속도로 날아오는 노포동 미사일은 충분히 원자력 발전소의 보호벽을 깰 수 있다. 만일 이러한 상황이 발생할 경우, 남한 전역은 핵 오염지대가 될 것이다. 전쟁 발발 후 1개월이 지나면 전선에 배치된 미군 3만 5,000명이 사망하고 8~10만 명의 미국인이 죽게 된다. 또한 한국인은 100만 명 이상이 사망할 것이다. 2개월이 지나면 북한 정권은 사라지고 전쟁은 끝난다. 그리고 통일은 될 것이다. 그러나 남한 경제는 50년 전으로 돌아가게 될 것이다."[13]

94년 5월 미국이 대북 전면전을 검토했다는 건 1년 뒤인 95년 4월 『워싱턴포스트』지의 보도로 처음 알려졌지만, 당시 국방장관이던 윌리엄 페리의 훗날 증언으로도 확인되었다. 94년 봄 북한의 플루토늄 재처리 시도 문제로 한반도에 전쟁 위기가 고조되었을 당시 페리는 미 공군이 마련해 온 대북 공격 가상 시나리오를 보고 충격을 받았다고 훗날 회고했다.

---

13) 이용수, 『서울에 남겨둔 제럴드 리의 코리아 파일』(지식공작소, 1996), 209~210쪽.

당시 시나리오에 따르면, 한반도에서 다시 전쟁이 터지면 90일 안에 미군 5만 2,000명과 한국군 49만 명이 죽거나 다치고, 이 기간에 치러야 할 전쟁 비용은 610억 달러에 이른다는 것이었다. 특히 이 시나리오는 박격포 8,400문과 다연장 로켓포 2,400문을 포함해 전군의 65%를 휴전선 근방에 배치한 북한이 전쟁 개시 12시간 안에 박격포를 5,000발 발사해 서울을 쑥대밭으로 만들 것이라는 점도 지적했다. 이런 충격적인 내용을 접한 페리는 한반도에서 전쟁이 재발하는 것만큼은 피하고 싶어 이 같은 시나리오를 채택하지 않기로 결정했다는 것이다.[14]

김대중의 일괄 타결안, 카터의 방북

이때에 아시아태평양평화재단 이사장 김대중이 일괄 타결안을 내놓았다. 남한과 북한은 북한의 경제 지원을 약속하고, 북한은 더 이상 핵을 만들지 말고 적화야욕도 포기하라는 쌍방의 요구를 일괄 타결하자는 것이었다. 5월 12일 김대중은 미국 워싱턴 내셔널 프레스 클럽에서 행한 오찬연설과 이어 가진 기자회견을 통해 "미국이 지미 카터 전 대통령과 같은 원로 정치인을 북한에 특사로 보낸다면 북한의 김일성 주석으로부터 중대한 대미 양보를 끌어낼 수도 있을 것"이라면서 "클린턴 대통령에게 국제적으로 신뢰받는 원로 정치인을 북한과 중국에 특사로 파견할 것을 제안한다"고 밝혔다.[15]

1994년 6월 15일 지미 카터가 김일성을 만나기 위해 판문점을 건넜지만 아직 안심할 수 있는 상황은 아니었다. 6월 16일 주한미군사령관 게리 럭과 주한미대사 제임스 레이니는 극비리에 회동해 주한미군 가족과

---

14) 변창섭, 『시사저널』, 1999년 3월 18일.
15) 정연주, 〈"북한에 특사파견" 미국에 제안/김대중씨 회견〉, 『한겨레신문』, 1994년 5월 14일, 2면; 이용수, 『서울에 남겨둔 제럴드 리의 코리아 파일』(지식공작소, 1996), 210~211쪽.

1994년 6월 15일 북한을 방문한 지미 카터를 맞이하는 김일성.

1994년 6월 15일 북한을 방문하기 위해 판문점을 건너는 지미 카터.

군속의 소개가 불가피하다는 결론을 내렸다. 레이니는 당시 한국에 와 있던 딸과 3명의 손자 손녀에게 "사흘 안으로 한국을 떠나라"고 말하기까지 했다.[16] 페리는 97년 한국에서의 한 강연에서 숨막혔던 94년 당시의 상황을 다음과 같이 털어놓았다.

"94년 6월 어느 날 클린턴 대통령은 재래식 전쟁의 위험을 감수하고 북한의 핵무기 보유를 저지하는 방안을 선택했다. 그에 따라 군부는 세 가지 방법론을 제시했고 클린턴 대통령이 마지막 결정을 내려야 하는 상황이었다. 그런데 불과 한 시간 전 김일성을 만나러 평양에 간 지미 카터 전 대통령으로부터 전화가 걸려 왔다. 북한이 영변 원자로의 폐연료봉 재처리를 중단하고 미국과 협상하겠다는 것이었다. 1시간 차이로 역사가 바뀌었다."[17]

'생필품 비축'과 '사재기'의 차이는?

그러나 국내 보수 언론은 94년 6월 내내 호전성을 보이기에 바빴다. 보수 신문들은 6월부터 앞 다투어 남북 군사력을 비교하는 도표에서부터 군대 이동을 표시하기 위한 지도까지 그려가면서 미국 언론의 '한반도 전쟁 시나리오'를 열심히 보도했다. 반공단체들은 '반공 글짓기' 대회를 개최했고, 한동안 자취를 감추었던 '멸공 차량'이 거리에 다시 등장하기 시작했다.

『조선일보』를 비롯한 신문들엔 '안보 불감증'이니 '북핵 불감증'이니 '위기상황 불감증'이니 '태평무드'니 하는 단어들이 난무했다. 특히 『조선일보』는 현충일 연휴에 유원지와 관광지가 인파로 흘러넘치고 도로는

---

16) 동아일보 특별취재팀, 『잃어버린 5년-칼국수에서 IMF까지: YS 문민정부 1,800일 비화 2』(동아일보사, 1999), 98~99쪽.
17) 문철, 〈한미, 햇볕정책 '동상이몽'?〉, 『뉴스플러스』, 1999년 3월 25일, 33면.

차량들로 붐볐는데, 그럴 수 있느냐며 개탄했다. 『조선일보』 6월 8일자 사설은 "사실상 국민 일반도 태평무드에 젖어 있어 해외의 언론이 의아해할 정도"이며 "지금의 우리의 자세는 외국인들이 이해할 수 없을 정도로 무감각한 듯이 보인다"고 주장했다.

『조선일보』는 6월 10일자 사설을 통해 "북은 수십 년 동안 전시 체제 하에서 가난과 주림에 익숙해 있고, 잃을 것이 별로 없다"면서, 정부에 "유사시 행동 요령을 입안해 반상회를 통해 배포하라"고 주장했다.

『조선일보』가 계속해서 정부부터 "'태평'한 듯 보이니까 국민도 '별 것 아닌가보다', '설마 전쟁나랴' 하는 안일에 젖게 되었는지도 모른다"고 정부를 공박하자, 정부도 느낀 바 있었던지 6월 15일의 민방위 훈련을 앞두고 갈팡질팡하는 모습을 보였다.

내무부는 주민들에게 화생방전에 필요한 방독면을 자체 구입토록 하라는 공문을 각 시도에 시달했고, 『조선일보』의 충고에 따라 '전시 국민 행동 요령 수정판'을 마련해 제작에 들어갔다. 서울시는 비상시에 대비해 생활필수품까지 저장해 두라는 말까지 했고, 민방위 훈련에 군까지 동원키로 했다.

언론의 주문을 무작정 따라갔다간 큰일나겠다 싶었던지, 정부는 원래 계획의 일부를 취소하고 언론의 보도 자제를 요청하는 등 호들갑을 떨었지만, 이미 때는 늦었다. 전시 요령에 대한 신문의 구체적인 과잉 서비스는 말할 것도 없고, 텔레비전에선 전쟁이 일어났을 상황에 대비한 가상 작전까지 방영되었다.

일부 시민들은 정부와 언론의 지시에 따라 충실히 생필품 비축에 나섰고 주식시장에선 폭락 장세가 형성되기 시작했다. 그런데 놀랍게도 언론은 갑자기 '사재기'를 비판하고 나섰다. '사재기'가 그간 언론이 스스로 권장한 '생필품 비축'과는 어떻게 다른 것인지, 그 차이를 설명이나 해 주고 나서 '사재기'를 비판했어야 하는 것 아닌가.

'사재기'를 한 사람들이 어디 떼돈벌자고 그랬을까. 그런데 언론의 주장에 따르면, 평소보다 조금이라도 더 사는 건 무조건 '사재기'라는 것이었다. "생필품 사재기는 범죄행위"라느니 "일부 부유층 못 버린 '제 버릇'"이라느니 하는 칼럼과 기사 제목들은 언론이 '허구의 적'을 만들어 낸다는 생각을 갖게 하기에 충분했다. '사재기'가 강남지역 아파트에서 심했다 하여 갑자기 '부유층'을 싸잡아 비판할 필요가 있는 건지, 그렇게 하면 국민적 공감대를 얻을 수 있을 것이라고 생각한 건지, 도무지 종잡기가 어려웠다. 강남지역 아파트에서의 '사재기'가 특히 심했다는 것이 사실이라면, 그건 그 지역에서 가장 많이 보는 신문이 전쟁 공포감을 조성하는 데에 가장 앞장섰던 신문이라는 사실과 결코 무관하지 않았을 것이다.

'여의도 은영이 엄마'의 분노

『문화일보』1994년 6월 18일자는 신문사 사회부로 전화를 건 '여의도 은영이 엄마'의 분노 어린 항의를 게재했다. 아무리 같은 동업자라지만, 신문들이 하는 짓이 해도 너무한다 싶었던지 『문화일보』는 "국민을 우롱한 정부와 언론"에 대한 '은영이 엄마'의 30분간에 걸친 비판을 사회면 머리기사로 보도하였다.

"언론은 정부보다 한술 더 떠서 국민이 핵 불감증을 갖고 있고 그래서 안보의식이 문제가 된다고 수차례 얘기해 왔습니다. …… 그럼에도 불구하고 사람들은 침착했습니다. 흥분하는 것이 오히려 더 많은 문제를 가져올 것이라고 판단했기 때문입니다. 이런 국민의 '힘든 인내'를 불감증이라고 몰아붙인다면 불안에 떨며 이민이라도 가라는 얘깁니까. 사재기만 해도 그래요. 불과 며칠 전까지만 해도 아파트 주민들 사이에는 사재기 얘기를 하면 이상한 사람 소리를 들었어요. 그런데 어느 날 갑자기 주민들이 불안해하면서 사재기에 나섰어요. 정부가 앞장서 비상식량으로 이것저것을 준비해야 한다고 발표하고, 언론이 사재기 운운하며 난리를 떤 뒤였어요. 정부와 언론이 사재기를 부추긴 겁니다."

그간 김영삼 정권을 호의적으로 평가해 온 리영희도 이젠 등을 돌리지 않을 수 없었다. 그는 『사회평론 길』 94년 7월호 인터뷰에서 김영삼 정부에 대해 "보수적인 정도가 아닙니다. 질적인 변화를 한 것입니다"라면서 "평화통일의 포기, 나아가 압력에 의한 붕괴, 극단적으로는 군사력에 의한 점령 흡수까지를 전략으로 가지고 있습니다"라고 말했다. 또 그는 "김영삼 씨의 본 철학, 사상 극우성이 드러난 것입니다. 이 정부는 정책의 기본을 반평화통일주의자들과의 연대 속에서 진행하고 있습니다. 호전적 반공주의 냉전세력이 그대로 정권 체제의 중핵을 이루고 있습니다"라면서 "스탈린식 극좌와 『조선일보』를 중심으로 한 극우반공냉전주의자가 문제입니다. 이 정권은 통일에 대한 정책, 철학이 없어요. 있다면 극단적인 극우반공냉전주의뿐입니다"라고 말했다.[18]

---

18) 리영희·윤철호, 〈리영희 교수가 진단하는 핵위기의 구조와 전망: "극우 냉전론자들이 전쟁 위기를 부추긴다"〉, 『사회평론 길』, 1994년 7월, 41쪽.

'김일성 사망'과 '주사파 파동'

김일성 사망

1994년 6월 15일 방북한 지미 카터는 김일성에게 남북정상회담을 제시했고, 김일성은 이를 수용했다. 원래 누구의 뜻이었는지에 대해선 여러 설이 있으나, 카터는 남북을 오가며 남북정상회담 합의를 이끌어 냈다. 남북정상회담은 7월 25일 평양에서 시작하기로 예정되었다.

남북 양측은 김영삼이 100명 규모의 대표단을 이끌고 TV 실황중계 장비를 갖춘 80명의 취재단과 함께 평양을 방문한다는 데 합의했다. 김영삼은 정상회담에 대비해 연일 참모들과 회의를 가졌다. 김일성도 바빴다. 김일성은 7월 7일 김영삼 일행이 묵게 될지도 모를 묘향산 별장을 둘러보면서 침실과 욕실은 물론 심지어 냉장고에 광천수를 충분히 넣어 두었는가도 직접 확인했다. 정상회담 준비로 수일간 과로를 한 김일성은 그날 저녁식사를 마친 후 심심한 피로감을 느꼈다. 얼마 후 그는 심장발작으로 쓰러졌다. 7월 8일 새벽 2시 김일성의 사망이 확인

됐다.[19]

김일성의 사망은 34시간 동안 비밀에 부쳐졌다. 7월 9일 12시에서야 북한중앙방송을 통해 김일성 사망 소식이 전해졌다. 이날 저녁 김영삼은 안기부장 김덕, 국방장관 이병태, 비서실장 박관용, 안보 수석비서관 정종욱, 공보 수석비서관 주돈식 등과 함께 만찬을 들며 사태를 분석했다. 이날 만찬은 평소와는 달리 설렁탕에 김영삼의 '특별 지시'로 수육 5점이 추가되었다.[20]

평양방송에선 장송곡이 울려 퍼지면서 김일성의 회고록이 간간이 낭독됐으며, 평양 시민들은 시청 부근 만수대 언덕에 서 있는 거대한 김일성 동상 앞으로 모여들기 시작했다.

"그들 중 상당수는 이성을 잃고 울부짖기 시작했다. 오래지 않아 1만 5,000에서 2만 명 정도 되는 사람들이 동상 앞과 주변 거리에 모여 있었다. 그리고 그 뒤편으로는 운집한 사람들의 행렬은 끝이 보이지 않았다. 구급차가 출동했고 기절하거나 현기증을 호소하는 사람들을 돌보기 위해 구조요원들이 나와 있었다. 몇 시간 안에 평양 시내의 모든 병원들이 심장마비 환자들로 넘쳐났다. 평양 이외의 다른 지역에 있는 김일성의 여러 동상들과 기타 기념비들 주변 역시 조객들이 밀려들었다."[21]

"평양 시민들 집단 히스테리", 『조선일보』의 94년 7월 10일자 3면 머리기사의 제목이었다. 뭐가 잘못돼 다음 판부터는 바뀌었는지 모르지만, 사회면 머리기사 초판 제목은 "김일성 죽었다 시민 환성"이었다. 『조선일보』는 사설을 통해서도 북한 주민들을 "'김일성교'에 최면되어 울부짖는 광신자들"로 묘사했다.

『조선일보』는 김일성을 '김일성 주석'이라고 부르는 것에 대해서도

---

19) 돈 오버더퍼, 이종길 옮김, 『두개의 한국』(길산, 2002), 493~495쪽.
20) 주돈식, 『문민정부 1천2백일: 화려한 출발, 소리 없는 실종』(사람과책, 1997), 103쪽.
21) 돈 오버더퍼, 이종길 옮김, 위의 책, 499~500쪽.

김일성 사망을 알리는 호외.

문제를 제기했다. 7월 11일자 사설은 김일성에게 '주석'이라는 호칭은 가당치 않다는 주장을 폈다. 이부영 등 일부 민주당 의원들이 국회에서 김일성 장례식에 조문 사절을 파견하는 문제를 거론하자, 『조선일보』는 이를 비난하고 나섰다. 『조선일보』 7월 13일자 '기자수첩'은 일부 의원들의 '조문사절론'을 "주체 사상을 콧잔등에 바르고 다니면서 어른들의 속을 썩히는 일부 철없는 풋나기 학생들과 동열에" 서는 것이라고 비난했다. 사설은 그 의원들을 심판해야 하며, 그건 "다음 번 선거 때 이들을 선출한 선거구 유권자들의 몫"이라고 주장했다.

김영삼 정부의 태도도 비슷했다. 어떤 형식의 조의 표현도 국가보안법 위반으로 간주해 단호히 대처할 것이라고 경고했다. 김영삼은 김일성의 사망 직후 "남북정상회담의 합의 원칙은 유효하다"는 입장을 보였다가 불과 며칠 후 "북한의 상황은 대단히 불안하고 김정일이 권력을 확실히 승계할지도 불확실하다"는 입장으로 바뀌었다.

돈 오버더퍼는 "북한 전체가 슬픔 속에 빠져 있던 이 시기 김영삼 정부가 보여 준 행동과 발언들은 북한 측을 격분하게 만들었다"며 "북한 당국은 남북정상회담 준비 단계에서 중단하기로 합의했던 악의적인 대(對)남한 음해 선전을 재개하고 남한 정부와의 공식적인 전화통화를 거부하기 시작했다. 그러나 개인적으로 김 대통령은 그런 상황을 별로 개의치 않았다. 오랜 세월 동안 북한을 이끌어 온 지도자가 없어진 상황에서 북한이 그리 오래 버틸 수 없을 것이라고 굳게 믿었기 때문이다"고 말했다.[22]

박홍의 주사파 발언

1994년 7월 19일 청와대에서 열린 김영삼 대통령과 전국 14개 대학 총장들과의 오찬에서 서강대 총장 박홍은 "학생 운동권 배후에 사노맹, 사노총, 김정일이 있다. 그들은 북한 『로동신문』이나 팩시밀리를 통해 지령을 받는다"고 주장했다.

이 발언은 모든 신문들의 1면에 크게 보도되었다. 특히 『조선일보』와 『중앙일보』는 박홍을 "우리 사회가 보호해야 한다", "제2의 박 총장이 필요하다" 등의 캠페인성 기사를 양산해 내면서 박홍의 '용기'에 찬사를 아끼지 않았다.

『중앙일보』 7월 19일자 사설은 "배후에 김정일이 있다는 등식은 향후 남북대화의 결정적 변수이므로 대학 내부에 국한될 단순사안이 아니며 북을 향후 대화 상대로 삼느냐 마느냐의 문제와 연결된다"고 했다. 『조

---

22) 돈 오버더퍼, 이종길 옮김, 『두개의 한국』(길산, 2002), 503쪽.

김영삼 정부는 어떤 형식의 조의 표현도 국가보안법 위반으로 간주해 단호히 대처할 것이라고 경고했다. 사진은 김일성 운구 행렬 모습이다.

선일보』 7월 20일자 사설은 "박 총장의 발언을 증거로 주사파가 북한의 관장하에 있다고 봐야 한다"고 했다.

검찰이 박홍 발언을 뒷받침해 주기 위해 발표한 '한총련 북한 교신자료' 역시 상당수가 이미 과거 검찰 수사에서 밝혀져 공개된 것이고 또 교신자료 자체가 김정일의 배후 조종을 받고 있다는 증거가 될 수 없는 것이었다. 그럼에도 불구하고 보수 언론은 그걸 박홍 발언의 증거인 양 보도했다.

명백한 증거를 갖고 있다던 박홍은 아무런 증거도 제시하지 못했다. 그가 말한 증거라고는 3년 전 러시아 우즈베키스탄공화국 수도 타슈켄트에서 북한 사람들이 남한 한총련(한국대학생총연합) 사무실에 팩시밀리를 보내는 것을 직접 확인했다는 것과, 94년 6월 연변의 한 세미나에서 만난 김일성대학의 한 교수로부터 들었다는 말이 대부분이었다. 운동권 학생들이 북한과 팩시밀리를 교신한다고 해서 그것을 그들이 북한의 지령에 따라 움직인다는 증거라고 보는 건 지나친 비약이거니와, 반공주의자가 김일성대학 교수의 말을 그대로 믿는다는 것도 이해하기 어려운 일이었다. 박홍은 학생들로부터 직접 들은 이야기도 있다고 했지만, 그 학생들을 밝히면 그들이 "맞아 죽을지도 모른다"며 밝힐 수 없다고 했다.

그럼에도 언론과 사회 각계의 유명 인사들은 박홍의 발언을 적극 지지하고 나섰다. 대학 총장 20명이 모여 박홍을 지지하는 성명서를 발표하기까지 했다. 심지어 증거를 요구하는 건 공산당을 모르는 소리라는 말까지 나왔다. 도대체 이 나라의 안기부와 검찰은 그동안 무엇을 했길래 일개 대학 총장이 알고 있는 국가안보와 관련된 그 엄청난 사실을 여태까지 모르고 있었던 것인지 그걸 추궁하는 소리는 전혀 찾아 볼 수 없었다.

정부는 일부 대학생들로부터 서대문경찰서에 "박 총장을 납치하겠다"는 전화가 걸려 왔다며 서강대에 전경 3개 중대 400여 명을 배치했다. 김영삼은 박홍 보호에 만전을 기하라는 지시를 내렸다. 그는 주사파를 "철두철미하게 뿌리뽑겠다"고 단언했으며, 나중엔 자신의 주사파 척결 의지는 "언론에 알려진 것보다 훨씬 강하다"고 강조했다.

보수 신문이 선도한 신공안정국

박홍의 발언에 비판이 없었던 건 아니다. 천주교정의구현사제단은 "박 신부의 발언은 편견과 무지에 의한 것이며, 사제이자 대학총장으로서 기본적인 양심과 상식을 벗어난 것"이라고 비판했다. 또 한국기독교교회협의회는 "박 총장은 자신의 발언에 대해 성직자와 교육자로서의 이성을 되찾고 제자와 학부모, 국민들에게 사과해야 한다"고 했다.

그러나 이런 비판은 신문들에 의해 공격을 당했다. 『동아일보』 7월 22일자 사설은 "사정이 이러하다면 박 총장의 발언에 증거와 해명을 요구하는 것은 구차한 일이다"고 했다. 『조선일보』 7월 23일자 사설은 박홍의 발언이 우리의 '상식과 정서'에 맞으며, 증거를 대야 할 사람은 박홍이 아니라 박홍을 비판하는 사람들이라는 논리를 폈다. 즉, 한총련이 주사파의 조종을 받고 있으며 주사파의 배후엔 김정일이 있다는 증거를 대는 건 박홍의 몫이 아니라는 것이었다. 박홍을 비판하려면 그렇지 않다는 증거를 대라는 것이었다.

교육부장관은 국회에서 "주사파 등의 문제로 대학 전체가 위기에 처해 있다고는 보지 않는다"고 말했지만, 연세대 교수 송복은 『조선일보』 94년 7월 24일자에 기고한 칼럼에서 한국 대학은 "주사파의 천국"이라고 단언하면서 그들을 더 이상 용납해서는 안 된다고 주장했다.

한국기자협회가 발간하는 『기자협회보』 8월 2일자는 보수 신문의 보도 태도와 관련, 신공안정국을 선도하고 있는 『조선일보』는 김일성 사망을 계기로 북한과 협상·타협할 소지가 있는 정부 내 대북 온건론자들에게 자사의 막강한 위력을 과시하고 경고하는 의미에서 강한 냉전논리를 펴나가고 있으며, 『동아일보』는 조간 전환 이후 『조선일보』 독자들을 주요 타깃으로 삼아 공략해 온 만큼 『조선일보』가 장악하고 있는 보수 독자층을 흡인하기 위해서는 『조선일보』와 '지상 레이스'를 펼칠 수밖에 없으며, 『동아일보』와 『조선일보』를 겨냥하고 1등 신문을 표방하고 나선 『중앙일보』는 일단 사상적 '선명성'을 확보하는 것이 상업성이 있다고 판단했을 것이라고 분석했다.

『중앙일보』는 8월 8일자 1면 머리기사에서 "60만 대군을 1,500명 사병이 와해시킨다"고 크게 보도하면서 주사파 학생들이 군에 입대해 군 지휘계통을 와해하려 하고 있다고 주장했다.

그러나 대통령 김영삼은 이즈음 '북한 붕괴론'에 심취해 있었다. 김영삼은 94년 8월 15일 광복절 경축사에서 "이제 한반도에서 냉전의 시대는 지났다. 남북한 사이의 체제 경쟁도 끝났다"며 '갑작스런 통일의 대비'를 이야기해 국민을 당황케 만들었다. 김영삼은 8월 18일 민자당 당무회의에서도 "갑작스런 통일에 대비해 힘을 기울여야 한다"고 했고, 8월 23일 민자당 초·재선의원들과의 만찬에선 '김정일 건강 이상설', '김정일 타도 문건'을 공식적으로 언급하면서 "북한 내부에 뭔가 혼란이 있는 것 같다"고 했다.

박홍의 여의도클럽 토론회

1994년 8월 25일 박홍은 전·현직 방송인들의 모임인 여의도클럽이 주최한 토론회에서 "주장의 근거가 희박하고 계속해서 했던 말을 번복해 신빙성이 떨어졌는데 증거를 댈 용의는 없는가"라는 질문을 받고 "답답하다. 왜 내가 증거를 대야 하나. 수사는 검사가 할 일이고 찾아서 계도하는 일은 언론의 몫이다. 증거는 북한에 보낸 팩스와 모 월간지를 보면 모두 알 수 있는 사실이다"고 주장했다. 그는 "발언으로 공안분위기가 형성되는 등 엄청난 파장을 일으켰는데 국민에게 납득할 만한 증거를 댈 수 없는지"라는 질문을 다시 받고서도 계속 "답답하다. 이런 일은 시간 낭비라고 생각한다. 언론이 나서 국민의 경각심을 알리는 데 최선을 다해야 한다"고 말했다.

박홍은 "주사파가 야당에 750명이 있다고 했다가 다시 과거에 주사파 활동을 했던 사람들이라고 말을 번복했다"는 질문에 대해서도 "언론이 나의 말을 왜곡했다. 야당이 아니라 여당까지 포함한 정당인들을 지칭한 것이다. 현재 여야 정당과 언론계 교수 등 750명의 주사파는 분명히 있다. 나는 그들의 존재를 알고 있다. 간단히 생각해 봐도 알 수 있다. 87~

'한국판 매카시즘'을 몰고 온 박홍 총장.

94년까지 전국 대학의 학생회장만도 550여 명이나 배출됐다. 학생회 간부까지 합치면 1만 5,000명의 주사파가 언론과 정당 등 사회 각계층에 진출해 있다"고 말했다.

박홍은 "주사파가 사회를 전복시킬 만큼 큰 위협이 아닌데 국가 차원에서 과민반응하는 것은 아닌가"라는 질문에 대해선 "에이즈균은 작아도 일단 몸에 들어가면 인간의 목숨을 앗아갈 만큼 위험하다"고 답했다.

"6개월씩 집을 나간 학생의 부모들이 찾아와 통사정, 아는 학생들에게 수소문해 아들을 만나게 해 준 적이 여러 번 있다. 아버지가 아들에게 집으로 돌아가자고 하면 아들은 '몸은 부모에게서 나왔지만 사상은 내가 알아서 한다. 나의 사상은 이미 김일성 수령 것'이라고 말한다. 주사파에 한번 빠지면 인륜과 도덕이 모두 무시되고 오직 북한의 지령과 김일성만 신봉하게 된다. 주사파가 한 줌이라고 해서 무시하면 온 사회에 독버섯처럼 퍼질 것이다."[23]

TV는 박홍의 여의도클럽 토론회를 중계하기까지 했다. 신문도 가세했다. 『동아일보』는 〈박홍 총장 주사파 관련 토론 TV 중계/ MBC, SBS 시청점유율 46% 기록―뉴스 시청률도 크게 뛰어〉라는 기사 제목을 달아 보도했다. 그런데 이 통계는 두 방송사의 점유율 24%, 22%를 합친 것이었다. 반면 『한겨레신문』은 MBC와 SBS의 특집 방송은 "일주일 전 같은 시간대의 시청률에도 못 미친 것"으로 이 시간대의 시청률이 각각 "8.6%, 8.3%에 머물렀다"고 보도했다.[24]

박홍의 폭로성 발언을 옹호하며 확대보도하던 보수 신문들도 8월 19일 검찰이 "박 총장 발언에 수사단서가 될 만한 것이 없다"고 발표한 내용은 한결같이 조그맣게 취급했지만, 이 토론회는 대서특필하고 나섰다.

『조선일보』 94년 8월 26일자는 3면과 5면을 박홍의 여의도클럽 초청 토론회 기조 발언에 할애했다. 3면 기사 제목은 〈'친북 지식인들, 학생 오도말라' : 박 총장 기조발언〉이었으며, 5면 기사 제목은 〈'대학 지하조직이 총학생회 통제' : 박홍 총장에 편지 보낸 어느 '주사' 출신의 고백〉이었다.

'사랑의 사제'와 '공포의 총장'

『조선일보』 8월 27일자 사설 〈'그래도 지구는 둥글다'〉는 "박홍 서강

---

23) 정덕상 · 김동국, 〈주사파 수 적어도 독버섯"/박홍총장 여의도클럽 일문일답〉, 『한국일보』, 1994년 8월 26일, 5면.

24) 시청률이란 전체 텔레비전 대수 가운데 특정 프로그램을 시청한 텔레비전 대수를 의미하며, 점유율이란 켜 있는 텔레비전 대수 가운데 특정 프로그램을 시청한 텔레비전 대수를 의미한다. 그러니 시청점유율은 늘 시청률보다 높게 돼 있다. 『동아일보』는 박홍을 의도적으로 키우기 위해 '시청점유율'을 사용한 것이다.

대 총장의 주사파 발언을 둘러싼 저간의 사태는 사람 많은 버스 안에서 누군가가 도둑을 조심하라고 소리쳤더니 몇 사람이 그에게 누가 도둑이며 그 증거는 무엇인지 대라고 윽박지르는 상황을 연상케 한다"며 "주사파는 김일성주의자들로, 폭력적 방법에 의한 대한민국의 전복을 신념으로 하는 집단이다. 우리 체제를 지키려는 사람이라면 그런 집단이 우리 남쪽 안에 존재한다는 경고를 굳이 윽박지르며 증거를 대라고 몰아세우는 형국이 되어서는 안 되는 것인데 어째서 우리 사회의 일각에서는 그런 현상이 벌어지고 있는가 말이다"고 개탄했다.

이어 이 사설은 "그에게 계속 증거를 요구하는 사람들은 그것으로 박 총장의 신뢰도를 먹칠해서 결국 그의 주사파 발언을 근거 없는 것으로 만들어야 할 필요가 있거나 또는 그의 발언으로 피해를 입거나 주사파를 비호할 입장에 있는 사람인 것으로 오해될 소지마저 없지 않다"며 "문제는 아무리 박 총장의 입을 다물게 해도 우리 내부에 주사파 세력이 존재한다는 사실 자체를 지울 수는 없는 점이다. 갈릴레오가 아무리 입을 다물어도 '지구는 둥글다'는 이치를 꺾을 수 없는 것과 같다는 것을 이제는 세상 사람들이 다 안다는 데 문제의 핵심이 있는 것이다"고 주장했다.

이런 주장에 대해 소설가 최일남은 박홍 사태가 몰고 온 '도덕적 훼손감'을 지적했다. 그는 "무엇보다도 주목할 사실은 박 총장이 제시한 숫자다. 주사파가 많다 적다를 떠나 똑 떨어지게 적시해서 발표한 750여 명의 의미가 전례 없이 컸다. 숫자는 구체적인 사실의 엄연한 반응이다. 따라서 종교인이나 인문사회 지식인들은 경제나 과학 분야 지식인과는 달리 숫자의 나열에 익숙지 못하다. 하물며 누군가의 인생을 당장 거덜나게 만들지도 모를 사안을 두고 세 자리 숫자로 정확히 표현하다니 감히 상상하기 어렵다"며 다음과 같이 말했다.

"그런데도 박 총장은 대뜸 그렇게 꼽았다. 그만한 단정을 서슴없이 내릴 때는 나중에 뒷감당을 하고도 남을 만한 자료를 쥐고 있겠거니 여기는 게 상식이다. 이번 주사파 파동의 '매력' 포인트가 여기 있다. 한데 공안수사의 전문가들에게조차 금시초문 수준의 정보수집력을 가졌는지 모른다고 짐작했던 '슬픈 호기심'은 깨끗이 무산되었다. 주변에서 들은 얘기나 유인물이 증거의 대부분이며, 그 중에는 고해성사를 통해 알게 된 것도 있다고 했다. 글쎄다. 물론, 그리고 당연히 고해성사를 밝히지는 않았지만 그 말 자체를 언외(言外)에 비치며 말의 행간을 넘나들어도 좋은 것인지 잘 모르겠다."[25]

『한겨레신문』 논설위원 김종철은 "나는 박홍 신부가 '한국판 매카시즘'을 여기서 끝내기를 진심으로 권한다. 천주교의 신부는 하느님의 가르침을 신자들에게 전하는 대리인이며, 예수의 사랑을 실천하는 사제이다. 성서는 증오를 가르치지 않는다"고 말했다.

"박 신부가 참으로 사랑의 사제라면 '주사파'를 구체적으로 집어내고 그들을 공개적으로 만나 그 생각과 행동의 옳고 그름을 토론해야 한다. 예수는 로마제국의 아득한 변방 식민지인 유대의 예언자였다. 그는 압박과 착취에 신음하는 민중의 편에 섰다. 그런데 박 신부는 독재정권에 맞서 민주화 투쟁에 앞장섰던 사람들에게까지 '주사파'라는 낙인을 찍으려 들고 있다. 테러라는 말은 공포를 뜻한다. 박홍 씨는 이제 '공포의 총장'에서 '사랑의 사제'로 돌아가야 한다. 그래야 신자들도 학생들도 국민도 그를 믿을 수 있을 것이다."[26]

그러나 서강대는 다음 해 대학입시에서 수험생들로부터 '좌경폭력혁명'에 가담하지 않겠다는 서약서를 받아내기에 이른다.[27]

---

25) 최일남, 〈750명이라는 숫자〉, 『동아일보』, 1994년 8월 21일.
26) 김종철, 〈'사랑의 사제'와 '공포의 총장'〉, 『한겨레신문』, 1994년 8월 31일, 4면.
27) 『동아일보』, 1995년 1월 14일, 30면.

「새는 '좌 · 우'의 날개로 난다」

리영희는 1994년 7월 7일 『새는 '좌 · 우'의 날개로 난다』(두레)를 출간했다.

리영희는 74년 7월 『전환시대의 논리』를 출간한 이후 자신의 뜻대로만은 살 수 없는 그런 위치에 놓이고 말았다. 그는 잇달아 발생하는 사태에 대한 견해와 태도와 발언을 사실상 강요당하기도 했으며 자신에 대한 성찰을 위해 잠시 쉬면 '책임 회피'라는 말을 듣기도 했고 자신의 사상적 고뇌를 털어놓으면 '신뢰의 배반'이니 뭐니 하는 말을 듣기도 했다. 그는 '머리말'에서 이런 피곤함을 가볍게 토로하면서도 자신이 진 '빚'을 강조하였다.

"나는 1970년대 초부터, 즉 『전환시대의 논리』, 『8억인과의 대화』, 『우상과 이성』…… 등을 통해서 지적 · 사상적 영향을 받은 후배 · 후학 독자들에게 평생 갚을 수 없는 빚을 지고 있다고 생각하고 있다. 반독재 · 자유 · 인권 · 통일운동의 긴 세월의 어느 단계인가에서 구속되고, 고문당하고, 쫓기고, 투옥되고, 불구자가 되고, 죽음을 당한 분들과 그 가족들과 영혼에 대해서 나는 평생을 두고 갚아야 할 일정한 도의적 인간적 빚을 지고 있다고 스스로에게 타이르면서 산다."[가]

리영희는 "새는 '좌 · 우'의 날개로 난다"는 책 제목의 의미에 대해 "'진실'은 균형 잡힌 감각과 시각으로만 인식될 수 있다"며 "균형은 새의 두 날개처럼 좌(左)와 우(右)의 날개가 같은 기능을 다할 때의 상태이다"고 했다.

"그것은 자연의 법칙에 맞고, 인간 사유의 가장 건전한 상태이다. 진

가) 리영희, 『새는 '좌 · 우'의 날개로 난다: '전환시대의 논리' 그 후』(두레, 1994), 5~6쪽.

보의 날개만으로는 안정이 없고, 보수의 날개만으로는 앞으로 갈 수 없다. 좌와 우, 진보와 보수의 균형 잡힌 인식으로만 안정과 발전이 가능하다. 인식 능력과 지식, 사상과 판단력에서 좌·우 균형 잡힌 이상적 인간과 사회를 목표로 삼고 염원하는 마음의 표현이다."[나]

바로 그런 이치를 역설한 이 책의 제목은 리영희의 90년대를 말해 주는 대표적 화두였다. 그러나 리영희의 김영삼 비판이 시사하듯이, 94년 여름은 신공안정국 분위기가 팽배한 때였다. 이를 반영하듯, 『언론노보』 94년 7월 30일자엔 〈중앙 리영희 교수 기사삭제〉라는 제목의 기사가 실렸다. 『중앙일보』가 리영희의 인터뷰 기사를 리영희의 '이념적 성향'을 문제삼아 일부 인쇄까지 마친 상태에서 삭제해 파문이 일고 있다는 내용이었다.

"이 사건 직후 『중앙일보』 각 부서는 과거 국가보안법이나 집시법 위반 전력이 있는 사람들에 대한 인터뷰나 잡혀있던 취재계획까지 취소하는 일이 벌어졌다. 또 일부 부장들은 이미 출고된 기사에 대해서도 지면에 실을 수 없다는 뜻을 담당기자들에게 전달하기도 했다. 이 기사는 당초 문화부가 섹션화 첫날인 20일자에 비중 있는 저자를 싣자는 차원에서 기획해 편집회의까지 통과됐다. 이에 따라 문화1부 정아무개 기자가 지난 18일 리 교수를 인터뷰, 기사를 작성했다. 중앙의 리 교수 기사 삭제는 최근 언론계에 몰아치고 있는 극단적인 냉전 논리가 '한계수위'를 넘어서고 있음을 극명하게 드러낸 사례로 받아들여지고 있다. 중앙 공보위는 지난 21일 발행한 공보위 보고서에서 편집국 기자들이 '보도금지 대상 목록을 만들어야 할 상황이 아니냐'고 하소연하는 등 큰 혼란을 느끼고 있다고 밝혔다. 중앙 공보위는 보수와 진보에 대한 편집 간부들의 경직된 판단이 이 같은 혼선을 초래했다고 보고 취재활동의 위축을 우려

나) 리영희, 『새는 '좌·우'의 날개로 난다: '전환시대의 논리' 그 후』(두레, 1994), 6~7쪽.

했다."

　일부 인쇄된 것은 지방으로 배달되었는데, 문제될 내용이 전혀 없었다. 게다가 93년에는 『중앙일보』에 리영희가 전면 기사로 실린 적도 있었는데,[다] 왜 갑자기 그렇게 달라진 걸까? '새는 오른쪽 날개로만 난다'라고 주장했어야 했다는 걸까?

　사정이 그와 같았음에도 『조선일보』 주필 김대중은 94년 11월 6일자에 쓴 〈'부러진 오른쪽 날개'〉라는 제목의 칼럼에서 "어느 책의 제목에 이런 것을 본 적이 있다. '새는 좌우의 날개로 난다' 그 책의 필자는 새가 우의 날개만으로는 날 수 없고 좌의 날개도 있어야 날 수 있다는 뜻으로 그런 제목을 붙였다는데 말인즉슨 옳다. 다만 지금 우리 사회는 오른쪽 날개는 크게 고장났고 왼쪽 날개만 펄펄하다는 것이 다를 뿐이다"고 주장했다.

다) 권영빈, 〈책과 시대/저자를 찾아- '전환시대의 논리' 리영희 교수: "'체제' 보다 늘 인간의 행복 중시"〉, 『중앙일보』, 1993년 2월 20일, 11면.

김일성 · 김정일은 섹스광?

김일성, 김정일 부자의 모습.

남한 언론은 그간 김일성 부자를 희대의 호색한으로 묘사해 왔다. 그들의 섹스 행각을 묘사하는 방식이나 정도는 언론 스스로도 주저할 만큼 천박하고 상스러운 것이지만 그것이 김일성 부자와 관련되는 것인 한 국가안보를 염려하는 애국적인 고발이라고 생각하는 듯했다. 언론엔 김일성 부자의 사생활 보도가 일거양득의 상품이었던 셈이다.

특히 여성지들의 활약이 눈부셨다. "반말 오가는 김일성과 애첩 김송죽의 사랑놀음(여성동아)", "김일성 아방궁의 사생활(여성중앙)", "'참새털 이불' 속의 김일성과 애첩들(가정조선)", "지금도 김정일의 밀실에서는 질펀한 섹스 파티가 벌어지고 있다(여원)" 등과 같은 기사 제목들을 보고 있노라면 김일성 부자의 머릿속은 텅 빈 채 오로지 섹스만 가득 들어있는 것 같은 느낌을 주었다. 물론 그런 이야기들은 대부분 뚜렷한 근거도 없는 것들이었지만, 김일성 부자가 명예훼손 소송을 제기할 수는 없을 터이니 언론으로선 겁날 게 전혀 없었다.[가]

이 점에 있어선 특히 『조선일보』의 활약이 눈부셨다. 주간지나 월간지를 통해선 "김정일의 여인들: '만족조', '행복조'…김일성 사후에도 변함 없는 '자유의 밤'" 등과 같은 제목의 기사를 팔고,[나] 일간지를 통해선 프로이트까지 동원해 가면서 김정일을 정신이상자로 묘사하기도 했다. 예컨대, 논설고문 홍사중이 『조선일보』 94년 8월 30일자에 쓴 〈프로이트의 김정일: 영화 탐닉은 자폐증(自閉症) 환자의 현실도피〉라는 제목의 칼럼은 김정일을 거의 정신병자 수준으로 몰면서 다음과 같은 결론을 내렸다.

"그는 영화광이라 할 만큼 영화를 좋아한다. 그것은 대부분의 독재자들이 영화를 좋아했던 까닭과는 다르다. 그에게 있어서는 영화란 술과 마찬가지로 현실로부터의 도피의 한 수단인지도 모른다. 자기 아버지의 그늘이 클수록 그 억눌림의 고통도 컸을 것이다. 그리고 현실을 떠난 은막의 세계는 그의 '과대망상'을 더욱 키워나갔을 것으로 짐작된다. 이런 그가 주석(主席) 자리에 오른다면 그는 어떤 정치, 어떤 대외정책을 펴나

가) 이 점에 대해선 이태주, 〈김일성 사생활 보도, 정보원의 정체〉, 『길』, 1992년 10월, 188~195쪽을 참고하는 게 좋겠다.
나) 『주간조선』, 1995년 3월 23일.

갈 것인가. 여기에 우리 관심이 쏟아질 수밖에 없다. 그 해답을 우리는 왜 그가 머리손질을 하지 않은 더벅머리를 하고, 왜 단 한번도 버젓한 양복을 입지 않는지 하는 그의 이상(異常) 심리에서 찾는 게 쉬울지도 모른다."

이와 관련, 북한 연구자 이종석은 "김 주석이 죽고 등장한 김정일이 우리가 앞으로 대좌해야 할, 어쨌든 외교적 대상이거든요. 쉽게 말해서 유엔이 인정한 주권 국가의 최고 지도자입니다. 또 남북한을 다 공멸시킬 만한 군사력을 가진 최고사령관이고 우리가 좋건 싫건 관계없이 그를 분석할 때 과연 고삐 풀린 망나니니 뭐니 이런 가십성으로만 나가면 우리에게 돌아오는 결과가 무엇이겠습니까?"라는 의문을 제기했다.

"김정일이 괴팍스럽다, 사생활이 문란하다 그러지 않았습니까? 그런데 가만히 보니까 김정일을 직접 만났거나 가장 오래 만난 사람들이 최은희 씨, 신상옥 씨입니다. 최은희, 신상옥이 쓴 거 보면 거기에 묘령의 여자 얘기가 잠깐 비치는데 그거말고는 김정일이 사생활이 문란하다든가 이런 게 없어서 제가 깜짝 놀랐어요. 아, 그렇게 사생활이 문란한 사람인데 몇 년 동안 가까이 지낸 최은희, 신상옥이 그 문란한 사생활을 못 봤다면 그건 뭔가 이상하잖아요. …… 모 그룹 회장이 북한을 방문했을 때 …… 다른 측근들은 다 그냥 술을 먹고 퍼졌는데 김정일은 술을 한 잔도 안 먹고 이 재벌 이야기를 듣기만 하더래요. 물론 그건 외교적인 제스처라고 할 수 있겠죠. 그러나 외교적인 제스처 쓸 수 있는 것도 능력이라면 능력인 거란 말이에요. 그런데 어떻게 된 게 만나 보지도 않은 귀순한 북한 주민들이 왜 그렇게 한결같이 호색한이라고 하는지."[다]

다) 『샘이깊은물』, 1994년 8월.

성수대교 붕괴: 붕괴된 건 다리만이 아니었다

잇따라 터지는 대형사고

대통령 취임 1주년 기념 회견에서 1시간 반 동안 '반드시'라는 말을 12번이나 사용했던 대통령 김영삼은 1994년 10월 18일의 국회 시정 연설문에선 "확고히, 혼신의 힘을 다해, 참으로, 적극적인, 결연한, 결코 용납하지 않을 것, 어떠한 희생이 있더라도, 엄격하게, 획기적인, 만반의 준비를, 극대화, 최대한, 대폭, 엄청난, 막대한, 근본적으로, 차질 없이, 최선을 다해, 강력히, 단호히, 완벽하게, 근원적인, 총력, 법정 최고형으로 엄벌, 철저히"라는 단어들을 총동원하여 반복 사용했다.[28]

그러나 그런 굳센 의지로도 막을 수 없는 게 있었으니 그게 바로 잇따라 터지는 대형사고였다.

1994년 10월 21일 아침 7시 40분경 출근길에 서울의 성수대교가 붕

---

28) 강인선, 〈김영삼 대통령의 연설문 연구〉, 『월간조선』, 1994년 12월, 152쪽.

괴되는 사고가 일어났다. 붕괴 부분에서 달리던 봉고차 1대, 승용차 2대, 버스 1대가 한강으로 떨어졌고, 버스로 등교하던 무학여중고교생 9명이 사망하는 등 총 32명의 사망자가 발생했다. 성수대교는 한강다리 16개 가운데 15년 전인 1979년 10번째로 건설된 다리였다. 착공했던 77년 당시의 서울시내 차량 수 합계는 13만 3,000대였으나, 사고가 난 94년 서울시내 차량 총수는 200만 대에 육박하고 있었던 게 원인이었을까?[29]

3일 후인 10월 24일엔 충북 충주호에서 유람선 화재가 발생해 25명의 사망자를 냈다. 승객 대부분은 단풍철을 맞아 단체로 월악산 관광을 즐기다 변을 당했다. KBS와 MBC는 9시 뉴스에 당초 머리기사로 예정됐던 충주호 유람선 화재 참사 사고를 뒤로 빼고 김영삼의 성수대교 붕괴사고 관련 특별 담화를 머리기사로 올려 전형적인 '권력 눈치보기' 보도라는 비난을 받았다.

10월 26일 방송사 노조협의회는 성명을 내고 "아직도 방송을 정권의 홍보 도구로 이용하려는 정권과 이에 쉽게 굴복, 또는 영합하는 언론은 서해훼리호 사고에서부터 성수대교 붕괴, 충주호 유람선 사고에 이르기까지 모든 사고의 공범일 수밖에 없다"고 비판했다.[30]

1994년 대형사고의 대미는 12월 7일 서울 도심을 불바다로 만들었던 아현동 도시가스 폭발사고였다. 주택가, 상가, 빌딩 등이 밀집한 서울 아현동의 도시가스 공급기지 지하저장탱크가 7일 오후 폭발, 주택가로 불이 옮겨 붙는 바람에 인근 주민 12명이 사망하고 50여 명이 부상했으며 주민 600여 명이 이재민이 됐다.

이 불로 인근 주택 50여 채가 전소되거나 파손되고 불길이 30여m 공중으로 높이 치솟는 바람에 일대가 검붉은 화염과 연기로 뒤덮였으며 5,000여 주민들이 놀라 대피하는 등 큰 소동이 빚어졌다. 또 도시가스

---

29) 손정목, 『한국도시 60년의 이야기 2』(한울, 2005), 257~258쪽.
30) 『언론노보』, 1994년 10월 29일.

폭발로 인한 충격으로 반경 300m 이내 빌딩들의 유리창 100여 장이 깨졌으며 세종로-마포 간 교통이 2시간 이상 두절됐다. 폭발 직후부터 일대는 온통 화염에 휩싸여 화재현장에서 100m 이상 떨어진 곳에서도 열기를 느낄 수 있을 정도였다.[31]

"국민들의 시선을 돌려라"

성수대교의 붕괴는 대통령 김영삼으로 하여금 "5,000년 동안 썩었다"는 평가를 낳게 했다. 그러나 김 정권의 대응도 썩은 건 마찬가지였다. 『한겨레21』 94년 11월 10일자 기사 〈국민들의 시선을 돌려라〉는 "안기부 연출 '전쟁영웅극'의 전말"에 대해 다음과 같이 보도했다.

"애당초 정부(안기부)는 조창호 씨의 귀환을 달가워하지 않았다. 그래서 조씨는 10월 20일 대한민국 영해상까지 밀항했으나 돌아가야 했다. 그로부터 이틀 뒤 발생한 성수대교 붕괴사고(21일)를 고비로 정부(안기부)는 마음을 180도 돌려 먹었고 22일 조씨 가족의 지원 요청을 받아들였다. 이에 따라 조씨가 두 번째로 표류하고 있던 해상에 어업지도선이 '우연히' 나타날 수 있었고 조씨는 무사히 남한에 안착했다."

10월 25일엔 국방부장관 이병태가 조창호를 방문했고 28일엔 김영삼이 방문을 했다. 언론은 대서특필했다. 성수대교 붕괴의 상흔이 '전쟁영웅' 조창호에 의해 감추어졌다. 조창호의 귀환을 도와달라는 가족들의 요청을 묵살해 온 정부는 성수대교가 붕괴하자 태도를 돌변한 것이었다. 게다가 가족들은 북한에 남아 있는 조창호 자녀의 안전을 위해 발표를 미뤄 달라고 요청했지만, 정부는 그 요청마저 뿌리치고 조창호의 귀환발표를 강행했다.

---

31) 『동아일보』, 1994년 12월 8일, 1면.

1994년 10월 21일 아침 출근길에 서울의 성수대교가 붕괴되는 사고가 일어났다.

　해도 너무했던지라, 『조선일보』 94년 10월 25일자 ‘기자수첩’ 은 “국가안전기획부의 조창호 씨 북한 탈출·귀환 발표는 전례 없이 신속하고 친절해 언론사들을 깜짝 놀라게 했다”고 했고, 『동아일보』 10월 26일자 ‘기자의 눈’ 은 안기부의 그런 행태를 가리켜 ‘3류 소설’ 이라고 했다.

　그 ‘소설’ 은 잔인했다. 『한겨레21』 기사에 따르면, “ ‘만약 붕괴사고가 일어나지 않았다면' 조씨는 여전히 공해상을 표류하고 있을지 모를 일이며 정부(안기부)는 여전히 그에 대한 구조를 외면하고 있을지 모를 일이다. 또 조씨는 영웅이 아니라 지금쯤 난민으로 혹은 범죄자로 중국의 바닥을 헤매고 있을지 모를 일이다. 그 대신 그는 북한의 3남매에 대한 부담은 느끼지 않았을지도 모른다."

12·12 사건 기소와 법안 날치기

12·12 사태 고소·고발사건을 수사해 온 서울지검은 1994년 10월 29일 "12·12 사태는 전두환 당시 합수본부장 등 신군부 세력들이 군의 주도권을 장악하기 위해 사전 계획하에 실행한 군사반란사건임이 명백하다"면서도, 그러나 "피의자들을 기소하는 경우 재판과정에서 과거사가 재론돼 국론분열과 국가안정 저해가 우려되는 데다 피의자들이 14년간 나라를 통치하면서 나름대로 국가발전에 기여한 면이 있는 점 등을 인정, 역사적 평가는 후세에 맡기는 것이 바람직하다"고 밝혔다. 검찰은 전두환·노태우 두 전직 대통령 등 12·12 사태를 주도하거나 적극가담한 34명은 군형법상 반란수괴·불법진퇴·상관 초병살해 등의 혐의를 적용해 기소유예를 결정했으며, "12·12 주도세력의 군사반란행위는 정권탈취의 목적이 있었던 것으로 보기는 어렵다"며 형법상 내란혐의에 대해선 무혐의처분했다.

11월 7일 민주당은 최고회의와 의원총회를 잇달아 열어 12·12 사건 관련자의 기소를 끝까지 관철시킨다는 방침을 재확인하고, 이를 위해 △특별호 외 당보 제작 거리 배포 △전국 지구당별 동시다발 규탄집회 등 장외투쟁을 벌여나가기로 했다.

민주당은 이날 오후 신순범 최고위원 등 대표단 6명을 청와대로 보내 박관용 비서실장에게 김영삼 대통령 앞으로 보내는 '12·12 군사반란 관련자의 기소촉구 서한'을 전달했다. 민주당은 이 서한에서 "검찰의 결정은 12·12 군사반란에 대한 역사적 청산을 통해 민족정기와 정의를 바로 세우려 했던 국민적 합의에 배치되는 것"이라며 "대통령이 확고한 결단을 내릴 때만이 왜곡된 역사를 바로잡고 그 토대 위에서 참된 개혁이 이루어질 수 있다"고 말했다. 또 민주당 대표 이기택은 김수환 추기경 등 종교계 지도자와 12·12 사건 피해자, 시민단체 대표 등과 함께 공동기자회견을 갖고 정부 당국에 검찰의 기소유예 조처 철회를 촉구하기로 했다.[32]

그러나 김영삼은 민주당의 요구에 침묵으로 대응했다. 굳이 반응을 보인 게 있다면 그건 법안 날치기 통과였다.

12월 2일 오후 민자당은 내년도 예산안을 민주당의 저지를 피해 본회의장 2층 국회 출입기자석에서 30초 만에 날치기로 통과시켰다. 민자당은 또 지방자치법 개정안 등 47개 법안도 예산안과 함께 강행처리했다.

민주당은 이날 최고위원들이 참석한 가운데 원내대책회의를 열어 날치기 항의와 12·12 반란자 기소를 촉구하는 뜻으로 곧바로 국회 민주당 원내총무실에서 항의농성에 들어갔다. 민주당은 이날 날치기 통과 뒤 열린 의총에서 결의문을 채택하고 "오늘 처리된 95년 예산안은 원인무효이며 재심의를 위해 강력히 투쟁할 것"이라고 선언했다. 이들은 "민주화 투쟁 경력을 자랑하고 의회주의자를 자처한 김영삼 대통령의 언행은 모두 위선이었음이 백일하에 드러났다"며 "의회정치를 말살하는 폭거에 모든 수단과 방법을 동원해 강력히 대항할 것"이라고 밝혔다. 그러나 이날 민주당이 12·12와 관련한 장외투쟁에서 아무런 성과를 거두지 못하고 국회에 등원하게 됨에 따라 앞으로 이기택의 지도력은 당내에서 거센 반발에 부닥치는 가운데 당권투쟁이 본격화될 것이라는 전망도 나왔다.[33]

12월 3일 정부는 경제기획원과 재무부, 건설부와 교통부를 통합하는

---

32) 『한겨레신문』, 1994년 11월 8일, 2면.
33) 『한겨레신문』, 1994년 12월 3일, 1면.

한편 체신부를 정보통신부로, 환경처를 환경부로 개편하는 등 대대적인 조직개편을 단행한다고 밝혔다. 총무처장관 황영하는 이날 국무회의가 끝난 뒤 "이번 조직개편은 김영삼 대통령의 세계화 구상을 강력하게 실천하기 위한 것"이라며 "국회에 제출돼 있는 정부조직법 개정안을 국회에서 수정하는 형식으로 추진하며, 정기국회 회기가 얼마 남지 않은 만큼 서두를 것"이라고 말했다.

정부조직 개편안에 따르면 경제기획원과 재무부를 통합해 재정경제원을 신설하고, 건설부와 교통부를 건설교통부로 통합하는 대신 관광 기능을 문화체육부로 넘기고, 또 상공자원부와 과학기술처, 공보처 등에 분산된 정보통신 관련 기능을 체신부로 일원화해 정보통신부를 만들고, 상공자원부에 무역과 통상 기능을 강화해 통상산업부로 개편했다.

이 개편안에서는 또 보건사회부를 보건복지부로 개편하고, 환경처를 환경부로 승격시키는 한편 공정거래위원회를 국무총리 소속으로 옮겼다. 이와 함께 국무총리실의 정책조정 기능을 강화해 행정조정실장이 차관회의를 주재하도록 하고, 기획원의 기획조정과 심사분석 기능을 행정조정실로 넘기도록 했다.[34]

"국정운영을 카드놀이하듯 한다"

민자당이 12월 2일 밤 내년도 예산안을 날치기 통과시킨 데 이어 3일 전격적으로 정부조직 개편을 발표하자, 민주당은 이를 "국면호도용"이라며 강력히 비난하고 나섰다. 대변인 박지원은 3일 "정부조직 개편안이 발표된 것은 예산안 날치기 변칙 통과를 가리기 위한 술책"이라면서 "국가 백년대계를 이처럼 졸속으로 처리한 것은 김영삼 대통령의 또 하나의

---

34) 『한겨레신문』, 1994년 12월 4일, 1면.

12·12 사건 관련자 기소문제를 둘러싼 여야공방은 뜨거웠다. 사진은 민주당 의원들이 12·12 사건 관련자의 기소를 관철시키기 위해 특별당보를 제작해 살펴보고 있는 모습이다.

깜짝쇼"라고 주장했다. 민주당은 앞서 날치기 예산안의 무효 및 재심의를 주장하면서 항의의 표시로 2일 밤부터 3일 오전까지 전 의원이 국회에서 밤샘농성을 벌였는데, 민주당은 농성 뒤 가진 의원총회에서 "의회정치를 말살하는 정부 여당의 폭거에 모든 수단과 방법을 동원해 강력히 대항할 것"이라고 밝혔다.[35]

12월 5일 재무부는 외환제도 개혁안을 발표했다. 해외여행 경비와 해외이주비 및 해외체재비 한도를 대폭 늘리고, 해외 부동산·증권 투자를 단계적으로 자유화하며 해외예금도 허용하겠다는 내용이었다.

『한겨레신문』 논설위원 김종철은 94년 12월 7일자 칼럼에서 "날치기

---

35) 『한겨레신문』, 1994년 12월 4일, 1~2면.

바로 이튿날 사람들은 김 대통령이 애용하는 '깜짝쇼'에 얼을 뺏겨야 했다"고 말했다.

"정부조직의 뼈대를 송두리째 뒤흔드는 개편안이 발표된 것이다. 해가 지고 다시 뜨니 '외환제도' 개혁안이 신문과 방송을 도배질했다. 잘만 운영하면 모두 좋은 제도가 될 것이다. 그러나 법과 제도만 탓할 일이 아닌 체제 속에서 정부조직을 크게 바꾸고 그 구성원들의 자질과 의식을 바로 잡지 못한다면 그 결과는 어떻게 될 것인가? …… 나는 지금 우리 사회가 앓고 있는 중병은 가장 큰 원인이 대통령의 무책임한 자세에서 나온다고 믿는다."[36]

중앙대 교수 김수삼은 『세계일보』 94년 12월 8일자에 기고한 칼럼에서 정부조직 개편의 문제점을 조목조목 지적하면서 "오랫동안 복지부동 형태로 보이던 정부조직 개편이 여느 때와 마찬가지로 깜짝쇼처럼 연출되고 발표되었다. 설왕설래 이해타산과 잡음이 많을 것을 예상하고 특수 집단이 작업하여 기습적으로 발표하였다지만 최근의 국가 경제규모가 매우 커지고 2000년대를 내다본 정부조직 개편이라면 해당 전문가들의 공개적인 토론과 국민들의 이해를 구하는 투명한 의사결정이 바람직하지 않았을까"라고 말했다.

『내일신문』 94년 12월 14일자는 "이번 날치기는 바람직한 여야 관계 정립이나 정치개혁, 문민국회의 위상이라는 측면에서는 전혀 설명되지 않는다. 오히려 힘에 따른 역학관계, 밀리지 않겠다는 고집과 감정, 정국 주도권 등을 놓고 밀어붙이기로 일관한 김 대통령의 스타일이 반영된 결과라는 분석이 더 설득력 있게 들린다"며 다음과 같이 말했다.

"이때 '민주당 이 대표의 12·12 공세는 귀찮기도 했지만 김 대통령의 권위에 도전함으로써 김 대통령으로 하여금 오기를 발동시킨 요인으

---

36) 김종철, 〈대통령 무책임제?〉, 『한겨레신문』, 1994년 12월 7일, 5면.

로 작용했을 것'이라는 어느 민자당 당직자의 진단은 차라리 '아찔함'을 느끼게 하는 대목이다. 김 대통령은 행정개혁 카드를 터트림으로써 날치기 정국을 일거에 정부조직 개편 회오리로 전환시켰다. 일각에서는 '국정운영을 카드놀이하듯 한다'는 비판도 나오고 있다. …… 민주당의 홍사덕 의원은 최근 나라정책연구회의 국정쇄신 토론회에서 '결국 국정난맥의 최고 책임이 김 대통령에게 있는데도 이를 명확하게 하지 않는 것은, 혹시 거론하고 지적해도 김 대통령이 이를 소화해 낼 수 없다는 판단 때문 아니냐'고 했다."

12월 23일 오후 1시 정부는 임시국무회의를 열어 정부조직법 개정법률공포안과 재정경제원 등 18개 부·처·청 직제 개정령안 및 차관회의 규정 개정령안을 의결했다. 이에 따라 정부기구는 2원 5처 13부 15청 2외국으로 최종 확정됐다. 정부조직 개편으로 축소되는 기구는 장관직 2개, 차관직 3개, 실·국 25개, 과 및 담당관직 115개로 최종 확정됐다. 또 기구개편과 함께 줄어든 인원은 재정경제원·교육·건설교통·통상산업부 등 14개 부처에서 1,266명이 감축되고, 공정거래위·총리행정조정실·정보통신부 등 4개 기관에서 264명이 늘어나 1,002명으로 집계됐다.[37]

'기습정치의 시대'

국민대 총장 현승일은 『서울신문』 창간 49돌을 맞아 1994년 11월 23일자에 특별 기고한 칼럼에서 "우리나라 민주주의 전개에 있어서, 가장 뜻깊은 일은 대한민국의 건국이었으며, 그 다음번으로 뜻깊은 것은 YS 문민정부의 탄생일 것이다"라고 주장했다.

---

37) 『한겨레신문』, 1994년 12월 24일, 2·6면.

그러나 그런 평가는 당시의 민심과는 크게 동떨어진 것이었다. 『한겨레21』 94년 12월 15일자는 김영삼의 끊이지 않는 '깜짝쇼' 연출을 지적하면서 '기습정치의 시대'라는 말을 썼다.

"작전이었습니다. 기습작전이었습니다. 12·12 청산 요구와 날치기 국회의 국민적 분노를 일거에 돌려버린 기습작전 시리즈 3탄. 삼성 승용차 허용과 정부조직 개편, 그리고 외환 자유화. 김영삼 정부가 그토록 열창했던 '세계화'의 윤곽이 드러났습니다."

서울대 교수 이달곤은 "과거 정통성 없는 권위주의 정권하에서는 전시행정이 판을 치더니 문민정권하에서는 소위 언론플레이가 범람하고 있다"며 "행사 위주, 아이디어 전시 위주의 언론플레이가 지속되는 한 응변은 있으되 변화는 없다"고 했다. 그는 "국민은 응변에 지쳐있다"며 "이제 실질적인 생활상의 변화 없이 어느 국민이 문민정권의 실적을 기릴 것인가?"라는 물음을 던졌다.

"따라서 언론매체를 보는 시각에 변화가 있어야 한다. 집권 후의 국가경영은 야당할 때, 몇 번의 선거전을 치를 때와 같지 않다. 이제는 실적으로 평가받아야 한다. 당당하게 언론에 공개할 것은 해야 한다. 언론이 보도하는 기사에 너무 신경을 곤두세워서는 안 된다. 언론의 생명이 5시간이라도 가는가? 이 기사에서는 이러고 저 기사에서는 정반대의 논리적 틀에서 편집되는 것이 언론이 아닌가 싶다. 게다가 몇 시간만 지나면 바뀌는 지면에 전체 판단을 너무 의존하고 있지 않나 하고 생각된다. 남은 3년은 차근차근 실적을 쌓아야 한다. 언론의 좌충우돌식 추켜세우기는 사상누각이 된다."[38]

'기습정치'는 그 어떤 장점에도 불구하고 신뢰의 붕괴를 초래할 수 있다는 점에서 치명적인 한계를 안고 있었다.

---

38) 이달곤, 〈뛰면서 개혁하라: 국정의 난맥상, 어떻게 극복할 것인가〉, 『세계와 나』, 1994년 12월, 57쪽.

삼성의 승용차 진출

김영삼 정부의 재벌정책

공정거래위원회 발표에 따르면 30대 재벌의 94년 총매출액은 249조 원으로 한국 GNP의 82%를 넘었으며, 특히 삼성·현대·대우·LG·한진 등 5대 재벌이 GNP의 54%를 점하고 있었다. 그럼에도 전경련 부설 연구기관인 한국경제연구원은 6공 말기 정부의 재벌 규제가 날로 심해지자 전경련 회장단의 지시로 엄청난 내용의 보고서를 만들었다. 새 정부가 나아가야 할 국정 방향을 전반적으로 다룬 이 보고서는 차기 정권의 재벌정책을 아예 처음부터 대기업 집단들의 이해에 맞게끔 가져가기 위한 작업이었다. 이 보고서가 김영삼 정부에 미친 영향은 매우 컸다. 이와 관련, 경실련 실장 유종성은 95년 4월 이렇게 말했다.

"김영삼 정권은 애초부터 친재벌 정책을 펴왔다. 정부가 현대와 선경 그룹 같은 몇몇 재벌에 대해 여신규제 강화 및 공정거래법 위반 여부를 조사해 왔으나 이는 근본적으로 체계적인 재벌 규제정책이라기보다는 정치적 동기 등에 따른 것일 뿐이었다. 이 점에서 전경련의 보고서가 반영되었다고 볼 수 있다."[39]

김영삼 정부의 재벌정책이 안고 있는 모순은 삼성의 승용차 진출 문제에서 적나라하게 드러났다. 당시 승용차 시장 진출을 위해 삼성이 구사한 언론플레이에 대해 『한겨레신문』 94년 4월 21일자는 다음과 같이 보도했다.

"상공자원부는 승용차 시장 진출을 노리고 있는 삼성이 승용차 진출을 기정사실화하기 위해 과도한 언론플레이를 하고 있다며 매우 불쾌한 반응을 보이고 있다. 상공자원부는 삼성의 승용차 진출 문제를 핵심 주제로 다룰 산업연구원 보고서가 이달 말까지 나오고 삼성이 기술도입 신고서를 제출하면 의견 수렴 과정을 거쳐 진출 허용 여부를 결정하겠다는 기본 방침에 변함이 없는데도 일부 언론에 마치 정부가 현재 삼성 승용차 진출에 대해 본격적인 심의를 하고 있는 것처럼 보도되고 있는 것은 삼성의 언론플레이 탓이라고 분석하고 있다."

김영삼은 94년 11월 30일 제31회 무역의 날 치사에서 "전자, 자동차, 기계 등 우리의 수출주력산업은 선진국과 경쟁에서 이겨야 한다"면서 "이를 위해서는 경제는 물론 정치, 사회, 문화 등 모든 분야에서 세계화가 이뤄져야 한다"고 말했는데, 이게 바로 삼성의 승용차 진출을 허용하겠다는 신호였다.

상공부를 바보로 만든 삼성의 로비

며칠 후 삼성의 승용차 시장 진출에 관한 정부의 방침이 돌연 '허용'으로 바뀌면서 관계부처는 바보가 되고 말았다. 『서울신문』 94년 12월 4일

---

39) 『시사저널』, 1995년 4월 13일.

기아자동차 등 자동차제조업체와 부품업체 노조원들이 과천정부청사 앞에서 삼성그룹의 승용차사업 진출을 저지하기 위한 결의대회를 갖고 있다.

자는 "삼성의 승용차 시장 진출에 관한 정부의 방침이 돌연 '허용'으로 바뀌자 뒷얘기가 무성하다"며 "주무 부처인 상공자원부의 김철수 장관은 일방적으로 통보만 받았다는 후문이고, 홍재형 부총리도 정책결정에서 소외된 것으로 알려졌다"고 보도했다.

"상공부 직원들은 '장관의 슛이 안 서게 됐다'며 씁쓰레하는 모습들. 그동안 '삼성 승용차에 대해 일체 언급하지 말라'는 청와대 쪽의 함구령 때문에 거론조차 못했는데 허용 쪽으로 전격 결론이 나자 '소신 한번 제대로 펴보지 못했다'며 이구동성. 한 직원은 '그동안의 허용 불가를 내팽개치고 갑자기 허용 논리를 개발하자니 죽을 맛'이라며 고충을 토로."

『한겨레21』 94년 12월 15일자도 상공자원부의 어려운 처지와 관련, "삼성과의 7개월 줄다리기에서 패한 김철수 장관은 정부 방침이 번복된 뒤 며칠 동안 기자들을 피해다녀야 했다"며 다음과 같이 말했다.

"삼성차 허용 방침도 박운서 차관이 대신 나와 기자들에게 설명했다.

담당실무자들은 차라리 산하기관으로 자리를 옮겨달라고 호소했다고 했다. 삼성사건은 관료들의 보신주의를 재촉하는 결과를 낳았다. 거대 재벌의 일을 대놓고 반대하는 소신을 밝혀서 좋을 게 없다는 '진리'가 극적으로 확인된 사건이었다. 이미 한국의 몇몇 재벌은 대통령의 의중을 정반대로 바꿔놓을 수 있을 정도의 로비력을 갖추고 있는 것이다."

『국민일보』 정치부장 백화종은 94년 12월 20일자 칼럼에서 자신이 정주영의 대통령 출마에 대해 매우 비판적인 칼럼들을 써 일부 독자들로부터 편파적이라는 항의를 받은 바 있다는 걸 밝히면서, 김영삼의 앞뒤가 맞지 않는 정치 행태에 다음과 같이 일침을 가했다.

"어느 재벌에 대해서는 정부가 세계화라는 덧칠을 하여 그동안의 입장을 하루아침에 바꿔 신규 사업 진출을 허용하면서, 미운 털이 박힌 다른 재벌에 대해서는 유형·무형의 압력을 통해 사업 확장을 막고 있다. 이것은 정부가 말하는 세계화를 향한 경쟁력 제고에 역행할 뿐만 아니라 국내 재벌 기업 간의 공정 경쟁에도 맞지 않는다."

"YS는 어디까지나 부산대통령"?

그렇다면 김영삼은 왜 그런 무리를 범했던 것일까? 『한겨레21』 94년 12월 15일자는 "세계화 구상이 삼성차 허용의 철학적 명분 구실을 했다면 김 대통령의 마음을 바꾸게 만든 추동력은 부산지역의 강력한 요구에 있었다고 봐야 할 것 같다"고 분석했다.

이 기사는 "삼성차 허용 방침이 정해지기까지 가장 큰 힘은 부산에서부터 왔다는 데 아무도 이의를 달지 않는다. 그리고 부산여론의 뒤에는 삼성의 막강한 로비력이 버티고 있었다. 부산지역에서는 일찌감치 삼성차 유치 100만 명 서명운동을 벌이는 등 상공자원부의 반대를 힘으로 누르려는 기세로 일관해 왔다. 그리고 부산지역의 동태는 수시로 김 대통령에게 보고되었다"며 다음과 같이 말했다.

"부산 출신인 박관용 비서실장과 홍인길 총무수석, 그리고 민자당의 문정수 사무총장, 최형우 내무 등 김 대통령의 핵심 측근들이 김 대통령에게 부산의 험악한 여론을 전달하는 역할을 떠맡았다. 그리고 이들은 기회 있을 때마다 삼성차 부산 유치 불가피론을 폈던 것으로 전해졌다. 게다가 경남고 출신인 한이헌 경제수석의 가세 이후 청와대 비서진용은 온통 부산사람 일색이 되어 버렸다. 그전 박재윤 수석이 내던 삼성차 견제 목소리가 한 수석의 세계화논리 내지는 부산여론 감안 분위기에 눌렸던 것이다. 삼성그룹은 이필곤 회장을 수시로 청와대와 정치권에 보내는 등 로비의 고삐를 늦추지 않았다. 또 부산에 전무급 이하 4명의 임직원을 상주시키는 등 부산 여론몰이에 물심양면의 노력을 기울였다."

이어 이 기사는 "삼성의 카드는 김 대통령의 약점을 파고드는 데 있었던 것"이라고 분석했다. "'대통령 된 다음 부산을 위해 한 것이 뭐 있느냐'는 식의 부산여론을 부추겨, 김 대통령이 마음을 바꾸도록 유도하자는 전략이었다. '억울하다. 결국 모두가 삼성의 로비에 넘어갔다. 삼성이 대통령을 둘러싸고 있는 부산 정서를 구워삶는 데 성공한 것이다.' 상공자원부의 한 관계자는 삼성차 허용 배경을 납득하지 못하겠다는 반응을 감추지 않았다."

그런 로비와 더불어 1994년 11월 중순 김영삼이 아태경제협력체 (APEC) 지도자회의에 참석하기 위해 방문한 호주 시드니에서 일어난 '조깅 사건'이 결정적 계기였다는 주장도 있다.

당시 김영삼은 조깅을 했는데, TV 화면에 비친 김영삼의 조깅화가 마크도 선명한 나이키였다는 것이다. 국내 신발산업의 본거지인 부산 시민들은 "부산 경제가 죽어 나자빠지고 있는데 대통령이 해외에 나가 외국 신발이나 신고 있으니 부산 경제가 되겠느냐"며 아우성쳤다. 부산지역 경제인들도 "YS가 해도 너무한다. 고향을 무시하는 사람이다"고 비난했다. 김영삼은 시드니에서 그런 부산 민심을 전해 들었다. 그는 "고향을 무시하는 사람"이라는 비난에 충격을 받았다. 측근들과 대책을 협의했다. 결론은 부산 민심이 원하는 삼성 승용차 허용이었다.[40]

『진보저널』 94년 12월 20일자는 삼성의 승용차 진출에 관한 보도를 하면서 기사 제목을 아예 "YS는 어디까지나 부산대통령"이라고 달았다. 이 기사는 "YS 집권 이후에 부산에 해 준 게 뭐가 있는가"라는 사실을 삼성이 교묘하게 충동질한 배경이 있다는 걸 지적하면서 "정치권력을 행사하는 데 국면 돌파력과 무서운 추진력으로 거의 무소불위의 힘을 자랑하던 YS가 부산지역 주민, 그것도 부산경제인들의 험악한 표정 하나에 기어들어가고 만 것이다"고 말했다. 이 기사는 "그가 계속해서 부산의 대통령으로만 남고자 한다면 현재의 대통령직을 사임하고 내년도에는 부산시장에나 출마하는 게 바람직할 것 같다"고 주장했다.[41]

그러나 김영삼이 부산시장에 출마한다고 해서 문제가 해결되는 건 아니었다. 그냥 부산을 한번 봐준 것으로 넘어갈 수 없는 심각한 문제가 도사리고 있었다. 이와 관련, 『한겨레21』 94년 12월 15일자는 "삼성차 허용은 다른 그룹과의 형평성을 야기하고 있다"고 지적했다.

"세계화 구상에 어울리게 당장 다른 그룹에 대해서도 신규 사업 참여를 모조리 허용할 수밖에 없게끔 강요당하고 있는 것이다. 현대정공은 5일 삼성의 승용차 기술도입신고서 제출에 맞춰 상공자원부에 7인승 승합차인 샤리오 기술도입 신고서를 제출했다. 맞불작전에 들어간 것이다. 이런 식으로 정부의 조정기능이 전면 '포기'될 경우 삼성과 현대 두 거대 재벌 집안이 재계를 과점하는 양상이 벌어질 가능성도 배제할 수 없다."

그래도 이는 훗날 벌어질 재앙을 생각하면 약과였다.

---

40) 한국일보 특별취재팀, 『대통령과 아들: 실록 청와대-문민정부 5년』(한국문원, 1999), 231~232쪽.
41) 송병희, 〈YS는 어디까지나 부산대통령〉, 『진보저널』, 1994년 12월 20일, 20쪽.

" '대학교'라는 신흥종교의 광신자"

상문고 사건과 '승자 독식주의'

1994년 3월 서울 상문고에서 빚어진 부정사건은 세상을 깜짝 놀라게 만들었다. 이 사건에서 가장 충격적인 것은 양심이 뜨겁게 살아 있는 많은 교사들이 극소수의 재단 인사들에 의해 좌지우지되며 소신을 마음껏 펼 수가 없다는 사실이었다. 뒤늦게나마 양심선언을 한 교사들의 용기로 인해 세상에 알려지게 된 상문고 부정사건은 한국의 초중고교 교육 시스템이 '대학입시공장'으로 전락해 버렸다는 걸 여실히 보여 주었다.

3월 15일 서울시 교육청 특별감사반은 양심선언 교사들에 의해 제기된 내신성적 조작의혹이 일부 사실로 드러났다고 밝혔다. 이날 상문고 교사 28명은 기자회견을 갖고 "학교의 비리가 공개된 15일 아침 학생들의 얼굴을 바로 볼 수 없었다"며 양심선언 동기를 털어놓았다. 직장을 잃지 않기 위해 성적조작, 강제모금 등 학교 측의 비리요구를 거부하지 못한 자신들은 "교육자의 양심과 도리를 저버린 죄인"이라며 고개를 떨구

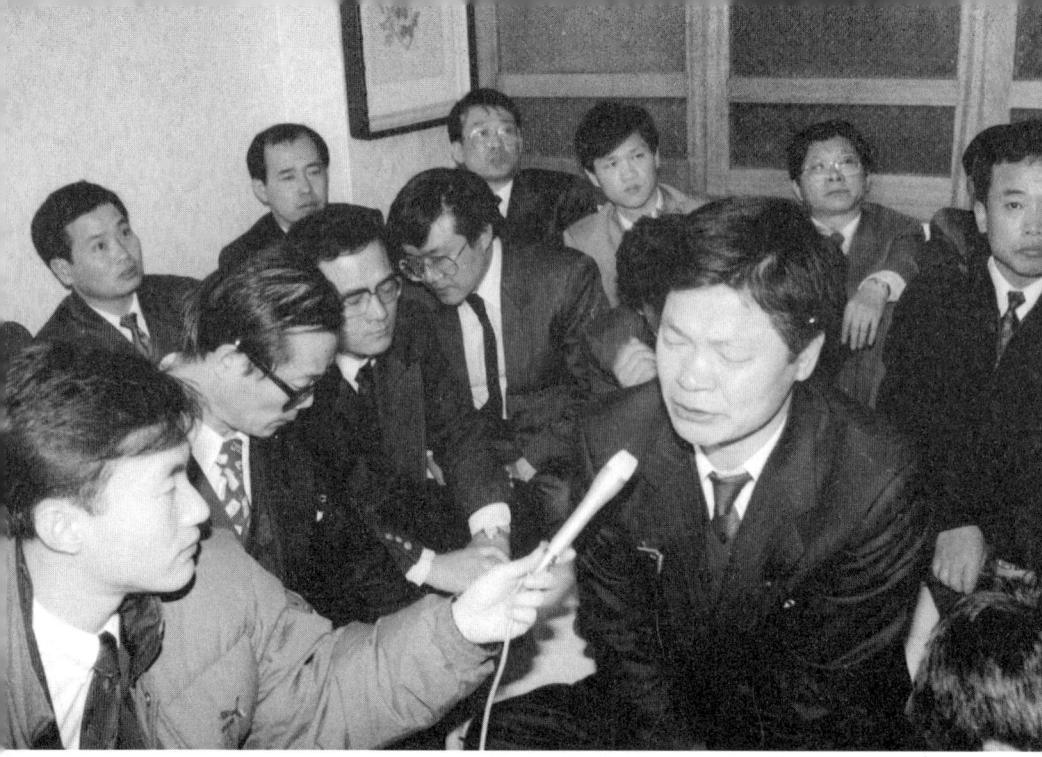

상문고 교사가 상문고등학교 재단 비리에 관해 양심선언을 하고 있다.

었다. 교사들은 "가슴속에 묻어 두어야 했던 울분과 자책감을 씻고 진실을 밝히는 것이 그나마 제자들과 세상에 대한 도리라고 생각했다"고 말했다.[42]

학부모들도 사실상 '대학입시공장' 체제의 공범이었다. 학부모단체 대표 전풍자는 "한국의 학부모들은 '대학교'라는 신흥종교의 광신자"로서 "자녀의 인간적 성장 후원자가 아닌 경쟁 후원자의 역할만 하고 있다"고 개탄했다.[43]

조혜정은 94년에 발표한 〈교육개혁은 과연 가능한가〉라는 글에서 "현재의 입시 전쟁 상황은 거대한 정치권과 많은 기업체들, 대중매체, 보수적이고 관료적인 학교, 자녀의 입시전쟁의 고문격인 어머니에 이르기

---

42) 『동아일보』, 1994년 3월 16일, 31면; 『한국일보』, 1994년 3월 16일, 30면.
43) 이종택, 〈학부모 이기가 교육 망친다〉, 『경향신문』, 1994년 3월 29일, 22면.

까지 많은 세력들이 결탁하여 이루어내는 하나의 거대한 체제"라는 결론을 내렸다.

"모두들 한탄하면서 실제로 이 체제를 깰 생각들은 없는데 이 체제는 사실 한국 사회에서는 드물게 평형 상태를 이루고 있는 것이다. 입시제도가 바뀔 때마다 불안하다는 아우성들이 사방에서 들려오지만 그 아우성 자체가 국민적 합의가 깨질까봐 두려운 데서 오는 표현이지 진정한 도전은 아니다. 다시 말해서 현재의 교육은 어린이와 청소년들을 볼모로 한, 또는 그들을 앞장세운 전쟁인데, 이 체제를 유지시키는 데는 문화적으로 매개되는 많은 힘들이 존재한다는 것이다. 현재 많은 사람들을 심심하지 않게 긴장시키면서, 세대 갈등으로 폭발할 지경의 위기를 유보시키는 기능을 입시전쟁 상황이 나름대로 하고 있다고 볼 수 있는 것이다."[44]

조혜정이 지적한 '평형 상태'는 한국 사회 특유의 '승자 독식주의'에 대한 사회적 저항이 거의 없거나 매우 약하다는 걸 의미하는 것이었다. 험난한 역사를 겪어온 한국인들은 '승자 독식주의'에 저항하려 하기보다는 '승자 독식체제' 또는 그 근처에라도 참여하는 쪽으로 모든 에너지를 집중시켰다. 그래서 중앙 정부도 아무 문제없다는 듯 정부 인사에서 그러한 '승자 독식주의'를 유감 없이 실천하였다.

'행복은 성적순'

학력고사가 암기위주 교육을 유발한다는 비판에 따라 94년부터 수능시험이라는 새로운 형태의 국가고시가 등장했다. 더불어 내신의 실질반영률을 상향 조정하고, 대학별고사를 자율적으로 실시하는 새로운 대입전형제도가 도입되었다. 그러나 교육의 파행은 그런 선발 제도의 변경

---

44) 조혜정, 『탈식민지 시대 지식인의 글 읽기와 삶 읽기 ③: 하노이에서 신촌까지』(또하나의문화, 1994), 102쪽.

따위로 달라질 수 있는 문제가 아니었다. 사회 각 분야의 엘리트층을 일류대 출신이 독점하고 있다는 사실이 중요한 것이었다.

'문민정부' 초대 내각 장관 25명 중 서울대 출신은 16명으로 전체의 64%였다. 통일부총리, 외무장관, 안기부장, 외교안보수석 등 '외교 4인방'은 모두 서울대 출신 교수들이었으며, 비서실장을 포함한 수석 10명 중 8명이 서울대 출신이었다. 또 차관 22명 중 14명이 서울대 출신으로 그 비율은 63.6%였다.

한국능률협회가 93년 3월 매출액 기준 국내 100대 기업 최고 경영자의 출신 학교를 조사한 바에 따르면, 서울대 출신이 절반을 넘는 51명이었고 연세대와 고려대가 각각 9명, 성균관대가 7명, 육사·동국대·인하대·부산대가 각각 2명이었다.

『월간조선』 93년 5월호에 실린 "신파워 엘리트 249명"에 관한 기사는 장·차관, 청와대 비서관, 군·검찰 수뇌부, 정부투자기관 사장 등을 총망라한 대한민국의 엘리트 249명의 성분을 분석했는데, 서울 법대 출신 하나만 해도 전체 249개 직위의 33.7%나 되었고 서울대 출신 전체로는 56.2%를 차지했다.

서울대 교수 김광웅이 94년 9월에 내놓은 〈김영삼 정부의 인사정책: 그 특징과 의미〉라는 논문에 따르면, 서울대 출신의 점유 비율은 장관 및 장관급 위원장의 67.9%, 차관 및 차관급 시도지사의 49.2%, 정부투자기관 및 연구소의 장은 61.9%에 이르렀다.

사정이 그와 같았던 바, 학부모들이 자식을 일류 대학에 보내고자 한 건 실질적인 계급투쟁이었다. 자식의 평생을 결정하는 매우 중대한 문제였던 것이다. 학생들도 그 점을 잘 알고 있었다. 94년 9월에 이루어진 한 조사에 따르면, 중고생들의 80%가 '행복은 성적순'이라는 데에 동의한 걸로 나타났다.[45]

학부모와 학생이 공유한 그런 인식은 사교육비가 공교육비를 능가하는 결과를 낳게 했다. 한국교육개발원에 따르면 한국의 연간 사교육비는 94년 현재 17조 4,640억 원으로 16조 7,578억 원의 공교육비를 능가했다. 정부 예산의 3분의 1에 해당되는 액수였다. 이 중 과외비로 지출되는 것만도 5조 8,447억 원에 달했다. 94년 9월 감사원의 과외 실태조사에 의하면 전국의 중고생 중 69.2%가 과외를 받고 있으며, 고교생의 경우 과외비로 월평균 35만 5,000원을 지출하는 것으로 나타났다. 100만 원 이상의 고액 과외를 받는 경우도 6%나 되는 것으로 집계됐다.

'아이 기(氣) 살려주기 운동'

1994년 서울 정도 600년을 맞았다. 전 세계에서 인구 1,000만이 넘는 도시는 상하이, 다카, 서울, 상파울로, 북경, 멕시코시티 등 모두 6개였지만, 이 중 인구 밀도가 가장 높은 도시는 서울이었다.[46]

인구 밀도가 높을수록 사람들은 자기 자신을 지켜내기 위한 전투의식을 가져야 했던 걸까? 이즈음 남에게 밀리지 않기 위한 기(氣)를 키워주는 것이 자녀 교육의 기본이 되었는데, 그 진원지는 서울, 그것도 경쟁이 가장 치열한 강남이었다.

자녀들의 기를 키워준다는 건 이런 것이었다. 예컨대, 공공장소에서 어린아이들이 마구 뛰어다니는 걸 하지 말라고 타이르면 그 부모가 "아이 기죽인다"고 오히려 항변하곤 했는데, 그건 부모로선 양보할 수 없는 자녀교육의 일환이었던 것이다.

『동아일보』, 94년 5월 2일자는 "상당수의 젊은 부부들은 '아이들은 놓아길러야 기죽지 않는다'는 신념(?) 때문인지 자녀들을 야단치려하지

45) 〈"행복은 성적순" 중고생 1,621명 설문응답〉, 『문화일보』, 1994년 9월 11일, 15면.
46) 이건영, 〈세계화를 위한 서울의 개발방향〉, 『사상』, 1995년 겨울, 29쪽.

않는다. 오히려 '어린애들이 버릇없는 것은 당연하다' 고 당당하게 말한다"고 보도했다. 이 기사에 따르면, 서울의 한 남자중학교에서 1학년을 가르치고 있는 김모 교사는 "요즘 아이들요? '왜요?' 와 '그게 아니구요' 이 두 마디를 빼놓으면 할 말이 없는 게 요즘 아이들입니다"라면서 "예전 같으면 생각도 못했을 이 같은 행동을 요즘 부모는 자녀가 '자기의사를 똑똑하게 밝히는 행동' 으로 여기는 것 같다"고 말했다.[47]

이런 문제는 이전부터 거론되곤 했지만, 94년에 이것이 사회문제로 본격적인 논의 대상이 되었다는 게 흥미롭다. '우리 가족 이대로 좋은가' 라는 제목의 세미나가 열리고 신문들도 '제멋대로 자란 아이들' 에 대한 기사들을 게재하였다. 조성숙은 이런 논의들을 종합해 이런 평가를 내렸다.

"20대에서 40대에 이르는 전후세대 젊은 부모들이 자녀교육의 기준으로 삼는 것은 대체로 '기죽지 않게' 키우는 것이다. 아이들의 '기' 를 살린다는 것은 좋게 말하면 '자신감 있고', '활달한' 성품을 키운다는 것을 뜻한다. 경쟁이 치열한 현대 사회에서 살아남기 위해서 자녀가 '주눅 들지 않게' 혹은 '남의 밑에 들지 않게', 나아가 '남을 이기는', 이왕이면 '남을 지배하는' 기질을 키우자는 것이다. 내 자식만큼은 가난하거나 무시를 당하며 살지 않도록 하겠다는 조급증이 자녀들의 모든 요구를 무조건적으로 들어주는 '오냐주의' 를 고질화시키고 있다."[48]

박한상의 부모 살해사건

1994년 5월 한국 사회를 충격으로 몰아넣은 박한상의 부모 살해사건은 범죄 은폐 기도, 100억대의 유산, 도피성 유학 등의 드라마틱한 요소

---

47) 강수진, 〈멋대로 행동…버릇이 없다(요즘 아이들:1)〉, 『동아일보』, 1994년 5월 2일, 31면.
48) 조성숙, 『'어머니' 라는 이데올로기: 어머니의 경험세계와 자아찾기』(한울아카데미, 2002), 196쪽.

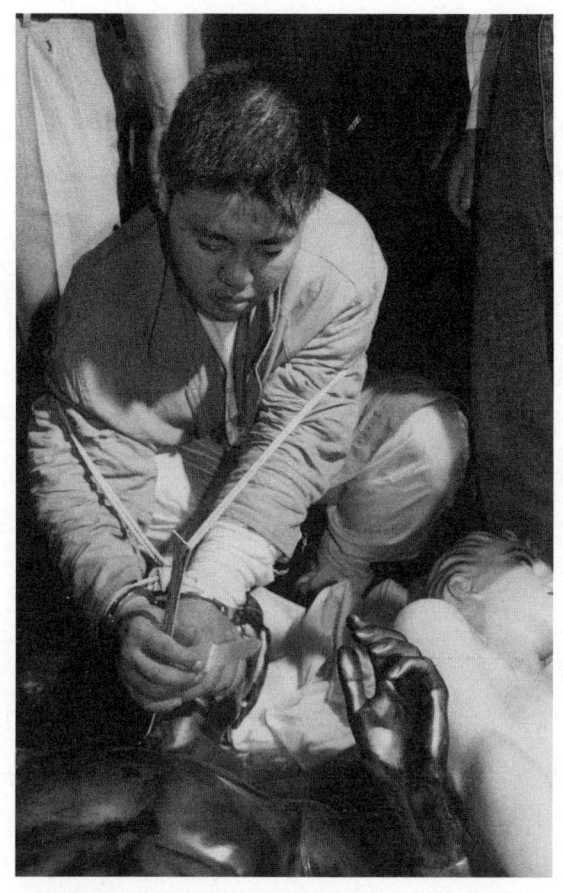

현장검증에서 범행을 재현하고 있는 박한상.

들이 가세하면서 언론에 의해 '드라마'로 재구성되었다. 드라마적 요소
는 기사와 사설 제목들에서 잘 나타났다.

"이럴 수가…", "이럴 수도 있는 일인가", "세상에 이런 패륜아가…",
"이런 패륜이 있을 수 있나", "패륜아지만 이럴 수가…", "이 패륜, 인성
은 죽었는가", "'이런 일이…' 믿을 수 없는 충격", "패륜의 극한, 이럴
수가" 등의 경우처럼 이럴 수는 없다는 게 신문들의 한결같은 반응이었

다. 사진 경쟁도 치열했는데, 어느 신문은 '아직도 살기(殺氣)…보도진을 노려보고 있는 박한상 씨'라는 사진 설명까지 달았다.

신문들은 이럴 수는 없다고 했지만, 곧 '이럴 수밖에 없다'로 돌아섰다. 이번엔 또 지나치게 '이럴 수밖에 없다'로 몰고 가 해외 유학생과 신세대를 싸잡아 비판하기 시작했다. 거의 모든 신문들이 특집 연재물을 게재했다. "비뚤어진 세태" 시리즈, "비틀거리는 신세대" 시리즈, "파라슈트 키드'의 낮과 밤" 시리즈, "'신세대' 두고만 볼 것인가" 시리즈, "인성 위기 신세대" 시리즈 등 흥미진진한 시리즈가 신문지상에 흘러넘쳤다. 그런 신문들에 기죽을 방송이 아니었다. 방송사들은 모두 향락 유학생의 실태를 집중적으로 다루겠다고 미국에 제작진을 급파했다.

언론은 갑자기 근엄한 청교도로 변신해 도덕성 위기를 거론했고, 갑자기 그간 비판의 대상으로 삼던 전교조 교사로 돌변해 교육의 모순을 비판했고, 갑자기 반자본주의적 성향을 띄면서 물질만능주의와 물신숭배를 질타했다. 언론은 패륜아가 1등만 강요하는 파행 교육의 산물이라고 했다. 대학이 국어, 영어, 수학만 잘하는 '최고'만 뽑아 전인교육이 실종됐다고 했다. 언론은 대학입시제도가 바뀌어야 교육도 살고 학생도 산다면서 갑자기 대학 본고사 부활에 대해 문제 제기까지 하고 나섰다. 사회봉사 경력을 입시에 반영하고 각급 학교는 인성교육을 강화해야 한다는 주장도 제기됐다.

그런데 정말 모를 일이었다. 그런 대안이 옳건 그르건 언론은 정답을 알고 있다는 것인데, 그렇다면 왜 언론은 평소 정반대로 행동했던 것인가? 당시 신문들이 앞 다투어 뛰어든 '대학입시 장사'는 무엇이었을까? 매주 대학입시 문제를 게재하는 데다 입시설명회와 학력경시대회를 개최하고 각자 자기 신문의 적중률이 높다고 과시하는 건 무엇이었을까?

신문이든 방송이든 한국 대중매체에서 젊은이는 늘 대학생만을 의미할 뿐이었다. 그것도 일류 대학생만이 대접을 받았다. 기자들부터가 거의 일류 대학 출신들이기 때문에 그들은 그렇게 하는 것이 당연하다고 생각했다. 일류 대학병이 가장 심한 『조선일보』의 경우 88년에서 91년까지 뽑은 신입 기자들의 75.8%가 서울대 출신이었다.[49]

언론은 박한상 사건이 나자 그전엔 전혀 몰랐다는 듯 유학생들을 싸잡아 비난했지만, 당시 언론의 '국제화' 관련 보도는 정부가 문을 더 활짝 열지 않는다는 비판으로 일관했었다. 특히 『조선일보』는 "'썩은 오렌지'…향락으로 지샌다", "'도피성 유학생 탈선' 이대로 좋은가: 술-마약 숱한 유혹…갱단 가입" 등의 기사를 통해 어느 신문 못지 않게 '수입 오렌지' 족에 대해 비판을 가했지만, 평소 해외유학에서 해외관광은 물론 하다 못해 문화정책에 이르기까지 정부가 '쇄국정책'을 고집한다고 비판을 하는 데에 앞장 선 신문이었다. 도대체 뭘 어쩌자는 것이었을까?

---

49) 『언론노보』, 1993년 12월 11일, 3면.

서태지: '발해를 꿈꾸며'·'교실 이데아'

사회문제로 눈을 돌린 서태지 3집 앨범

1993년 6월 KBS가 레게파마를 문제삼아 출연 정지를 결정하자 서태지와 아이들은 "연예인의 복장을 문제삼는 나라는 우리밖에 없다"고 불만을 터뜨리면서도 재빨리 파마를 풀고 복장을 단정하게 고쳤다.

이와 관련, 『한겨레21』은 "서태지의 고집은 언더그라운드를 꿋꿋이 지킨, 아니 지킬 수밖에 없었던 앞선 세대의 김민기와 같은 고집스러움은 아니다"며 "이런 밀고 당김 속에서 90년대의 대중음악 구조에 가장 철저한 이들의 프로정신이 여실히 드러난다"고 평했다.[50]

음악평론가 강헌은 "이들의 감수성을 지배하고 또 유지할 수 있는 음악적 재능과 더불어 서태지의 또 하나의 번득이는 전략은 다름 아닌 자신에 대한 집요한 통제력이다"며 "그는 네트워크에의 지나친 의존은 결

---

50) 〈통일을 노래한 '태지 오빠'〉, 『한겨레21』, 1994년 9월 1일, 42~51면.

국 자신을 파멸시킬 것이라는 것을 본능적으로 알고 있었고 쇼 프로그램에서 가장 상종가를 기록하는 고비를 넘어설 때에 '다음 앨범을 위해서!' 스튜디오와 연습실로 잠입하는 과단성을 보이며 대중들이 품고 있는 신화에 덧칠을 감행했던 것이다"고 말했다.[51]

자신에게 열광적인 지지를 보내준 동료 TV세대들에 대해 보답을 해야겠다고 생각했던 걸까? 아니면 늘 무언가 새로운 것을 추구해야만 삶의 의미를 느끼는 '새것에 대한 콤플렉스' 때문이었을까? 서태지는 3집 앨범부터 사회문제로 눈을 돌려 통일을 염원하는 〈발해를 꿈꾸며〉, 획일화된 교육 현실을 비판한 〈교실 이데아〉 등의 작품을 선보였다.

1994년 8월 13~15일 서울 올림픽공원 체조경기장에서 열린 3집 신곡 발표회를 겸한 콘서트에 대한 언론 보도는 이구동성으로 극찬에 가까운 것이었다. 그 며칠 전 3집 앨범 예약이 100만 장에 이르렀다는 사실에 대해서도 언론은 흥분했으며, 드디어 언론은 서태지가 함부로 다룰 수 없는 부동의 대스타임을 확신하게 된 것 같았다.

"방송국이 대중에게 뒤져 있다"

"지난 13일 신작 앨범 발표 공연에서 사회성이 강한 메시지 곡과 콘서트 구성으로 '대반란'을 일으켰던 그룹 '서태지와 아이들'. '유치한 감상 놀음에 빠진 철없는 세대'라는 기성세대의 비난을 받아오던 그들이 오히려 '사회의식이 충만한 이성 세대'임을 보여 주기 시작했다."[52]

서태지 관련 보도를 1면에 실은 『문화일보』 94년 8월 24일자 기사는 그렇게 시작했다. 그 기사 제목이 〈사회비판 '파격의 노래' 서태지와 아이들〉이었다. 『한겨레21』 9월 1일자는 장장 8면에 이르는 서태지 특집

---

51) 강헌, 〈메너리즘 그리고 우울한 저항: 스타론—서태지〉, 『상상』, 1993년 겨울, 221쪽.
52) 오승훈, 〈사회비판 '파격의 노래' 서태지와 아이들〉, 『문화일보』, 1994년 8월 24일, 1~2면.

진보매체인 『사회평론 길』 표지인
물로 등장한 서태지와 아이들.

기사를 게재하면서 〈통일을 노래한 '태지 오빠'〉라는 제목을 붙였으
며,[53] 『사회평론 길』 10월호는 서태지를 커버스토리로 다뤘다.

서태지는 강헌과의 인터뷰(리뷰, 94년 겨울호)에서 그런 새로운 면모
를 잘 드러내 보였다. 먼저 악마 숭배 파문에 대해 서태지는 "나는 지금
충격을 받은 나의 어린 팬들, 특히 교회에 다니는 친구들로부터 엄청난 항
의에 직면해 있는데, 어떻게 그럴 수가 있느냐는 울먹임부터 판을 밟아 부
쉈다는 친구들까지 다양하다"고 털어놓았다.

"심지어는 자기가 다니는 교회의 목사님이 '너희들이 정말 서태지를

---

53) 〈통일을 노래한 '태지 오빠'〉, 『한겨레21』, 1994년 9월 1일, 42~51면.

위한다면 그가 악마의 굴레에서 벗어나 하느님의 자식이 될 수 있도록 기도하라' 는 요지의 설교도 했다고 한다. 언젠가 국회에서도 서태지가 이 땅의 자녀들을 다 버린다는 발언이 나온 적도 있는데, 정말 해도 너무 한다는 생각에 어처구니가 없다. 청소년들의 우상이 되는 것이 이토록 상처 입어야 하는 것인가?"

텔레비전과의 관계에 대해선 어떤 생각이었을까? 강헌의 지적대로, 순식간에 이루어진 서태지의 성공은 "이 전지전능한 매체에 꽤 많이 빚지고 있음을 부인하기는 어렵다." 그러나 서태지는 텔레비전이 요구하는 각종 규제에 대해 불만이 많았다. 그는 "우리가 대표적인 타깃이다"며 "좀 봐주는 때도 있지만, 작년엔 레게파마가 문제였는데 이번엔 치마와 귀고리가 도마 위에 올랐다"고 말했다.

"'굴복이다' 는 팬들의 분통에도 불구하고 그때는 우리가 받아들였지만 이번엔 다르다. 단적으로 말해서 방송국이 대중에게 뒤져 있다. 60~70년대에 있을 법한 얘기가 90년대에도 여전히 토씨도 바꾸지 않고 남아 있는 것이다. 가장 답답할 때가 외국의 음악 동료들이 이런 제반 규제에 대해 이해하지 못하고 우리나라를 히틀러 소굴 정도로 인식할 때이다. 자신의 자리를 지키기에만 급급하여 대중음악가들을 희생양으로 삼는 방송 담당자들의 보신주의, 이런 풍토를 과감히 잘라내어야 하는데…… 아마 대통령도 모를 것이다."[54]

'혁명' 과 '상술' 의 충돌?

서태지를 이야기하면서 그의 탁월한 매니지먼트 감각을 빼놓는 것은 서태지에 대한 정확한 이해를 위해 전혀 도움이 되지 않는 일이었다. 서

---

54) 서태지 · 강헌, 〈인터뷰: 서태지, 주류 질서의 전복자〉, 「리뷰」, 1994년 겨울, 178~201쪽.

태지의 탁월한 매니지먼트에 가장 먼저 주목한 사람은 노래평론가 이영미였다.

이영미는 진보적 월간지인 『사회평론 길』에 서태지에 관한 글을 기고했는데 서태지의 '천재적인 매니지먼트 감각'을 분석한 부분이 편집자에 의해 삭제되었다고 털어놓았다. 왜 그랬을까? 이영미는 "서태지 3집의 파격성을 다른 언더그라운드와는 달리 매니지먼트로 보는 이 분석이 내 글의 독특한 논지였는데, 짐작컨대 바로 이 논지 때문에 삭제되지 않았나 싶다"며 "즉 서태지의 천재성과 혁명성을 고작 '상술'로 격하하려는 것이 아닌가라는 불만이 편집자에게 있었을 것이라고 생각하는 것이다"고 말했다.

"특히 서태지의 1집이 나와 〈난 알아요〉가 전국을 발칵 뒤집어놓고 있을 그때, 랩송이 우리말을 완전히 미국 억양으로 맞추어나간다는 점에서, 우리나라 가요의 지속적인 미국 가요 지향성의 마지막 단계를 보여주고 있다는 요지의 글이 『사회평론 길』지에서 필자의 동의 없이 누락되었던 경험이 있어서 그런 심증은 더욱 굳어진다. 그때 그 글에 대한 편집자의 불만은 서태지를 그렇게 부정적으로 평가할 수 없다는 것이었다고 후에 전해 들었다. 이런 지난 이야기까지 시시콜콜 끄집어내는 이유는, 이러한 평가의 시각이 『사회평론 길』지 편집진들에게만이 아니라 상당히 많은 독자들, 특히 비교적 진보적인 대중들에게 공유되어 있기 때문이라는 생각에서이다."

이영미는 서태지의 음반을 '혁명인가 상술인가' 하는 80년대식 구태의연한 흑백논리로 재단해서는 안 된다는 주장에 전적으로 동의한다고 밝히면서도 "그러나 『사회평론 길』을 비롯하여 『한겨레21』, 『디딤돌』 같은 비교적 진보적 지면에 실린 글들은, 하나같이 서태지의 천재성과 혁명성만을 지적할 뿐 '상술' 즉 매니지먼트 감각에 대해서는 지적하지 않고 있다"고 지적했다.

"마치 매니지먼트를 이야기하는 것이 그의 혁명성을 훼손하기라도 하는 것처럼 말이다. 그러나 80년대식 구태의연한 흑백논리의 극복은, 여태껏 대중문화의 상업주의적 본질을 강조하던 진보적인 필자들이 갑자기 한 대중음악인의 혁명성만을 이야기함으로써 이루어지는 것이 아니다. 바로 혁명이면서도 상술이며, 상술이면서도 혁명임을 지적하는 것이다. 나는 오히려 서태지의 작품이 한국 대중가요의 혁명적인 작품인 동시에 뛰어난 매니지먼트의 산물이라는 사실을 지적해야만, 서태지를 80년대 조용필을 잇는 90년대 한국 가요사의 새로운 수퍼스타로 위치 지울 수 있다고 생각한다."[55]

서태지에 대해 매우 호의적인 평가를 내리는 MBC PD 주철환의 평가도 비슷했다.

"그는 '쇼'의 재미에 눈뜬 지 오래다. 8월 콘서트에서도 그의 천재성은 유감 없이 발휘되었다. 막이 오르기 전과 후까지도 치밀하게 계산에 넣은 그의 영리함에 관객은 물론, 전문 쇼 PD들도 혀를 내두를 정도였다. 그가 선택한 그릇들에 대해 이제 산아래 줄 서 있는 사람들은 왈가왈부하지 않는다. 오히려 그릇들에 담을 샘물의 건강성에 대해 관심을 표명하는 중이다. 그가 통일을 이야기하고 제도권 교육의 문제점들에 대해 힐난하는 것을 또 다른 형태의 상업주의로 몰아치는 것이 옳은 일일까."[56]

'상업주의'에 대한 오해와 편견

하긴 일부 사람들은 '서태지식 상업주의'를 마땅치 않게 보았다. 그렇

---

55) 이영미, 〈TV 가요와 언더그라운드 가요의 껴안기〉, 『사회평론 길』, 1994년 10월, 159~161쪽; 이영미, 〈그 '어린애'의 천재적인 매니지먼트 감각〉, 『사회평론 길』, 1994년 11월, 214~218쪽; 이영미, 『서태지와 꽃다지』(한울, 1995).
56) 주철환, 〈정상에서 꾸는 '원대한 꿈'〉, 『TV저널』, 1994년 9월 2일, 92면.

서태지와 아이들은 3집에서 록을 무기로 통일과 교육이라는 현실문제를 노래에 담았다.

다면 '서태지식 상업주의'란 과연 무엇이었나? 콘서트 현장으로 가보자.

"늬들 눈 깜짝할 사이야. 간판이 사람을 만드는데 어떻게 하겠니? …… 공부해, 공부. 공부!" 칠판 앞에 선 교사 역 배우가 소리를 칠 때, 객석의 10대들이 맞받아 소리를 질렀다. "대학 안 가!" 서태지와 아이들은 그 칠판을 뚫고 무대 중앙으로 뛰어나와 신곡 〈교실 이데아〉를 부르기 시작했다.

"됐어 이제/ 그런 가르침은 됐어 그걸로 족해/ 매일 아침 일곱시 삼십분까지 우릴 조그만 교실에 몰아넣고/ 전국 구백만의 아이들의 머릿속에 모두 똑같은 것만 집어넣고 있어/ 막힌 꽉 막힌/ 널 그리곤 덥썩 모두를 먹어 삼킨/ 이 시꺼먼 교실에서만 내 젊음을 보내기는 너무 아까워/ 좀 더 비싼 너로 만들어 주겠어 네 옆에 앉아 있는 그애보다 더 하나씩 머리를 밟고 올라서도록 해 좀더 잘난 네가 될 수가 있어/ 왜 바꾸진 않고 마음을 조이고 젊은 날을 헤맬까/ 바꾸진 않고 남이 바꾸길 바라고만 있을까/ ……/ 국민학교에서 중학교로 들어가며 고등학교를 지나 우릴 포장센타로 넘겨/ 겉보기 좋은 널 만들기 위해 우릴 대학이란 포장지로 멋지게 싸버리지/ 이젠 생각해 봐 대학 본 얼굴은 가린 채 근엄한 척 할 시대가 지나버린 건 좀더 솔직해봐 넌 알 수 있어."

『한겨레신문』 94년 8월 16일자가 전하는 이 콘서트 현장 스케치는 객석의 10대들이 서태지에 열광하지 않을 수 없는 상황을 잘 보여 주었다. 게다가 서태지는 언론의 속성을 꿰뚫어보고 그걸 공략함으로써 대대적인 홍보 효과를 얻고 칭찬까지 받지 않았는가. 그렇게 생각할 사람들이 전혀 없진 않았겠지만, 『진보저널』에 실린 다음과 같은 평가가 서태지에 대한 최상의 변명이었을 게다.

"선생에게 반항하는 문제아의 한마디가 바로 이 '됐어' 가 아닐까. 이 '됐어' 한마디는 전 세계 고교생들에게 통용될 수 있다. '제발제발' 이라는 운동권 노래보다 더 낫다고 생각한다. …… 모순을 극복할 때 가장 먼저 선행되어야 할 것은 현실을 살아가는 사람의 관점에서 정확하게 파악하는 것이다. 물론 대안 없는 비판뿐이다. 하지만 '왜 바꾸진 않고 마음을 조이며 젊은 날을 헤맬까, 왜 바꾸진 않고 남이 바꾸길 바라고만 있을까' 라는 가사를 보며 서태지의 가능성을 생각해 본다."[57]

서태지 자신의 말마따나, 서태지는 '희망을 위한 절망, 긍정을 위한 부정' 을 노래하려고 애썼다. 처절하게 절망해 보지도 않았으면서 어찌 희망을 이야기할 것이며 기존의 것을 부정하지 않고 어찌 긍정할 그 무엇을 찾을 수 있었을 것인가. '정직한 사람들의 시대는 갔어' 라고 말하

---

57) 김형렬, 〈더 보여 줄 것 없는 청춘의 유령들〉, 『진보저널』, 1994년 9월 27일, 46면.

는 서태지의 절규가 부정적인 사회 인식이라 하여 그걸 규제하겠다니 그건 그 얼마나 어리석은 일이었을까. 정녕 정직한 사람들이 존중받고 대접받고 있단 말이었을까? 이와 관련, 음악평론가 임진모는 이런 평가를 내렸다.

"이제까지 대중 가요계에서는 사회문제에 대한 메시지를 전하는 음악도 없었고 스타 시스템 안으로 제대로 들어오지도 못했다. 그런 변화를 일으키려면 스타들이 움직여야 한다. 태지들의 노랫말이 물론 과학적인 변혁론은 아니다. 그냥 우러나는 대로 쓴 것이라 혼란스럽고 유약하다. 그러나 이제까지 그토록 진지하게 자기 목소리로 이 사회의 문제에 접근했던 가수는 없었다."[58]

한국 문화계엔 '상술' 또는 '상업주의'에 대한 오해 또는 편견이 만만치 않았다. 목적으로서의 상업주의와 수단으로서의 상업주의를 구분하려는 시도도 없었다. 물론 그 두 가지를 확연하게 구분하는 건 쉽지 않았다. 그러나 그 구분이 어렵다 하여 어떤 문화적 행위든 자본주의 시장에서 '매품'으로 팔려질 수밖에 없는 현실을 애써 외면한 채 '시장적응력'이 뛰어난 문화 상품은 무조건 상업주의라 비난하고 '시장적응력'이 약한 문화 상품은 그것을 '상품'이라고 부르는 것에 대해서조차 알레르기 반응을 보이는 건 적어도 90년대 중반 소비자본주의가 만개한 시점에선 어울리지 않는 것이었다.

---

58) 김진아, 〈시대의 반란아 또는 신세대적 자유로움〉, 『사회평론 길』, 1994년 10월, 144~151쪽.

"내 아기는 다르다"

"내 아기는 다르다. 내가 남들과 다른 것처럼 내 아기는 그 누구와도 다르다. 무엇이든 최고의 것을 주고 싶다. 아기를 키우는 데는 연습이 있을 수 없으니까."

1994년 신문에 등장한 분유 광고 카피였다. 더욱 실감나는 건 TV 광고였다. 예쁘게 생긴 젊은 엄마가 지성미까지 보이면서 자기 아이는 다르다고 주장했다. 서울 YMCA 광고감시단은 극단적인 가족이기주의를 부추길 수 있다며 그 광고와 그런 종류의 광고에 대해 비판을 하고 나섰지만, 소비자들은 광고의 주장에 공감하는 듯했다.

많은 사람들 앞에서 해서 될 말이 있고 해서는 안 될 말이 있다. 그건 '솔직'이니 '위선'하고는 전혀 무관한 것이다. 그건 '공적 영역'과 '사적 영역'의 구분일 뿐이다. 자식을 가진 부모는 누구나 다 "내 아기는 다르다"고 믿겠지만, 그걸 밖으로 발설하진 않는다. 그런 점에서 광고는 공적 영역과 사적 영역의 경계를 붕괴시키고 있었다. 광고는 지극히 은밀한 이야기조차 만천하에 크게 떠벌렸다. 그러한 파격이 늘 사람들의 거부감에 직면하는 건 아니었다. 오히려 정반대로, 하고 싶었던 이야기를 속시원히 해 주었다고 지지를 받는 경우도 많았다.

공적 영역과 사적 영역의 경계를 무너뜨리는 건 비단 광고만이 아니었다. 모든 대중매체, 특히 TV도 가세했다. 스타의 침실에까지 카메라를 들이밀 정도로 '이 세상에 카메라를 피해 갈 수 있는 것은 없다'고 외치는 TV에도 영역의 구분이란 무의미했다.

커뮤니케이션 기술의 발달과 확산은 그런 경향을 부추겼다. 내 모습을 담은 개인 달력에서부터 내 아이를 주인공으로 등장시킬 수 있는 즉석 동화책에 이르기까지, 노래방에서 만들어 주는 카세트테이프에서 아마추어 가수용 CD 음반에 이르기까지, 지극히 사적인 것을 공적인 것으로 전환시켜주는 상품이 늘어났다. '나'가 폭발했으며, 광고는 그 점을 놓치지 않았다. 광고 카피는 한결같이 '나' 일색이었다.

"나만의 세계", "나는 누구와 닮았다는 말은 듣기 싫다", "원만한 것, 나는 싫어!", "내가 나인 이유", "이 세상에 단 하나. 나는 내가 만든다", "나만의 세계", "지구는 나를 중심으로 돈다", "난 이 세상의 중심", "난 바로 이 세상", "나를 알 수 있는 건 오직 나!"

어느덧 자기를 드러내는 일이 예찬받는 풍토까지 조성되었다. 솔직을 빙자한 무례도 난무했다. 사람들은 행여 시대에 뒤떨어질까 봐 전전긍긍했다. 어느새 광고는 시대를 따라잡기 위한 필독 텍스트가 되었다.

이제 이데올로기 투쟁이 가장 치열하게 벌어지는 현장은 광고가 되었다. '공익'을 내세운 기업 이미지 광고가 그 투쟁에 가세했다. 94년 대부분의 재벌들은 기업 광고비를 전년보다 20~30%씩 늘려 잡았다. 제품 광고비와는 별도로, '홍보비'로 분류되는 기업 광고비는 현대 150억 원, 선경 90억 원, 대우 77억 원, 삼성 60억 원, 럭키금성 50억 원 등에 이르렀다.

재벌들의 기업 이미지 광고는 테크놀로지 지향적 광고, 세계 지향적 광고, 미래 지향적 광고, 전통 지향적 광고 등으로 분류할 수 있었다. 럭키금성의 테크노피아와 삼성의 휴먼테크 광고로 대변되는 테크놀로지 지향적 광고는 현실 세계의 모든 갈등을 흡수해 가치 중립적인 것으로 전화시켰다. 거의 모든 재벌들이 '지구촌의 개척자'니 '세계로 꿈을 펴는 젊음'이니 하는 구호를 내걸며 세계 지향적 광고에 몰두했으며, 미래 지향적 광고는 주로 '21세기'라는 단어를 남용하면서 현재를 인정하고 수용하는 기반에서 미래만을 바라볼 것을 요청했다. 전통 지향적 광고는 한국의 전통적 가치를 강조하거나 민족주의적 색채를 부각시킴으로써 마치 재벌들이 그런 가치와 이념의 구현에 앞장서는 듯한 효과를 내고자

했다.

　"내 아기는 다르다"라는 메시지가 상징하는 삶의 유형이 있다면 그건 바로 광고와 삶이 뒤섞이는 '광고적 삶'이었다.

언론: 광고전쟁과 『조선일보』의 두 얼굴

신문인가, 광고지인가?

도심지의 극심한 교통난, 방송 저널리즘과의 경쟁, 국제뉴스의 중요성 부각 등의 이유로 석간지인 『동아일보』와 『매일경제신문』이 93년 4월 1일부터 조간지로 전환하였다. 『경향신문』과 『서울신문』은 『동아일보』에 앞서 조간으로 바뀌었다.[59]

조간지들 사이의 경쟁이 치열해짐에 따라 신문들은 일제히 증면 경쟁에 접어들어 한때 일부 신문들은 48면까지 발행하였다. 신문들의 증면 경쟁은 내용과 질의 개선보다는 광고 지면만을 늘리는 효과를 가져왔다. 88년 종합일간지의 기사 대 광고량은 55.8 대 44.2였으나, 92년에는 광고량이 거의 50%에 육박하였고, 93년에는 54.1%로 늘었다. 94년 일간

---

59) 『중앙일보』는 1995년 4월 15일부터 조간지로 전환했는데, 『중앙일보』의 조간화 이후 서울에서 발행되는 종합일간지 가운데 석간은 『국민일보』와 『문화일보』만이 남게 되었다.

지들이 40면을 발행하면서 광고 지면은 더욱 늘어 60%를 육박하였으며 『조선일보』와 같은 일부 신문의 경우 한동안 전체 지면에서 광고 지면이 차지하는 비중은 60%가 넘기도 했다.[60]

광고가 50%를 넘어서는 바람에 철도요금 분류에서 아예 신문 · 잡지가 대상인 3종 우편물에서 제외되기까지 했다. 한국기자협회가 94년 4월부터 5월 둘째 주까지 『조선일보』와 『동아일보』의 지면을 조사했더니 광고점유율이 평균 60%를 웃도는 것으로 나타났다. 『조선일보』는 60.4%, 『동아일보』는 60.2%였다.[61]

MBC와 신문들의 싸움

1994년 4월 13일부터 5일간 MBC는 밤 9시 뉴스를 통해 신문들의 어두운 면을 비판하고 나섰다. 그간 방송은 신문들의 '침묵의 카르텔'에 동참해 왔을 뿐만 아니라, 신문들의 위세에 짓눌려 지내왔다는 점을 감안한다면 그건 놀라운 사건이었다.

그 싸움의 사정은 이랬다. 방송사들이 정부와의 협의하에 방송광고 시간을 늘리겠다고 했더니 일부 신문들이 사설과 기사를 통해 그건 말도 안 된다고 반대하고 나섰다. 방송광고 시간을 늘렸다간 당장 신문광고 수입이 줄어들 터이니 신문들로선 보통 심각한 문제가 아니었을 게다.

물론 신문들은 그런 속셈은 전혀 밝히지 않고 아주 고상한 이유들을 앞세웠다. 『중앙일보』는 가뜩이나 광고 홍수에 식상한 시청자들의 불만이 더욱 증폭될 게 틀림없다고 했다. 『조선일보』는 거기서 한 걸음 더 나아가 광고 시간의 확대가 "우르과이라운드를 빙자한 미국 등의 압력의

---

60) 김승수, 『한국언론산업론』(나남, 1995), 118쪽.
61) 『기자협회보』, 1994년 5월 12일.

소산일 가능성이 크다"고 했다.

MBC의 신문들에 대한 공세는 그런 사설들이 나온 직후부터 시작됐다. MBC가 집중적으로 문제삼은 건 신문들의 광고 윤리와 자원 낭비였다. 신문들의 치열한 증면 경쟁 이후 신문 지면엔 기사보다 광고가 더 많아졌으며, 사채광고 · 구인광고 · 건강식품광고 등 무책임한 광고가 마구 실리고 있다며 신문들에 대해 강도 높은 비판을 퍼부었다. 또 신문들이 부당한 광고수입을 올리고 사세 과시를 위해 신문을 무작정 찍어 내버리는 자원 낭비를 일삼고 있다는 비판도 뒤따랐다.

신문들은 MBC의 보도에 대해 분노했다. 신문사주들의 모임인 한국신문협회는 MBC에 보낸 항의 공한에서 "MBC가 마치 신문사가 자원낭비나 부도덕한 광고행위만을 일삼는 기업인 것처럼 과장하고 왜곡보도한 것은 국민들로 하여금 활자매체에 대한 불신과 오해의 소지를 마련"했다고 비판했다.

광고를 둘러싼 방송과 신문의 싸움은 이후로도 주기적으로 나타나는 행사가 되었다.

언론의 도덕성

1994년 10월 24일 전국언론노동조합연맹, 한국기자협회, 한국방송프로듀서연합회 등 언론 3단체는 '10 · 24 자유언론실천' 20돌 기념식을 개최하면서 이날을 '자유언론실천의 날' 로 선포하였다.

이날 '10 · 24 정신에 비추어 본 오늘의 언론' 이라는 주제로 발표한 『한겨레신문』 논설위원 김종철은 "우리 언론이 폭력적 도구로 변하고 보수를 넘어 극우적 성향까지 보이는 가장 큰 원인은 언론사의 족벌경영 체제에 있다"며, 편집국장은 물론 평기자에 대한 인사까지도 사주나 경영진의 임의로 임명하는 회사가 다수라고 진단했다. 김종철은 "따라서 권력과 대자본이 언론매체를 지배하지 못하도록 강제하는 법적·제도적 장치를 만드는 일이 중요한데, 정치권력은 그런 법과 장치를 만드는 데 앞장서지 않을 것이며, 그런 움직임이 일어난다 하더라도 적극적으로 억압할 것"이라고 말했다.[62]

94년 10월 국회 국정감사에서도 민자당 의원 박종웅은 과감하게 언론사의 '족벌 지배'를 문제삼았다. 그는 방씨 일가가 전체 주식의 90.73%의 주식을 소유하고 있는 『조선일보』를 비롯하여 대부분의 일간지들이 철저하게 족벌에 의해 지배되고 있다고 지적했다.

기자 윤리도 문제였다. 94년 한국기자협회의 조사에 따르면, 기자 10명 가운데 4명이 여전히 촌지를 받고 있는 것으로 나타났다. 『국민일보』 기자 김창룡은 한 공무원의 말을 인용해 "요즘은 전보다 더 힘들다. 개인적으로 요구하는 촌지가 점점 노골화되고 있다. 보험료가 추가돼 한번 줄 때 아예 더 많이 요구한다. 또 서로 견제하는 것이 아니라 누가 받았다는 데 나는 왜 안 주느냐는 식으로 접근할 때는 참으로 곤란하다"고 말했다.[63]

부장급 이상 간부 언론인들의 재산공개를 통한 도덕성 검증이 거론되기도 했다. 94년 한국언론연구원과 고려대 신문방송연구소의 조사에선 기자들의 77.8%가 언론인의 재산공개를 찬성하고 있는 것으로 나타났다. 기독교방송은 스스로 간부들의 재산공개 조치를 취했지만, 이는 다른 언론사로 확산되진 못했다.

『월간조선』과 『조선일보』의 활약

『월간조선』의 김영삼 비판은 1994년에도 계속되었다. 특히 조갑제의

---

62) 서영복, 〈'자유언론 실천의 날' 선포〉, 『내일신문』, 1994년 11월 2일, 10면.
63) 김창룡, 『보도의 진실, 진실의 오보』(나남, 1994).

활약이 눈부셨다. 그의 호전성은 인터뷰에서 잘 드러났다. 그의 인터뷰는 마치 공안 검사의 고압적인 취조를 방불케 했다. 『월간조선』 94년 6월호에 실린 교육문화사회 수석비서관 김정남과의 인터뷰는 읽기에 민망할 정도였다.[64]

김정남은 조갑제의 기에 눌린 탓인지 주눅든 모습까지 보였다. 김정남은 우리는 아주 위대한 대통령을 만났다며 거의 울먹이기까지 하면서 "조국을 위해 불면의 밤을 지새며 고민하지 않은 사람은 나를 비판할 자격이 없다"는 식의 소극적인 방어에 머물렀다.

『중앙일보』 기자 전영기는 그 인터뷰의 '폭력성'을 참다 못해 『말』지 7월호에 〈조갑제의 폭력적 인터뷰는 왜 불량품인가〉라는 글을 기고했다. 전영기는 그 인터뷰 기사를 읽다가 중간 부분에 이르러 짜증이 나기 시작했다고 밝히면서 "조갑제 씨의 질문은 대단히 공격적이고 날카로웠으나 그의 논리 전개와 세계관이 너무 허술하고 1차원적이라 우스꽝스러웠고 이에 대한 김 수석의 답변은 지나치게 수세적이고 변명적이어서 실망스러웠기 때문이다"고 말했다.[65]

그러나 『월간조선』의 그런 보도가 곧 『조선일보』의 노선을 의미하는 건 아니었다. 『기자협회보』 95년 1월 1일자 3면에 실린 다음과 같은 기사 내용은 『조선일보』가 신문사인 동시에 일종의 정치세력, 즉 정당일지도 모른다는 의아심을 갖게 만들기에 족했다.

"지난 24일 청와대에서 있은 각료 27명의 기념촬영 사진에는 조선 편집국장(대리) 출신 인사가 4명이 포진해 '권부(權府)와 가깝다'는 조선의 킹메이커적 위용(?)을 내외에 과시. 김용태 내무, 주돈식 문화체육, 김윤환 정무장관과 최병렬 서울시장 등 조선 편집국장 출신인 이들은……"

---

64) 조갑제·김정남, 〈조갑제의 직격 인터뷰: '보수층의 표적' 김정남 수석의 이념과 역사관〉, 『월간조선』, 1994년 6월, 322~357쪽.
65) 전영기, 〈조갑제의 폭력적 인터뷰는 왜 불량품인가〉, 『말』, 1994년 7월, 224~228쪽.

권력과 거리를 두어야 할 신문사로서 그게 자랑스럽게 생각할 일은 아니었다. 그러나 『조선일보』 회장 방우영의 생각은 달랐다. 그는 훗날 자신의 자서전에서 다음과 같이 말했다.

"한 해가 저무는 (1994년) 12월 27일 연례 행사인 조우회(朝友會) 모임이 있었다. …… 이날 화제의 초점은 새로 장관에 발탁된 김윤환, 김용태, 주돈식 씨 등 전 편집국장과 두 달 전 서울시장으로 기용된 최병렬 씨 등 4명의 '장관 사우(社友)'에게 모아졌다. 이 자리에는 그들 말고도 조우회 회장인 윤주영 전 장관을 비롯해 남재희, 김동익, 이광표, 허문도 전 장관들의 모습도 보였다. 그래서 나는 이런 인사말을 생각해 냈다. '좋은 땅에 좋은 씨를 뿌린 조선일보사이기에 많은 인재를 키웠고 또 이런 선배들이 계셨기에 오늘의 위상을 성취할 수 있었다'고."

방우영은 다음날 조사부에 알아보았더니 그동안 『조선일보』가 배출한 장관의 수가 13명이요, 비상임 논설위원으로 있었던 고 이영호 장관까지 포함하면 14명이나 된다고 자랑하듯 말했다.

"이날 참석은 못 했지만 조경희, 이어령, 이자헌, 최병렬, 서청원 전 장관들이 그들이다. 동아일보사가 8명, 한국일보사가 7명인 데 비해 우리는 거의 배나 된다. 그러고 보니 우리 신문사가 장관을 대량 배출했다고 치켜세우는 사람이 있는가 하면, 일부에서는 신문의 성향 운운하며 차가운 시선을 보이는 측도 있었다. 어쨌든 한 신문사가 14명의 장관을 배출했다는 것은 대단한 기록이다."[66]

---

66) 방우영, 『조선일보와 45년: 권력과 언론 사이에서』(조선일보사, 1998).

맥주 전쟁

91년 3월 두산그룹(OB·동양맥주)의 '페놀사고' 이후 개전된 맥주전쟁에서 크라운(조선맥주)은 2개월 만에 시장점유율을 30%에서 43%까지 올려놓는 대단한 전과를 올려 업계로부터 '기적적'이라는 평가를 얻었다.^{가)}

93년 5월 조선맥주는 OB의 드라이맥주 아성에 '하이트'로 도전하고 나섰다. 조선맥주는 소백산맥의 지하 150m에서 끌어올린 천연암반수로 특수여과과정을 거쳐 하이트를 만들었다고 주장하면서, 수십억 원대의 광고물량을 쏟아 부어 가며 대대적인 홍보에 나섰다.

조선맥주는 광고 문안에서 만년 2위의 회사 이름과 크라운이라는 케케묵은 상표를 감춘 채 오직 하이트라는 브랜드만을 강조하는 집중광고 전술을 구사하는 동시에 OB가 페놀사건 당시 수질오염으로 상처를 입었다는 점을 상기시키기 위해 '천연암반수'라는 표현을 광고의 초점으로 삼아 천연수 맥주 논쟁을 유발했다. "맥주를 끓여드시겠습니까, 아니면 수돗물 맥주를 그냥 드시겠습니까"라는 도전적인 광고 문구도 선보였다. 이런 공격적인 광고 공세와 더불어 '순하고 부드러운 그 맛'이 하이트 돌풍을 일으키기 시작했다.^{나)}

일부 스포츠신문은 맥주회사들의 광고물량에 감사하는 의미에서 '건전한 음주문화 만들기'라는 그럴 듯한 캠페인을 벌이면서 '맥주는 감기, 만성 스트레스의 치료제와 예방약'이라고까지 주장하고 나섰다. 이런 기사엔 맥주 광고 몇 건이 따라 붙곤 했다.^{다)}

가) 이용원, 〈'크라운' 시장점유 30%서 43%로/'페놀파동' 이후 맥주전쟁 가열〉, 『서울신문』, 1991년 5월 26일, 7면.
나) 김영수, 〈'무공해' 선호하는 하이트맥주 소비자 취향 적중〉, 『조선일보』, 1993년 7월 25일, 6면.
다) 김승수, 『한국언론산업론』(나남, 1995), 117쪽.

조선맥주 하이트는 '천연암반수'라는 표현을 광고의 초점으로 삼아 천연수 맥주 논쟁을
유발했다.

94년 1월 5일 조선맥주는 지난 12월 중 하이트맥주 판매량이 전달의
60만 2,800상자(500㎖짜리 20병들이)보다 2배 이상 늘어난 123만
7,000상자를 기록했다고 밝혔다. 이에 따라 조선맥주 제품 중 하이트맥
주가 차지하는 비중은 93년 9월 11.1%에서 12월 22.5%로 높아졌으며
전체 맥주 소비량에서는 10월 5.1%, 11월 5.6%에서 12월에는 8%로 높
아졌다. 조선맥주 측은 지난해 5월 출시 때만 해도 13만 상자가 팔리는
데 그쳤으나 '지하 150m 100% 천연암반수로 만든 맥주'라는 광고 문구
가 애주가들의 마음을 사로잡으면서 판매량이 급격히 늘고 있는 것으로
분석했다. 특히 지난 12월에는 한국능률협회와 언론이 10대 히트상품으
로 선정한데다 연말성수기가 겹쳐 판매량이 100만 상자를 넘어섰다고

밝혔다.[라]

94년 2월 3일 OB맥주는 공정거래위원회에 조선맥주를 비방광고 혐의로 제소하고 나섰다. 조선맥주가 하이트 광고를 하면서 "암반천연수로 만든다고 자신 있게 말할 수 있는 맥주가 있습니다", "물이 좋은 하이트 맥주가 정말 좋은 맥주입니다"라고 주장하는 걸 넘어서 "좋은 물로 만든다고 말할 수 없는 맥주가 있습니다"라고 주장한 걸 문제삼은 것이었다.[마]

동양, 조선, 진로 등 국내 3대 주류업체는 94년 맥주 광고 예산을 93년보다 최고 2배까지 늘려 잡아 치열한 광고전을 벌였다. 동양은 94년 맥주 광고 예산을 전년 150억 원의 2배인 300억 원으로 잡았고, 조선도 100억 원에서 150억 원으로 50% 높게 책정했다. 또 94년 4월 국내 맥주 시장에 도전장을 낸 진로도 관련 광고비를 120억 원으로 설정해 주류 3사의 94년 전체 맥주 광고비는 지난해의 2.3배인 570억 원에 이르렀다.[바]

그런 광고전쟁에 즐거운 비명을 지르는 건 미디어뿐만이 아니었다. 맥주 광고가 유머 광고로 돌아서면서 소비자들도 즐거워했다. OB라거는 박중훈의 '딸랄라춤'과 더불어 최종원이 박중훈과 콤비로 가세한 일련의 유머 광고를 선보였다. 그러자 '깨끗한 맥주'를 강조해 온 하이트와 '남자 맥주'를 강조한 진로의 카스 광고도 유머 광고로 돌아섰다.[사]

맥주전쟁의 결과 주당들 사이에서는 "YS시대에 좋아진 것은 맥주 맛 뿐"이라는 말이 나오기도 했다.[아]

라) 김동섭, 〈맥주시장 "하이트 돌풍"/성수기 겹친 12월 판매량 급증〉, 『경향신문』, 1994년 1월 6일, 6면.
마) 〈맥주양사 '광고감정' 폭발〉, 『동아일보』, 1994년 2월 6일, 6면.
바) 곽정수, 〈맥주업계 '거품 문 광고전' 채비〉, 『한겨레신문』, 1994년 3월 9일, 6면.
사) 마정미, 〈광고: Go Humor〉, 『상상』, 1997년 겨울, 82~83쪽.
아) 권복기, 〈'말'로 본 얼룩진 1994년〉, 『한겨레신문』, 1994년 12월 25일, 12면.

유홍준의 『나의 문화유산답사기』

'나의 문화유산답사기' 신드롬

"인간은 아는 만큼 느낄 뿐이며, 느낀 만큼 보인다"와 "우리나라는 전 국토가 박물관이다"는 두 가지 명제를 화두로 삼아 쓰여진 영남대 교수 유홍준의 『나의 문화유산답사기』는 93년 〈서편제〉와 더불어 한국 사회를 강타한 큰 '문화적 사건' 이었다. '나의 문화유산답사기' 신드롬은 94년까지 지속되었다.

'문화사적 기적' 이니 '문화충격' 이니 하는 평가를 받은 유홍준의 책은 1년 동안 50만 부가 판매되었고 60주 연속 베스트셀러 목록에 오르는 진기록을 세웠으며, 수많은 '유홍준 숭배자' 들을 낳았다.

"우리 문화가 마침내 임자를 만나 호사를 하고 있다(송기숙)", "제 눈을 열어준 운명 같은 글, 펼칠 때마다 선방의 죽비처럼 내 등짝을 때리는 글(박노해)", "깨우친 바가 하도 커서 말하고 싶은 걸 참을 수 없다(박완서)"는 등 문인들의 극찬도 줄을 이었다. 시인 고은은 다음과 같은 찬사

유홍준의 『나의 문화유산답사기』는 93년 〈서편제〉와 더불어 한국 사회를 강타한 '문화적 사건'이었다.

를 바쳤다.

"놀라운 일이 여기 있다! 다른 사람이 가는 곳은 다만 석양머리 적막강산이다. 그런데 유홍준이 성큼성큼 그곳에 가면 거기 몇천 년 동안 잠든 보물들이 깨어나 찬란한 잔치를 베풀기 시작한다. 다른 사람이 보는 것은 다만 눈감은 사물이다. 그런데 유홍준의 눈빛이 닿자마자 그 사물은 문화의 총체로 활짝 꽃피운다. 마침내 다른 사람과 유홍준은 하나가 되어 이 강산 방방곡곡을 축복의 미학으로 채우고 있다. 무릇 벗들이여, 이 책과 더불어 순례하라, 찬탄하라."

국수주의적인 냄새마저도 풍기는 '유홍준 찬미'는 과거 오랜 세월 우리 문화유산이 우리 자신에 의해 천대를 받아 왔다는 걸 감안한다면 결코 지나치다고 말하긴 어려운 것이었다. 그러나 '문화적 사건'으로서의 『나의 문화유산답사기』는 좀 달리 볼 면이 있었다.

유홍준의 책으로 인해 사람들의 발이 닿지 않던 문화 유적지에 수많은 사람들의 발길이 몰리면서 언론과 문화평론가들이 한결같이 이야기한 건 '우리의 것'에 대한 재인식이 이루어지고 있다는 것이었다. 우리 문화의 '르네상스'를 선언한 신문도 있었다.

그러나 과연 그랬을까? 그의 책이 인기를 끈 것은 "전문적이고 해박한 그의 지식이 민족사에 대한 총체적인 인식 속에서 이루어졌기 때문이며, 또한 그 인식이 민중에 대한 애정을 바탕으로 했기 때문(유영표 매일경제 출판부장)"이라는 따위의 평가에 일리가 없는 건 아니었으나, 세속적인 인기가 '민족사에 대한 총체적 인식'이라든가 '민중에 대한 애정'과 밀접한 관련을 맺고 있다는 건 한국 문화계 풍토에서 그렇게 설득력 있게 들리진 않았다.[67]

마이카시대의 놀이문화

『나의 문화유산답사기』의 제2권이 나오자마자 다시 베스트셀러로 부상한 94년 8월 하순에 발표된 한 가지 통계에 주목할 필요가 있었다. 그 통계는 다름 아닌 자동차 보유 대수였다. 8월 24일 현재 한국의 자동차는 700만 대를 돌파하였는데, 이 가운데 자가용이 93.5%를 점했다.

한국의 '마이카시대'는 그것이 불과 10년 내로 이루어졌다는 점에서 다른 나라에서는 유례를 찾아보기 어려운 것이었다. 즉, 자동차의 증가에 어울리는 도로 및 교통시설 등과 같은 하부구조는 물론 '자동차 문화'가 전혀 형성되지 않은 가운데 자동차만 급증했다는 것이다.

대부분의 중산층은 마이카를 갖긴 했지만 그걸 어떻게 놀이문화에 써야 할는지 곤혹스럽기 그지없었다. 주말에 유명하다고 하는 관광지에 차

---

67) 소설가 성낙주는 유홍준의 장점과 업적을 평가하면서도 『나의 문화유산답사기』가 학연주의에 근거하여 어떤 인물은 예찬하고 어떤 인물은 '사기'라는 극언까지 써가면서 폄하하는 불공정성을 드러냈다고 비판하기도 했다. 성낙주, 〈문화전사 유홍준의 미덕과 해악〉, 『인물과 사상 2』(개마고원, 1997), 113~156쪽; 성낙주, 〈'문화권력' 유홍준의 권위주의〉, 『말』, 1997년 10월, 244~247쪽.

'문화유산 지킴이'로 불린 유홍준.

를 몰고 갔다가 '교통지옥'을 경험해 보지 않은 사람이 없을 정도였다. 그렇다고 이름도 없는 산과 들을 향해 차를 몰고 간다는 것도 어째 좀 이상했다.

유홍준의 『나의 문화유산답사기』는 바로 그런 고민을 해결해 주었다. 과거엔 이상하게 생각되던 곳을 찾아갈 수 있는 명분을 제공해 주었다는 것이다. 게다가 이름이야 있건 없건 어디에 무엇이 있다는 식의 관광 정보를 접할 기회가 중산층에게 많지 않았다. 요컨대, 『나의 문화유산답사기』는 중산층의 주말 자동차 놀이문화에 일대 변화를 가져오게 한 것이다.

만약 『나의 문화유산답사기』가 마이카가 대중화되기 이전에 나타났더라면 아무리 광고를 많이 해댄다 해도 결코 베스트셀러는 될 수 없었을 것이다. 『나의 문화유산답사기』에 나와 있는 지역들은 마이카나 관광버스를 대절하지 않고서는 가기 어려운 곳이었다. 또 시골버스를 이용하는 불편함을 감수하면서 그곳을 찾아갈 사람이 많으리라는 건 상상하기 어려웠다.

물론 마이카와는 별도로 『나의 문화유산답사기』가 그전엔 무심코 보아 넘기던 것에 대해 의미를 부여해 주었다는 건 분명했다. "선생님을 만나기 전까지 우리는 눈뜬 봉사였다"고 울먹이는 독자들이 적지 않았던 걸로 미루어 보더라도 그랬다. 그러나 그런 독자들마저도 물어 물어 버스를 타고 전남 강진의 다산초당을 찾았을 것이라고 보기는 어려운데다 그런 독자는 극소수에 지나지 않았을 것이다.

또한 『나의 문화유산답사기』는 한국 문화유산의 승리라기보다는 유홍준의 필력의 승리였다. 그의 책은 감탄을 자아내기에 충분할 만큼 읽을 맛이 나게 쓰여졌다. 이 책이 출간되기 이전에도 그런 책들이 있었거니와 출간 후에도 유사한 책들이 많이 쏟아져 나왔지만, 『나의 문화유산답사기』가 누린 인기와는 비교할 바가 못 되었다. 유홍준의 필력에 대해 자유기고가 김인선은 다음과 같이 평가했다.

"그 답사기는 유창하고 통쾌하게 읽힌다. 어떤 것은 잘 빚어진 단편소설 같고 어떤 것은 준열한 르포이다. 그 안에 박학과 심미안, 평론과 독설, 풍자와 서정, 역사와 정치, 실록과 전설이 풍부하게, 그리고 전례 없이 행복하게 결합되어 있다. 고루한 유물을 이렇게 신선하게 보여 준 이야기꾼을 우리는 달리 알지 못했다."[68]

'어글리 코리안'의 놀이문화

그 어느 나라의 문화유산이든 유홍준이 답사기를 쓴다면 '위대하게' 만들 수 있을 것이라는 가정을 한번쯤 해 보는 것도 바람직한 일이었다. 우리 문화유산에 대한 터무니없는 긍지는 터무니없는 멸시 못지않게 바람직하지 않기 때문이다. 그러나 그런 우려는 아무래도 기우인 듯했다. 그런 긍지는 지식인과 언론에 의해서 과대평가되고 있을 뿐, 실상은 그렇지 않은 것처럼 보였기 때문이다.

이 점을 이야기하기 위해서는 한국 놀이문화의 독특한 면모를 살펴볼 필요가 있었다. 한국의 놀이문화는 '보릿고개'의 어두운 기억 때문인지 '한풀이'의 성격이 강했다. 이는 특히 국민적 열등감을 해소할 수 있는

---

68) 김인선, 〈이 사람이 사는 방법: 교수 유홍준씨〉, 『샘이깊은물』, 1994년 9월, 112~121쪽.

기회라 할 해외관광에서 두드러지게 나타났다.

1994년 6월 공보처가 펴낸 해외 '어글리 코리안' 사례집은 '놀이'라고 하는 것도 훈련이 필요하다는 걸 보여 주었다. 한국의 졸부들과 중산층 관광객들이 해외에 나가 즐겨하는 것 가운데에는 유적에 낙서하기, 배낭족의 무임승차, 종교 유적물의 파손, 호텔 내 취사와 고성방가, 호텔 내 속옷 차림 배회, 연수와 시찰을 빙자한 관광과 무더기 쇼핑, 야생동물 밀렵 및 '몬도가네' 식 보신관광 등이 들어있었다.

어디 그뿐인가. 독일의 한 골프장에는 '한국인 출입금지'라는 팻말이 붙었고, 파리 등 유럽 일부 지역과 동남아 지역에서는 한국 대사관에 공문을 보내 '지방의원 파견을 자제해 달라'고 요청하기도 했다.

그 실력이 우리 문화유산을 답사하는 데에 안 나타날 리는 없었다. 이미 『나의 문화유산답사기』는 우리 문화유산에 위협이 되는 결과까지 초래하기도 했다. 문화유산 답사엔 뜻이 없고 문화유산 답사를 빙자한 놀이에만 뜻이 있는 사람들이 너무 많았던 것이다.

물론 문화유산 답사여행이 부쩍 늘어 숨겨진 곳까지 훼손되는 문제가 발생한다고 해서 그걸 무조건 부정적으로만 볼 일은 아니었다. 그만큼 우리 국민의 문화유산에 대한 갈증이 크다고 볼 수도 있는 일이긴 했다. 예컨대, 전남 담양의 유서 깊은 원림 소쇄원의 석축이 무너지고 광풍각 구들이 주저앉았다고 해서 그게 어디 개탄만 할 일이었겠는가 말이다.

단지 사람이 많이 몰려서 생기는 문제라면 그건 생각하기에 따라서 얼마든지 반길 수 있는 일이었다. 그런데 문제는 그렇게 몰려드는 사람들이 문화유산 답사엔 진정한 뜻이 없다 보니 지켜야 할 기본적인 공중도덕마저 지키지 않는다는 데에 있었다. 사람들이 휩쓸고 지나간 자리엔 쓰레기더미가 쌓이고 전혀 불필요한 유적 훼손도 빈발했으니 그걸 어찌 곱게만 볼 수 있었겠는가.

신용카드·백화점·전광판

신용카드 파산과 범죄

90년대 초부터 각 사업장에서는 신용카드 집단 발급 붐이 일어났는데, 이는 특히 노동자들에게 큰 영향을 미쳤다. 92년 신재걸은 "신용카드가 사회 전반적으로 보급되고, 드디어 노동자에게까지 적극적인 가입을 권유하는 카드회사의 광고와 선전이 펼쳐질 때 노동자들은 '아, 이제는 우리도 옛날의 공돌이 공순이가 아니라 떳떳하게 대접받을 수 있는 존재가 되었구나', '이제는 나도 사랑하는 아내, 자식과 함께 백화점에 가서 카드로 긋고 가장 노릇 한번 멋지게 할 수 있게 됐구나' 하는 생각과 함께 보이지 않는 사회적 신분차별을 해소할 수 있는 좋은 무기로 신용카드를 생각하는 경우도 있었다"며 "신용카드를 가지자 노동자들은 이후에 닥칠 상황은 예상치 못하고 마구 카드를 쓰기 시작한다"고 말했다.[69]

---

69) 신재걸, 〈90년대 노동자 문화현실〉, 『문화과학』, 1992년 겨울, 256~257쪽.

92년 동양그룹의 조사에선 미혼 남성의 경우 신용카드 사용액 중 술값 결제가 73%, 미혼 여성의 경우 옷값이 82%에 달하는 것으로 나타났다.

1994년 1월 한국소비자연맹 부산지부가 부산지역 카드소지자 500명을 상대로 한 설문조사에선 응답자의 24%가 카드로 충동구매가 늘어나 가계가 어려워졌고, 26%는 카드소지 후 지출이 늘었다고 답했다. 응답자의 66%가 카드를 고의로 버리거나 태워버렸다고 답했는데, 그 이유를 보면 소비 증가를 우려한 사람이 37%, 분실 위험을 걱정한 사람이 20%, 다른 카드를 이미 소지하고 있거나 필요에 의해 소지한 것이 아니기 때문이라는 사람이 37%에 이르렀다.

94년 5월 『조선일보』와 한국갤럽 조사 결과에 따르면, 성인 남녀 10명 중 4명은 신용카드를 가지고 있으며, 한 달 평균 청구 금액은 36만 7,000원에 달했다. 신용카드로 말미암아 소비가 늘었다고 답한 사람은 전체 응답자의 32.9%에 이르렀다.

대부분의 카드사들은 연체 가입자를 사기 혐의로 마구 고발했다. 민사소송보다는 빠른 공권력을 이용하겠다는 속셈이었다. 94년 3월, 카드 빚 900만 원 때문에 숨어다니다 10층 아파트에서 투신자살을 한 어느 대학생은 "인간의 편리를 위해 만들어진 종이 쪽지 때문에 이렇게 속박되어 죽을 수밖에 없는 나 자신이 밉다"는 유서를 남겼다.

신용카드 범죄도 극성을 부렸다. 카드를 통한 고리대금업, 유흥업소 매출전표 할인을 통한 탈세, 카드로 물품을 마구 사들여 되팔고 잠적하는 수법, 카드의 변조와 위조 등 범죄 유형이 매우 다양했거니와 그 규모도 갈수록 커졌다. 신용카드 사기는 이제 가장 흔한 범죄 형태 중의 하나가 되고 말았다. 서울지검이 94년 7월부터 두 달 동안에 적발한 알선업자만도 288명이나 됐다. 신용카드로 200만 원을 빌렸다가 5,000만 원 빚더미에 오른 경우도 있을 만큼 황당한 사기 행각이 속출했다.

94년 추석을 강타한 '지존파' 사건은 한국 신용카드문화의 일면을 드

잘못 쓰면 무기가 됩니다

공익광고 "신용카드—잘못 쓰면 무기가 됩니다"

러나게 만들었다. 백화점들이 신용평점제를 도입해 고객서비스를 차별 적용하고 있다는 건 들어 온 이야기였지만, 우수고객 명단을 만들어 특별 관리를 하는 실상은 지존파 사건을 통해 널리 알려진 것이다.

신용카드가 대중화되면서 백화점이나 호텔 같은 업체들이 발행하는 고객카드의 '구별짓기' 용도가 더욱 부각되었다. 그런 카드가 있으면 할인 혜택은 둘째치고 고객을 대하는 태도가 당장 달라졌다. 일반 카드사의 특별 회원 기준은 공무원의 경우는 대부분 5급 이상, 경찰은 경정, 군인은 중령 이상, 4년제 대학교수는 조교수 또는 부교수 이상, 초중고교는 교감 이상이었다.

'구별짓기' 는 신용카드의 주요 마케팅 전략으로 격상돼 "당신이 누구인지 말하지 마십시오. 다이너스 카드가 모든 걸 말해 드립니다"라거나 "누구나 카드를 갖는 시대에 아무나 가질 수 없는 카드. 다이너스 클럽 코리아" 등과 같은 광고 문구가 등장하게 되었다.[70]

---

70) 『조선일보』, 1994년 10월 11일, 31면 광고.

'입구는 많지만 출구는 없는 왕국'

신용카드를 들고 달려가야 할 곳 중의 하나는 백화점이었다. 백화점은 소비자들이 부담감을 느끼지 않고 신용카드를 긁을 수 있게끔 배려하는 데에 온갖 정성을 기울였다.

94년 시인 이문재는 "아빠, 엄마와 함께 백화점에 갔습니다. 없는 것이 없었습니다. 나는 백화점에서 살았으면 좋겠습니다"라는 내용의 딸아이의 일기 한 대목을 소개하면서 "정교하고 정밀하며, 그리고 정확하고, 강력한 소비의 궁전―백화점. 그 속에서 한 '산책자'는 게걸스럽게 침을 흘리고 다니는 소비자들의 광기 같은 것을 보았다"고 했다.

"바겐세일은, 이제 '명절'이다. 대량 소비시대, 소비사회가 창출해 낸 가장 중요한 세시풍속이다. 바겐세일을 기다려 소비자들은 엄청난 식욕을 보이다. 한풀이하듯이 그들은 산다. 아니, 사버린다, 사댄다, 사치운다, 사치워버린다. 바겐세일 기간 동안, 백화점 주변은 극심한 교통 혼란을(명절 때 고속도로가 막히는 것처럼) 일으키는 것은 당연하다. 누가 이 명절을 거부하는가. 소비자들이 연대하여 공식 연휴를 달라고 항의하지 않는 것만 해도 얼마나 대견한가. 백화점이여 영원하라!"[71]

또 이문재는 백화점을 '입구는 많지만 출구는 없는 왕국'으로 규정하면서 "백화점에 들어오는 것은 당신들 자유지만 일단 들어오면, 당신들 마음대로 나갈 순 없다고 백화점은 속삭인다. 백화점 마크가 선명한, 그래서 그것 자체가, 소비자를 샌드위치맨(광고판)으로 만들어 버리는 쇼핑백 서너 개를 들고, 많으면 많을수록 당당하게, 보란 듯이(나는 선택받은 중산층이다) 이 은성한 성(城)을 빠져나가라고 백화점은 말한다"고 했다.[72]

---

71) 이문재, 〈백화점, 입구는 많지만 출구는 없는 왕국〉, 『상상』, 1994년 가을, 150쪽.
72) 이문재, 위의 글, 160쪽.

92년 말 옛 신촌시장 자리엔 그레이스백화점이 들어섰다. 그 의미는 컸다. 94년 5월 20일에서 22일까지 진행되었던 제3회 신촌문화축제와 관련, 손동수는 "신촌은 과연 어떤 곳인가"라는 질문을 던지며 "구태의 연한 재래시장과 그레이스백화점이 등을 맞대고 있으며, 전통찻집과 커피전문점이 나란히 공존 가능하며, 사회과학서점과 홍콩 MTV가 서로 곁눈질하며 성공적인 장사를 하고 있는 거리가 신촌이다"고 했다.

"한마디로 이율배반적인 문화적 야전지대이다. 그리고 신촌은 열려 있다. 중고등학생에서 대학생, 회사원, 주부들까지 누구나 이 거리에서는 압구정동이나 홍대 앞처럼 배제당할 위협을 느끼지 않아도 좋다. 서로 다른 사회적 계층의 사람들이 나름대로 향유할 수 있는 소비공간들이 적절히 배치되어 있기 때문이다."[73]

그레이스백화점 입구엔 "쇼핑의 즐거움이 가득, 생활의 기쁨이 가득—가족처럼, 이웃처럼 그레이스백화점"이라는 문구가 내걸렸고, 정문 양편에 설치된 진열장엔 "가을은 안단테로 온다/ 푸른 정원 수놓던 왈츠의 걸음을 늦추고/ 잿빛 고성(古城)의 고혹적인 샹들리에 불빛으로/ 이 가을 사랑은 발라드로 온다"는 내용의 광고 문안이 쓰여 있었다.[74]

가을이 안단테로 오건 그 무엇으로 오건, '가족처럼 이웃처럼'은 93년 이후 거의 모든 백화점들이 할인점의 도전을 의식해 차별화 전략으로 주력한 마케팅 포인트였다. 롯데백화점은 '미소의 여왕'을 선발하는 등 여직원들에게 더욱 화사한 미소를 지을 걸 요청했고, 이 같은 '노동의 연예화'는 전 백화점계에 파급되었다.[75]

73) 손동수, 〈'신촌문화축제' : 거리의 일상을 버려두다〉, 『문화과학』, 1994년 여름, 250~251쪽.
74) 강내희, 〈서울, 그 일상공간의 동학〉, 『문화과학』, 1994년 봄, 13~44쪽.
75) 강내희, 〈백화점과 노동의 연예화〉, 『공간, 육체, 권력』(문화과학사, 1995), 141~157쪽.

'미시 선풍'

『조선일보』 1994년 6월 2일자엔 〈그레이스백화점 300여 명 설문, 40 ~50대 주부 58% '나도 미시'〉라는 제목의 기사가 실렸다. 비단 『조선일보』뿐만 아니라 여러 신문들이 이 여론조사 결과를 박스 기사로 눈에 띄게 다루었다. 이는 사실상 그레이스백화점의 이른바 '미시(Missy) 전략'을 홍보해 주는 기사에 다름 아니었다.

설문조사 결과는 쉽게 보도해 주더라는 걸 발견한 광고주들은 수시로 홍보성 설문조사를 해 그 결과를 홍보자료로 돌렸고, 언론은 또 열심히 보도해 주었다. 예컨대, 이런 식이었다.

"신세대 여성들은 어떤 상품을 좋아할까? 서울 그레이스백화점이 최근 올 상반기 판매량을 집계, 발표한 '신세대 여성 선호 상품 베스트 10'에 따르면 신세대 여성들은 자신의 개성을 마음껏 살릴 수 있는 패션상품과 다양한 기능을 갖춘 첨단 아이디어 상품을 좋아하고 있었다. 10대 상품은 '패션 가발', '패션 시계', '패션 모자', '패션 진', '롱 베스트', '무선호출기', '포터블 CD플레이어', '원목 CD꽂이', '컬러 선인장', '다이어트용 특수야채 샐러드' 등이다."

그레이스백화점의 '미시 전략'이 먹혀들어가자, 여러 백화점들이 앞다투어 매장에 '미시 코너'를 설치하기 시작했으며, 그 와중에 백화점들 사이에서 '미시'라는 용어의 사용권을 놓고 서로 '원조'라며 싸움까지 벌이기도 했다. 갤러리아백화점은 한 수 더 떠 20대 초반의 신세대 여성이라는 '체크세대'로 치고 나왔다.

언론은 대목을 만난 듯이, '미시'와 '체크'에 대해 열심히 보도하기 시작했다. 언론 보도는 아무래도 한 수 빨랐던 '미시'에 더 집중되었는데, '미시'는 한마디로 그레이스백화점의 승리였다. 이 백화점은 매출이 줄어 고민하다가 광고대행사인 동방기획과 손을 잡고 그 아이디어를 내

미시모델 선발대회 모습.

놓은 것이었는데, 그게 먹혀든 것이다. 그레이스백화점은 94년 4월, 전년도 대비 77%의 매출액 성장을 기록했다.

오히려 놀란 건 광고대행사였다. 동방기획의 기획 담당자는 "미시라는 용어가 이렇게까지 급속도로 확산될 줄은 몰랐다"며 "상품을 팔기 위한 수단으로서 광고의 역할에 충실했는데 오히려 매스컴에 오르내리면서 미시의 개념이 확대되기도 하고 잘못 인식되기도 해 광고 기획자로서도 이해가 가지 않는 미시의 개념도 생기고 있는 형편이다"고 말했다.[76]

'미시 선풍'은 96년까지 지속돼 한 케이블TV 미시탤런트 선발대회엔 1,500명이 지원해 성황을 이루기도 했다. "주부는 스타 되지 말란 법 있

---

76) 『여성신문』, 1994년 5월 13일.

나요"라고 외치는 주부들은 호화스러운 의상과 가꾼 몸으로 무대에 서는 순간 스타가 된 기분을 맛볼 수 있어서 자긍심과 황홀감을 만끽한다고 했다.[77]

전자식 전광판 등장

1994년은 한양으로 도읍을 정한 지 600년이 되는 해였다. 이를 기념하기라도 하려는 듯 94년부터 서울 도심에 전자식 전광판이 등장했다. 94년 한 미술 전문지에서 미술평론가들을 상대로 서울 정도 600년 기념 기획의 하나로 조사한 '서울의 꼴불견 시각 이미지' 조사에선 "남대문과 서울역 사이에 제멋대로 부착된 대형광고판들이 상품사회의 힘으로 개인을 주눅들게 만든다"는 의견이 나왔다.[78]

94년 봄 시인 이문재는 "내가 걸어가는 길은, 결국 간판의 길이다. 나를 보는 것은 사람이거나 건물이 아니라, 밀리거나 달려가는 차량들이 아니라 두 눈을 부릅뜬 혹은 가늘게 흘겨보는 간판들이다. 간판을 보지 못하는 날이 죽는 날일 것이다"라고 말했다.[79]

이어 이문재는 "저녁에 종로통을 지나 퇴근할 때, 나는 하늘을 볼 겨를이 없다"며 "종로의 하늘의 높이는 옥상의 전광판까지이다"라고 했다. 그는 "광화문 동아일보와 조선일보, 서울신문의 뉴스·광고 전광판, 광화문 네거리는 자동차를 타거나 걸어다니면서 볼 수 있는 영화관이다"며 "종로 1가 네거리까지 가는 길에도 뉴스전광판, 네온싸인들이 번쩍인다.

---

77) 이영자, 『소비자본주의 사회의 여성과 남성』(나남, 2000), 137쪽.
78) 그 밖의 의견으론 "인공 건물로 가득 찬 채 자연적 요소가 부족", "도시 시각환경마다 밴 관료성과 경직성" 등이 나왔다. 대형 광고판은 엉뚱한 사고를 내기도 했다. 1995년 서울 대현빌딩 집단가스중독 사고의 원인은 배기가스 출구를 가려 가스를 빌딩 내로 역류시킨 대형 광고판인 것으로 밝혀졌다. 이무용, 〈도심 속의 전자스펙터클: 전자식 전광판을 중심으로〉, 『문화과학』, 1998년 여름, 234쪽.
79) 이문재, 〈간판의 애무, 간판의 유혹, 간판의 범행〉, 『상상』, 1994년 봄, 156쪽.

종로 3가쯤, 세운상가 앞에서쯤 동대문을 바라다보면, 이것은 사람을 위한 길이 아니라, 무슨 컴퓨터 게임의 한 장면 같다"고 했다.

"문화방송 전광판을 필두로 한의원, 드링크류, 양주, 코카콜라, 코닥, 농협…… 저것들을 피해야만 집에 도달할 수가 있다. 현실이 전자오락화되고 전자오락이 현실로 뒤바뀌는 거대도시의 저녁이다. 눈을 감아? 눈을 감으면 이 도시는 귀로 파고든다. 좌석버스에는 교통방송이 꽝꽝 울리는 것이다. 집으로 가는 길은 멀다. 아니 존재하지 않는다. 없는 집으로 가는 길. 나는 이미 없다. 광고와 간판에 반응하는 한 소비자·월급쟁이가 거기 피곤에 절여진 채로 길 위에 떠서 간판을 '구경' 하고 있다."[80]

또 이문재는 "간판을 음향으로 전환시키지 않더라도 간판은 우리 시대의 목청을 여실히 드러낸다. 바로 옆집의 간판이 커지면, 이튿날 그 옆집의 간판이 커진다. 간판은 지기 싫어한다. '목청 큰 놈이 이긴다' 는 현실의 판박이이다"라고 말했다.[81]

물론 소비도 마찬가지였다. 누구나 카드를 갖는 시대에 아무나 가질 수 없는 카드를 갖는 놈이 이기게 돼 있었다.

---

80) 이문재, 〈간판의 애무, 간판의 유혹, 간판의 범행〉, 『상상』, 1994년 봄, 156~157쪽.
81) 이문재, 위의 글, 158~159쪽.

신세대 · 마니아 · PC통신

X세대란 무엇인가?

나날이 '무한대 시장확대'를 향해 치닫는 자본주의 소비경제는 상품 라이프 사이클의 회전 속도를 빠르게 했다. 광고주들은 소비성향에 관한 분석과 예측이 날로 어려워지자 소비성향을 미리 예단하고 거기에 소비자들을 끌어들이고자 하는 새로운 방법을 도입하기 시작했다. 그건 바로 사회적인 '세대'의 개념 자체를 '상품화' 시키는 것이었다. 즉, 소비경제의 발전에서 비롯된 문제를 '세대'의 특수성으로 돌림으로써 소비자들을 사회적으로 교육시키는 수법을 동원하였던 것이다.

소비경제가 가장 발달한 미국에서 90년대 초반 그렇게 해서 탄생된 개념이 바로 'X세대'였다. 여기서 X는 90년 캐나다의 작가 더글라스 커플랜드가 쓴 장난기 어린 소설 『X세대』에서 연유됐지만, X라는 의미가 흔히 그러하듯이 알 수 없는 그 무엇을 가리키는 것이었다.

1994년 미국 광고대행사 BSB 월드와이드 사는 25개국 틴에이저들의 침실을 비디오에 담았다. 이 비디오만 보아서는 어디가 로스앤젤레스이고 도쿄이고 서울인지 알 수가 없었다. 르완다 같은 빈국을 빼곤 웬만큼 사는 나라들의 10대 문화는 거의 동질화되었다.

X세대는 바로 그런 동질화된 세계의 10대 문화와 밀접한 관련을 맺고 있었다. 특정 연령층의 세계적 동질성은 나이의 숫자 크기와 반비례하는 경향이 있었다. 나이가 어릴수록 동질성이 강했다. 20대는 10대와 비슷했고 30대는 어중간했다. X세대의 X는 10대에서 30대에 이르는 연령층을 필요에 따라 두루 망라할 수 있는 일종의 약호였다. 방정식에서의 X처럼 가변적이었다.

전 세계 시장을 노리는 다국적기업들은 마케팅 전략을 세우는 데 있어서 X가 갖고 있는 신축성과 흡인력을 높이 샀다. 자국시장은 물론 해외시장에서의 수요 예측이란 그리 쉬운 일이 아니었다. 유행이 끓는 팥죽처럼 변덕을 부리는 데 그 유행의 흐름을 무슨 수로 늘 장악할 수 있었겠는가. 그래서 X라는 모델을 설정해 놓고 그 모델에 소비자들을 끌어들이는 마케팅 전략을 구사하게 된 것이었다.

X세대 모델은 무엇보다도 그것이 마케팅의 차원을 넘어 문화적 현상으로 보여질 수 있다는 점에서 이만저만 기특한 게 아니었다. 일찍이 파스칼은, 권력이란 은밀히 위장막을 쓰고 행사될 때에 그 힘이 커지는 법이라고 말했다. 광고도 그것이 물건을 팔기 위한 설득의 노력이 아니라 문화적 현상을 단지 소개하는 제시일 뿐이라고 해야 더욱 큰 힘을 갖게 될 것은 분명한 사실이었다.

사실 X세대에 관한 이야기, 즉 X세대론은 광고보다는 언론이 더 좋아하는 주제였다. 광고는 단지 암시만을 주었을 뿐이다. X세대의 본고장 미국에서는 신문, 잡지, 방송 등이 X세대를 잡느라 정신이 없었다. 늘 점잔을 빼오던 『뉴욕타임스』지마저 일요판의 스타일 섹션에서 신체에 구멍을 뚫는다든지 팔을 패션의 도구로 활용하는 법 등 과감한 첨단 유행

기사를 게재하기까지 했다. 그런가 하면 X세대 전용 잡지들도 이루 헤아릴 수 없이 많이 생겨났다.

심지어는 X세대론을 팔고 다니는 X세대 컨설팅업마저 성황을 누렸다. 미국에서 가장 유명한 X세대론자 중의 한 명인 마리안 샐즈맨은 X세대의 황혼을 눈치채고 와이(Why)세대라는 연구 대상으로 옮겨가기도 했다. 와이세대란 13살부터 19살까지의 청소년들을 대상으로 해 그가 새로 만들어 낸 조어였다.

다국적기업들의 X세대 마케팅은 국경의 붕괴를 서둘러 주장하는 포스트모더니즘적인 사조와 맥을 같이 했다. 국경을 넘어서 상품을 팔자니 '나'를 강조하는 게 마케팅 전술의 핵심이었다. 더불어 '소비의 예술화'와 '신체의 자본화'를 강조하는 일반적인 경향을 띠었다.

신세대 상업주의

X세대의 실체가 있건 없건 광고에 의해 규정된 X세대에겐 소비가 곧 문화자본으로 직결되었다. 문화자본의 일부라 할 신체자본의 경우, X세대에게 있어서 신체와 관련된 소비를 하는 건 일종의 투자였다. 그건 '나'를 회복하고 과시하기 위한 투자였다. X세대 광고는 집요하게 '나'를 강조했다.

X세대 광고는 세상을 사는 방식에 관한 정서를 주입시켰다. 상품을 사 달라고 조르지 않았다. 언제 마이클 조단이 나이키를 사 달라고 조르던가? 스포츠 스타든 할리우드 스타든, 광고가 아닌 의젓한 문화 행위를 통해 부각된 스타가 X세대 마케팅의 '이미지 판매사'로 활용하는 방식이 구사되었다. X세대 마케팅은 곧 이미지 커뮤니케이션이었다.

일부 광고주들이 미국에서 'X세대'를 직수입해 오면서 한국에서도 '신세대' 논쟁이 더욱 뜨겁게 달아올랐으며, 언론은 '신세대'라는 단어

한국에서 사용된 'X세대'는 원래 1993년 12월 (주)태평양의 신세대 전용 화장품 트윈엑스 광고에서 비롯된 것이었다.

를 아예 'X세대'로 대체해 사용하기도 했다.

한국에서 사용된 'X세대'는 원래 93년 12월 (주)태평양의 신세대 전용 화장품 트윈엑스 광고에서 비롯된 것이었다. 이 용어를 유행시킨 광고를 만든 광고대행사 동방기획 차장 김상중은 1994년 8월 'X세대'라는 용어의 확산에 대해 다음과 같이 말했다.

"제품의 이미지를 가장 잘 나타내고 신세대에 걸맞은 새로운 이름을 찾다가 우연히 외국 서적에서 본 'X세대'라는 용어를 사용했습니다. 그런데 그 용어가 이렇게 선풍적인 인기를 끌 줄은 저 자신도 미처 예측하지 못했습니다."[82]

X세대라는 용어까지 가세해 신세대 개념은 더욱 혼란스러워졌다. 94년 3월에 나온 현실문화연구의 『신세대론: 혼돈과 질서』의 기획팀은 "얼마

---

82) 『국민일보』, 1994년 8월 9일.

전 신한국, 신인류, 신사고, 신경영, 신세대 등 신(新)자 들어가는 말은 이제 지겹고, 이판사판 춤의 신신애가 제일 신선하다는 네 칸짜리 신문 만화를 본 적이 있다. 이 역시 요즈음 우리의 정서인 냉소와 허무의 심성을 적당히 자극하는 발언이다"며 다음과 같이 말했다.

"사실 우리의 가난한 지성과 천박한 문화산업은 하나의 문제 제기 혹은 하나의 아이템이 만들어질 때 요란스러워진다. 신세대에 관한 관심도 그렇다. 갑자기 신문에서 특집으로 다루고, 텔레비전에서 집중조명을 하는가 하면, 대학에서 세미나를 하고, 여성지에서, 주간지에서, 충무로 영화에서, 광고에서, 심지어는 은밀한 안방의 비디오에서까지도 신세대를 들먹인다. …… 이러한 혼동 때문에 어떤 대학에서는 '신세대 귀신 물러가라' 라는 80년대식의 굿판이 벌어지기도 했고 바로 그 신세대라는 귀신이 어떤 대학에서는 총학생회장으로 선출되기도 했다."[83]

이 책에서 황동일은 "신세대 담론이 무한 증폭하고 있다"며 "텔레비전과 각종 저널리즘, 출판산업과 입에서 입으로 회자되는 소문들을 통해서, 그리고 '진보적' 대학 언론에서조차도, 신세대 담론은 대단한 대중감염력을 가지고 있어서 마치 '신세대' 야말로 현 단계 우리 시대정신을 관통하는 상징어가 아닌가 여겨질 정도이다"라고 했다.

"신세대 아이들, 신세대 직장인, 신세대 부부, 신세대 여성, 심지어는 신한국인에 이르기까지 이 신세대라는 기표에 상응하는 기의가 거의 한정되지 않은 채 사용되고 있고, 따라서 보다 엄밀하고 체계적인 논의를 위한 개념규정이 거의 불가능해 보이기까지 하다."[84]

---

83) 기획팀, 〈혼돈, 거짓말, 신화 그리고 아이들〉, 『신세대론: 혼돈과 질서』(현실문화연구, 1994), 12~13쪽.
84) 황동일, 〈신(新)세대, SIN세대, 신(辛)세대 그리고 자본주의〉, 『신세대론: 혼돈과 질서』(현실문화연구, 1994), 56쪽.

신세대 옹호론

X세대 또는 신세대에 대해 비판적인 목소리가 높았지만 옹호론도 있었다. 옹호파인 MBC-TV의 PD 주철환은 "재미있고 즐거우면 공연히 잘못된 것이 아닌가 안쓰러워했던 기성세대와 확실히 달라진 무언가가 신세대의 가치 체계에는 포함되어 있다. 그들은 즐겁게 사는 법을 터득하고 있으며 실천하고 있다"고 주장했다.

"그들의 감수성이 소비지향적이라고 해서 신세대 에너지가 모두 소모적인 것은 아니다. 나는 오히려 이렇듯 즐거움에 익숙한(즐거움에 길들여진 것이 아니라 매력 있는 즐거움을 발견·발굴·발명할 줄 아는) 신세대의 왕성한 에너지를 국가 발전의 원동력으로 삼투시키는 방법에 대해 진지한 논의를 벌이길 바란다. 일찍이 한국의 어느 누가 '거리에서 본 괜찮은 여자에게 용기를 내서 말을 걸어 보면 항상 젤 못생긴 친구가 훼방을 놓지. 야, 나도 이젠 다른 친구들처럼 맘에 드는 누군가를 사귀어 보고 싶어(015B의 '신인류의 사랑' 중에서)'라고 속맘을 털어놓은 적이 있었는가."[85]

1994년에 히트한 015B의 〈신인류의 사랑〉은 신세대적 가치의 당당한 선언으로 여겨졌다. 이 노래는 여자를 상품화하여 팔아먹는다며 여성운동단체로부터 비난을 받았다. 이런 비난에 대해 015B의 음악감독이자 작곡가인 정석원은 "'반드시 여자는 예뻐야 된다'는 그런 생각이 옳다고 말씀드리고 싶지는 않지만, 현실과 이상을 구별해야 된다는 거죠"라고 항변하면서 "남들 앞에서 도덕을 부르짖고 깨끗한 척하는 검사님들 교수님들도 밤에는 룸싸롱 가서 놀고, 그런 사람들이 마광수를 집어넣는 것 아닌가요?"라고 반문했다.

---

85) 주철환, 〈PD 주철환의 앵글에 잡힌 신세대〉, 『중앙일보』, 1994년 3월 19일, 27면.

1994년에 히트한 015B의 《신인류의 사랑》은 신세대적 가치의 당당한 선언으로 여겨
졌다.

"뒤에서 세컨드를 거느리고 뭐하고 하는 사람들보다는 차라리 나는
예쁜 여자가 좋다고 솔직히 말하는 사람이 더 떳떳하고 용기 있는 사람
이 아닐까요? 과연 그 노래를 비판하는 남자들 중에 예쁜 여자를 안 좋
아하는 남자가 있을까요. 예쁘다 안 예쁘다고 하는 자체가 형이하학적인
얘기라고 생각하는 사람들은 015B가 비판하는 내용을 보고 그런 말을
해요. 사회를 비판하려면 수준 높게 비판하지, 형이하학적이고 1차원적

인 걸 가지고 비판을 하느냐고. 그런 분들은 형이상학적인 세계에서 살아가면 되지만, 현실은 현실이죠. 아무리 철학자들이 어려운 단어와 사람들이 이게 맞는 말인지 아닌지도 모르는 단어로 사회를 분석해 봤자 그 분석대로 살아가는 사람은 아무도 없죠."[86]

정석원은 015B의 음악은 음악일 뿐이라며 "우리는 철학자도 아니고 사회사상가도 아니죠. 단지 우리의 생각과 삶이 노래 속에 담겨 있습니다. 우리에게 제발 어려운 단어를 요구하지 말라, 이 말이죠.(웃음)"라고 했다.

"덧붙여 제가 한마디 더 드리자면, 안티015B파들에게 드리고 싶은 말씀이 있는데, 저희가 인기를 얻은 만큼 유달리 015B라는 그룹에 대해서 알레르기적 반응을 보이는 사람들도 꽤 있는 것 같더라구요. 그런 분들에게 하고 싶은 말이 있습니다. 기찻길 옆에 가보면 개들이 막 짖어대잖아요? 개가 아무리 짖어도 기차는 간다.(웃음) 이걸 말하고 싶습니다."[87]

'진짜 야타족'과 '가짜 야타족'

신세대 개념의 혼란 속에서 부정적 함의를 가진 아류로 '야타족'이란 것도 등장했다. 야타족은 그 전신이 압구정동의 오렌지족인데, 이들이 압구정동에서 놀 때 언론의 공격과 그리고 '사이비' 오렌지족이 출현하자 다른 지역으로 이동하면서 생겨난 것이었다. 고길섶은 1994년 야타족을 '진짜 야타족'과 '가짜 야타족'으로 나누었다.

"전자는 졸부나 상류층 집안의 자녀들로 돈암동, 신촌, 화양리, 그리고 최근에는 수유리로 진출하며 '소나타 II', '그랜저', '스쿠퍼' 등의 고

---

86) 정석원·김탁환, 〈대중음악과 우리들의 시대〉, 『상상』, 1995년 봄, 61~62쪽.
87) 정석원·김탁환, 위의 글, 83~84쪽.

급 승용차를 몰고 다니는 족속들을 말하며, 후자는 날치기(차 훔치기), 아리랑치기(술 취한 사람 털기), 뽈치기(여자를 폭행하면서 핸드백 강탈하기) 등의 폭력 행위로 자금을 확보하며 프라이드나 티코를 타고 다니는 족속들을 말한다. 프라이드나 티코 야타족들은 물론 잘 팔리지 않는다. '싼값'에 끼어들지 않겠다는 '콧대높은' 10대 여자들이 그들을 선택하지 않는다. 그녀들을 채가는 것은 진짜 야타족들."[88]

야타족 범죄도 기승을 부렸는데, 『한국일보』94년 8월 5일자는 "서울 중부경찰서는 4일 송모씨(25·Y대 성악4), 나모씨(22·무직·경기 파주군 조리면) 등 2명을 성폭력특별법 위반혐의로 구속했다. 경찰에 의하면 이들은 지난 1일 새벽 1시께 서울 중구 장충동 신라호텔 나이트클럽에서 술을 마시고 귀가하던 이모씨(25·여·경기 구리시 수택동) 등 2명에게 '같이 술이나 한잔 마시자'고 속여 송씨의 브로엄승용차에 태워 경기 고양시 원당동 여관으로 끌고 가 성폭행한 뒤 42만 원을 빼앗는 등 같은 수법으로 6월 30일부터 10차례 20여 명을 성폭행, 300여만 원의 금품을 갈취한 혐의다"고 보도했다.

"이들은 피해자들이 경찰에 신고하는 것을 막기 위해 일회용 카메라로 나체사진을 찍고 신분증을 빼앗았다. 경찰 조사결과 송씨는 여동생 2명과 6,500만 원에 세든 아파트에서 부산의 부동산갑부인 아버지가 매달 보내주는 150만 원으로 승용차를 몰고 다니며 오렌지족 생활을 해 왔다. 송씨는 경찰에서 '유흥비로 빌려쓴 1,000만 원을 갚기 위해 범행을 저질렀다. 신촌, 압구정동, 방배동 등 유흥가에서 밤늦게 귀가하는 여성들에게 휴가 나온 의대생인데 술이나 한잔 하자고 말하면 10명 중 3~4명은 쉽게 따라왔다'고 말했다."[89]

---

88) 고길섶, 『문화비평과 미시정치』(문화과학사, 1998), 212~213쪽.
89) 〈여 행인 차태워 성폭행/돈뺏고 나체사진 찍어/ '야타족' 둘 구속〉, 『한국일보』, 1994년 8월 5일, 31면.

10대들이 돈암동을 점령하면서 '삐끼'와 '뺀찌'도 등장했다. 삐끼는 호객행위를 하는 사람을 지칭하는 것이고, 뺀찌는 나이가 아주 어리거나 그 반대로 나이가 많은 칙칙한 사람들을 '쫓아내는' 사람을 지칭했다.[90]

마니아의 등장

10대들의 대중문화에 대한 뜨거운 정열은 대중문화 산업의 종사자들에게 무시할 수 없는 큰 힘으로 작용했다. 10대를 포함한 신세대 시청자들의 정열과 관련, 김재범은 "요즘 방송국에서 젊은 시청자를 대상으로 하는 프로를 제작하는 PD들은 과거와는 다른 시청자들의 반응 때문에 종종 애를 먹는다"고 말했다.

"그들이 주 시청 대상으로 삼고 있는 시청자들이 '신세대'라는 요즘의 별칭에 걸맞게 80년대 시청자와 확연히 다른 모습을 보여 주기 때문이다. 그 중에서도 특히 PD를 긴장시키는 것은 프로가 방송된 후 '신세대' 시청자들이 보이는 반응이 '전투적'이라는 표현을 쓸 정도로 적극적이라는 점이다. 청소년 대상 오락프로의 한 PD는 '컴퓨터 통신에 각 방송사가 시청자 의견란을 개설한 이후 프로그램에 대해 많은 양의 의견이 올라온다. 그 내용 중에는 섬뜩할 정도로 예리한 지적이 많다'며 신세대 시청자들은 '침묵하는 다수'가 아니라 말을 아끼지 않는 '활동하는 다수'라고 한다."[91]

그런 적극적 시청자들을 가리켜 마니아(Mania)라는 말이 쓰이기 시작했다. 마니아는 나르시시즘적 모습을 보이기도 했다. 94년 겨울호로 창간호를 낸 대중문화 계간지 『리뷰』는 마니아 특집을 게재했다. 정준영은

---

90) 고길섶, 『문화비평과 미시정치』(문화과학사, 1998), 213쪽.
91) 김재범, 〈'신세대 시청자'와 PC통신〉, 『TV저널』, 1994년 3월 4일, 42면.

"오랜만에 들렀던 서점에서 나는 마니아를 위한 대중문화의 전문서적들이 부쩍 늘어 있음을 보고 놀란다"고 말했다.[92] 노염화는 마니아는 과거에도 존재했었지만 지금의 마니아는 과거와는 달리 세분되어 있다고 했다.

"예를 들어 안정효의 소설 『헐리우드 키드』의 주인공들이 '잡식성 영화광들' 이었다면, 지금의 영화 마니아들은 컬트영화 마니아, 호러영화 마니아, 홍콩 영화 마니아, 유럽 예술영화 마니아, 일본 영화 마니아 등등으로 세분되어 있다. 마니아문화는 자신이 열광하는 영역에서만큼은 그 어느 전문가보다 뛰어난 정보력과 편집증을 가진다는 '광(狂)' 이라는 의미 이외에도 여러 스펙트럼을 가지고 있다. 공통적으로 이들은 대중문화의 주류에 대한 균질한 감성과 상업적 이데올로기를 거부하고, 그래서 소수 · 하위문화를 지향하는 경향을 가진다. 그리고 PC통신망이나 매체를 중심으로 그룹을 형성하고 있다는 점이 과거와는 다르다."[93]

PC통신문화의 가능성

마니아의 거점이기도 했던 PC통신은 각 문화 영역에 큰 영향을 미치게 되었다. 이 점에 주목한 권성우는 "최근에 〈장미빛 인생〉이라는 영화를 통해 데뷔한 어느 신인 영화감독은 자신의 영화에 대한 솔직하고도 날카로운 비평을 무엇보다도 PC통신의 영화동호회에 수록된 글들을 통해 점검할 수 있었다고 털어놓았는가 하면, 수많은 출판사의 발 빠른 편집장들은 수시로 하이텔이나 천리안의 문학동호회에 들어와서 아마추어 작가들의 연재소설을 검토하면서 출판가능성을 타진하고 있다(하이텔에

---

92) 정준영, 〈마니아: 민주주의의 확산인가, 새로운 귀족주의인가?〉, 「리뷰」, 1994년 겨울, 233쪽.
93) 노염화, 〈나르시스적 문화주체가 가져다 준/줄 새로운 가능성〉, 「문화과학」, 1997년 가을, 185쪽.

연재되었던 '퇴마록'의 성공을 보라! 이 성공은 한 출판사로 하여금 1,000만 원의 현상금을 걸고 'PC통신문학상'을 제정하게 만들었다)"고 했다.

"또한, 영화사에서 새로운 영화가 개봉되면, 가장 촉각을 곤두세우고 있는 분야가 PC통신의 영화동호회 게시판이라는 것은 이미 잘 알려진 일이다. 또한, 각 분야의 비평가들은 자신의 글을 쓰기 위한 전단계로서, PC통신에 올라있는 다채로운 관점의 비평들과 정보를 세심한 눈길로 지켜보고 있다. 그렇다는 것은 각 분야에 걸친 PC통신의 동호회문화가 각 문화 분야의 문화적 권력과 정보의 유통에 무시 못할 여론으로 작용하며 한편으로는 새로운 문화적 여론과 권력을 생성하는 밑자리가 된다는 것을 의미한다."[94]

권성우는 "주로 채팅과 게임 위주로 진행되는 PC통신문화에 대한 우려의 목소리가 들려오는 것은 실상 PC통신문화의 한 측면만을 과도하게 부각시켜서 조망했기 때문일 것이다"며 "채팅 중독자는 실상 PC통신 참여자의 전체 숫자에 비교하면 극소수에 불과하며 채팅이 지니는 긍정적인 측면 또한 무시할 수 없을 것이다"고 말했다.

"오히려 PC통신문화에서 가장 중요한 기능을 차지하는 것은 각 동호회의 게시판 열람 기능과 다양한 정보 획득의 기능일 것이다. 특히 게시판에서 갖가지 논쟁들과 분석, 서평, 감상문, 체험담, 횡설수설들을 읽는 것이야말로 PC통신문화의 가장 중요한 등뼈를 형성한다. 제도적인 문화와 형식적인 비평이 놓치고 지나간 문화적 현상에 대한 날카로운 분석과 접근이 통신의 게시판에는 항상 널려 있다. 절대 다수의 PC통신 참여자들이, 사회적이며 제도적인 이해관계와 책무에서 비교적 자유로운 10대 후반에서 20대 중반에 걸쳐 있다는 점, 그리고 통신의 특성상 자신의 본명을 숨길 수 있다는 사실로 인해 '데카르트적인 의미의 주체'가 와해될

---

94) 권성우, 〈'새로운 비판이론'의 밑자리: PC통신문화의 가능성에 대하여〉, 「리뷰」, 1994년 겨울, 365~366쪽.

수 있다는 점 등이 그들로 하여금 기존의 문화적 관행을 날카롭게 해부하고 비판할 수 있는 가능성을 확대하였던 것이다."[95]

그러한 가능성의 확대는 '문화 포퓰리즘'의 토대가 되었다. 짐 맥기건은 1992년에 낸 『문화·포퓰리즘(Cultural Populism)』이라는 책에서 영국의 문화연구가 생산은 제쳐두고 소비 측면의 연구에만 몰두한다며, 이를 '문화 포퓰리즘'이라 불렀다.[96] 한국에서도 바로 그런 '문화 포퓰리즘'이 90년대 중반부터 태동되기 시작한 것이다.[97]

'문화 포퓰리즘'은 기존 학계의 근엄함 또는 오만함에 대한 반작용의 결과이기도 했다. 젊은 문화연구자들의 모임인 '현실문화연구'의 조봉진은 "학계에서는 신세대문화를 저급하다는 이유로 언급하지 않습니다. 매스컴에서는 심도 있게 이를 취급하지 않을 뿐더러 온통 우려 일색입니다"라고 비판했다.[98]

훗날(97년) 이동연은 "수많은 문화분석서들이 서점가의 목 좋은 곳을 차지하는 최근의 상황에서 문화연구는 마치 모든 것을 집어삼키는 거대한 지식 에일리언 같아 보인다. 애초에 반란에서 비롯된 문화연구 담론은 그 과잉효과로 인해 이제 역으로 갖가지 대중문화 현상을 규정하는 위력을 발휘하기도 한다"고 했다.[99]

---

95) 권성우, 〈'새로운 비판이론'의 밑자리: PC통신문화의 가능성에 대하여〉, 『리뷰』, 1994년 겨울, 369쪽.
96) John Storey, 박만준 옮김, 『대중문화와 문화연구』(경문사, 2002).
97) 한국에서 '문화 포퓰리즘' 론이 제기된 건 1998년이었다. 김성기는 '문화 포퓰리즘'을 대중문화가 보통사람들의 창조성과 즐거움을 표현한다는 이유로 상업적 대중문화로부터 모종의 긍정적 가능성을 찾아내려는 이론적 추이를 일컫는 것이라고 정의했다. 김성기, 〈한국에서의 문화연구: 문화 포퓰리즘〉, 강현두 편, 『현대사회와 대중문화』(나남, 1998).
98) 최보식, 〈신세대문화 '논리' 만든다〉, 『조선일보』, 1993년 10월 29일, 9면.
99) 이동연, 〈의미화실천, 주체화양식, 실험공학의 장: 한국 문화연구의 생산적 논쟁을 위해〉, 『문화과학』, 1997년 겨울, 45쪽.

텔레비전: 차인표·신은경 신드롬

신세대의 대중문화 정열

　1994년 방송개발원의 조사에서는 국민 1인당 TV 시청시간이 평일 2시간 48분, 토요일 3시간 54분, 일요일 4시간 30분인 것으로 나타났다. 이러한 TV 시청시간은 전체 여가시간 가운데 76%를 차지한다는 걸 의미하는 것이었다.

　공개방송으로 진행되는 TV나 라디오 프로그램의 방청객으로 참여하기 위한 일부 10대들의 경쟁은 상상을 초월할 정도로 치열했다. 줄을 서서 몇 시간씩 기다리는 건 보통이고 심지어 매를 맞기까지 했다. 94년 3월 어느 방송사 앞에서 벌어진 한 사건의 다음과 같은 목격담은 실로 눈물겹기까지 했다.

　"아이들이 서로 먼저 들어가려고 미는 바람에 다친 아이가 꽤 있었다. 잠시 후 객석이 다 찼는지 더 이상 들여 보내주지 않았다. 그 상황에서도 기어이 들어가려고 하는 극성팬들을 물리치느라 관리하는 아저씨들과

모 가수의 매니저가 몽둥이를 휘두르기 시작했다. 어떤 아저씨는 여자아이들의 머리를 잡아당기고 또 발로 차기까지 했다. 심지어는 허리띠를 풀어 휘두르기도 했다. 너무나도 어처구니없는 일이었다. 코피가 터진 아이도 있었고 땅에는 여러 군데 핏자국이 보였다."[100]

신세대 시청자는 성급했다. 그래서 "30초 안에 터지지 않으면 채널은 돌아간다"는 말도 나오게 되었다.[101] '오빠부대'의 경우 오빠에 대한 독점욕도 강했다. 정준영은 "1990년대의 우리 국민학교 교실에서 발견된, 자기가 좋아하는 스타를 좋아하는 행위조차 독점하기 위해 싸움을 벌인 국민학생들의 모습은 대중문화의 지식을 축적하기 위한 경쟁과정이 천민 자본가들의 자본축적 경쟁에서 보이는 폭력적 성격과 별로 다르지 않음을 보여 준다"고 했다.[102]

연예매니지먼트 산업도 대형화·전문화되기 시작했다. 94년 연예기획사는 200여 개에 이르렀으며, 예당음향의 매니저 공채 때에는 10명 모집에 600여 명의 대졸자가 몰려들었다. 기획사인 '대영에이브이'의 실장인 김경남은 "연예인은 상품이다. 팔릴 수 있는 상품을 만들고, 이를 소비자들에게 널리 알려 파는 것은 매니저의 몫이다"라고 말했다.[103]

〈사랑을 그대 품안에〉의 차인표

매년 TV는 여러 건의 '신드롬'을 낳았다. '신드롬'은 말 만들기 좋아하는 활자매체들이 붙여준 이름이었지만, 그럴 만한 근거는 있었다. '신드롬'은 정상을 이탈할 정도로 높은 인기를 누리는 연예인 또는 어떤 유

100) 송민선, 〈'공개방송 입장 정리' 방송국, 폭력 휘둘러〉, 『동아일보』, 1994년 3월 23일, 19면 독자투고.
101) 주철환, 『30초 안에 터지지 않으면 채널은 돌아간다』(자작나무, 1994) 참고.
102) 정준영, 〈마니아: 민주주의 확산인가, 새로운 귀족주의인가?〉, 『리뷰』, 1994년 겨울, 232쪽.
103) 김태희, 〈매니저의 세계〉, 『TV저널』, 1994년 2월 18일, 27면.

'차인표 신드롬'의 발원지였던 MBC-TV 미니시리즈 〈사랑을 그대 품안에〉는 '최초의 스타 만들기 드라마'라고 해도 과언이 아니었다.

행 현상을 가리켜 부르는 말이었는데, 1994년 중 최고의 '신드롬'은 '차 인표 신드롬'이었다.

　차인표는 수많은 여성들을 사로잡았다. '차인표 신드롬'의 발원지였 던 MBC-TV 미니시리즈 〈사랑을 그대 품안에〉(극본 이선미, 연출 이진 석)는 한국 TV 드라마사에 길이 남을 한 가지 새로운 기록을 세웠다. 그 간 모든 드라마들이 스타를 만들어 내기 위해 애를 썼지만, 그 방법은 기 껏해야 캐스팅에서의 배려와 충분한 시간 할애 정도였다. 그러나 이 드 라마는 처음부터 한 무명의 신인을 스타로 만들기 위해 카메라에서부터 대사의 양을 조절하는 일에 이르기까지 모든 제작 과정에 걸쳐 주도면밀한 배려를 했다는 점에서 '최초의 스타 만들기 드라마'라고 해도 과언이 아니었다.

물론 차인표라고 하는 인물 자체가 갖고 있는 원초적 매력도 무시할 순 없었지만, 아무리 좋은 보석이라도 그것을 어디에 어떻게 배열하고 치장하느냐에 따라 그 가치가 크게 달라질 수 있는 것인 만큼, 연출의 힘이 돋보였다는 뜻이다.

이 드라마의 주인공 역을 맡은 차인표는 하루에 팬레터 1,000통을 받을 정도로 하루아침에 스타가 됐다. MBC-TV의 차인표 '스타 만들기'에 대한 비판의 소리도 높았지만, 차인표의 발굴이야말로 이 드라마가 가장 칭찬받을 부분이기도 했다. 소심하게 안전을 추구하지 않고 과감한 모험을 했다는 점에서 그랬다. 이 드라마가 연극 배우들을 세 명이나 TV 브라운관으로 끌어들였고, 그러한 캐스팅이 성공을 거두었다는 것도 긍정적으로 평가할 만한 일이었다.

백화점 경영권을 둘러싼 음모와 백화점 회장 아들과 점원의 사랑 등 백화점을 주요 무대로 삼고 있는 〈사랑을 그대 품안에〉의 이야기는 진부한 '사랑타령'에 불과했지만, 그 사랑은 백화점에 진열돼 있는 상품처럼 깔끔했다. 그저 구경만 하는 사람들한테야 값이 비싼 게 무슨 상관이겠는가. 마찬가지로 이야기가 아무리 황당하다 해도 그걸 못 참아줄 시청자들은 아니었다. 전정희는 이 드라마를 "정말 재미는 있으되 무엇을 말하고자 하는지 파악하기 힘든 드라마"라고 평했다.[104]

〈사랑을 그대 품안에〉는 새삼스럽게 소련이 무너진 이유를 실감하는 데에 실마리를 제공했다. 자본주의 소비문화의 강점은 역시 보여 줄 게 많다는 데에 있다. 특히 백화점은 소비문화의 대표적인 진열장이다. 자

---

104) 전정희, 『TV에 반(反)하다』(그린비, 1997), 133쪽.

본주의 사회에 사는 사람도 백화점엘 들어가면 가슴이 설레는데, 빵 하나 사는 데에도 긴 줄을 서야 하는 소련 국민이 고르바초프의 '글라스노스트'인가 뭔가 하는 것 덕분에 TV를 통해 서방세계의 그런 광경을 보고서 어찌 공산주의를 용납할 수 있었겠는가.

백화점은 소비사회의 풍요를 보여 주는 데에 최상의 무대였으며, 이런 제작 원리는 95년 MBC-TV의 또 다른 미니시리즈 〈호텔〉에서도 그대로 도입되었다. 백화점과 호텔이야말로 소비사회의 이상을 보여 주는 쌍두마차가 아닌가.

〈종합병원〉의 신은경

1994년 신세대의 뜨거운 사랑을 받은 또 하나의 드라마는 MBC-TV 드라마 〈종합병원〉이었다. 이 드라마에서 외과 레지던트 역을 맡아 열연한 탤런트 신은경의 매력이 돋보인 드라마였다. 신은경은 이 드라마에서 당당한 행동, 거침없는 말투와 자신감 넘치는 자세로 모 광고회사 여론조사결과 신세대 여성들로부터 '가장 좋아하는 여자'로 떠올라 남자들의 성역에 도전하는 CF 연기로 최진실 이후 최고 주가를 올렸다.[105]

김선아는 신은경 신드롬을 "개성시대의 진취적 여성해방주의를 이용한 자본주의 문화산업의 산물"이라고 규정했다. 김선아는 신은경의 중성적 모습이 남성과 여성으로 이분하던 시대에서 성 구분이 모호한 양성의 시대로 바꿔어가는 요즘 대중들에게 신선함을 가져다줬고, 문화산업 공급업자들은 이런 새로움을 찾는 대중을 안정된 수요자층으로 확보하게 됐다고 보았다.

---

105) 이대현, 〈맹렬여성 이미지 "최고의 주가"/신세대스타 신은경(CF이야기)〉, 『한국일보』, 1994년 8월 26일, 15면.

MBC-TV 드라마 〈종합병원〉에서 신은경.

김선아가 본 신은경 신드롬의 또 다른 배경은 진취적 여성해방주의였다. 소극적인 모습에서 벗어나 적극적으로 남성들과 한판 겨루어보려는 현대 여성의 의지가 만들어 낸 새로운 여성상이 신은경이지만, 이 여성상은 끊임없이 소비욕구를 불러일으켜야 하는 자본주의 생존전략이 빚어낸 여성해방주의의 변종이라는 것이다. 또 김선아는 신은경 신드롬이 자리하는 마지막 좌표에는 이른바 개성시대의 주역 신세대가 있는데 계속적인 소비를 창출해서 나만의 멋을 내는 이들의 변덕스러운 입맛에는 뭔가 화끈하면서도 색다른 인물이 필요했고, 신은경이 여기에 맞아떨어졌다고 분석했다.[106]

그런 신은경의 무대가 된 〈종합병원〉은 의사와 간호사들의 직업 세계를 다루는 전문직 드라마였지만, 이 드라마에서 '전문직의 세계'는 '트

---

106) 이근영, 〈'신은경 신드롬' 그 정체는 무얼까/계간지 '사무직 여성' 분석〉, 『한겨레신문』, 1994년 11월 18일, 12면.

로이의 목마'였다. 그 '목마' 속엔 사랑에 굶주린 남녀들이 가득 들어 있었다. 이 드라마에서 병원은 거의 '닫혀진' 세계였다. 외부와는 철저하게 단절된 병원 안에서 사랑을 갈구하는 남녀들의 애정 관계는 너무도 복잡해 표를 그려야 이해가 갈 정도였다.

A는 B를 좋아한다. 그런데 B는 C와 사랑을 나눈다. 그런데 D와 E는 A를 좋아한다. 갑자기 나타난 F도 A를 좋아한다. D는 A에 대한 사랑 때문에 괴로워한다. D는 매회마다 눈물을 질질 짠다. 매회마다 F의 가슴에도 뜨거운 눈물이 쏟아진다. 그 밖에도 G는 H를 좋아하고, 또 I는 J를 좋아하고 등등 수많은 애정관계가 얽혀 있다. 이 의사와 간호사들이 일하는 곳이 '종합병원'인지, 아니면 병원을 빙자한 '사랑센터'인지 도무지 알 수 없는 노릇이었다.

그러나 의사와 간호사들이 일은 안 하고 늘 사랑타령만 하는 건 아니었다. 오히려 드라마의 시간 배분으로 보자면, 이 드라마는 명실상부한 '전문직 드라마'라고 해도 좋을 정도로 의사와 간호사들의 세계에 대해 많은 것을 보여 줬다. 그것도 '갈등' 중심으로 이야기를 실감나게 전개해 나가는 만큼 진지하고 때론 엄숙하기까지 했다. 그런데 늘 클라이맥스나 결말엔 애정관계가 끼어 들었다. 이건 유치하다고 해도 좋을 정도로 판에 박힌 공식이었다.

시청자들은 그 공식을 잘 알고 있지만, 거부감을 느끼지는 않았다. 아니, 오히려 그 순간을 기다렸던 것인지도 모른다. 카메라가 갑자기 긴장을 풀고 흐느적거리면서 사랑으로 고뇌하는 등장인물들에 초점을 맞춰 세련된 CF의 분위기를 연출할 때에 감동을 받는 시청자들이 있다 해도 크게 놀랄 일은 아니었다. 그 CF의 주인공들이 신세대들로부터 높은 인기를 누리고 있는 스타들이라는 점도 무시할 수는 없었다.

〈종합병원〉에서 묘사되는 사랑은 신세대들이 좋아한다는 이른바 '부담 없는 사랑'이며 '몰입하지 않는 사랑'이었다. 이 드라마에 등장하는 전문직 종사자들에게 사랑은 2차적인 것이지 1차적인 것이 아니었다. 그들에겐 사랑이 아니라 하더라도 할 일이 너무 많았다. 그리고 그 일은 '사랑' 이상으로 심각하고 치열한 것이었다.

〈종합병원〉의 무대를 작업 여건이 열악한 공장으로 옮긴다고 해 보자. 공장에서 일하는 노동자들의 사랑은 결사적이어야만 할 것 같은 생각이 드는 건 어인 이유에서일까? 공장을 무대로 하여 〈종합병원〉식의 사랑을 보여 줄 경우 절대 높은 시청률을 올릴 수 없으리라는 생각이 드는 건 어인 이유에서일까?

〈종합병원〉에서 사랑의 열병을 가장 심하게 앓고 있는 D(신은경 분)의 사랑법은 촌스럽기 짝이 없었다. 그녀는 '부담'을 주고 '몰입'을 하는 스타일이었다. 그런데도 그녀의 사랑은 '부담'과 '몰입'에서 해방된 것처럼 보였다. 그리고 그녀는 신세대의 전형인 양 여겨졌다. 왜 그럴까? 그건 순전히 〈종합병원〉에서 사용되고 있는 '트로이의 목마' 덕분이었다. 만약 드라마가 시작해서 끝날 때까지 주인공들을 병원 밖으로 내보내 사랑을 해 보라고 한다면, 그걸 지겨워서 어떻게 봐주겠는가.

〈종합병원〉은 이른바 '신세대의 개성'이 '문화적'이라기보다는 '경제적'인 것이라는 점을 잘 보여 주었다. 즉, 신세대의 개성이 사회계층적 위계질서로부터 자유로운 건 아니라는 것이다. 적어도 사랑법에 있어서 전혀 신세대답지 않은 인물이 드라마의 구성 방식에 의해 신세대답게 보일 수 있다는 건, 이른바 '신세대론'이 부풀려진 문화적 포장을 뒤집어 쓰고 있는 건 아닌가 하는 혐의를 짙게 해 주었다.

'쉰들러리스트' · '태백산맥' · '투캅스'

영화 〈서편제〉의 관객 가운데 주부 관객이 40%를 차지한 것으로 추정되었다. 『문화일보』 94년 2월 4일자는 이들이 "60년대 여성 관객과는 달리 영화 보는 것을 하나의 문화 행위로 받아들이는 적극적이고 세련된 관객들이다"고 분석했다.

"이 같은 현상은 가전기구의 발달과 핵가족화로 가사나 자녀교육 문제로부터 상당 부분 여유가 생긴 주부들이 시대 흐름에 뒤처지지 않으려는 생각과 문화적인 교양을 갖추려는 지적인 자세에서 비롯된 것이다. 따라서 최근 주부들이 선호하는 영화들은 일정 수준의 작품성을 갖춘 것들이 대부분이다"[가]

대학에서도 영화에 대한 열기가 점점 더 뜨거워지고 있었다. 영화 관련 행사는 모든 대학에서 흘러넘치기 시작했으며, 2시간짜리 2학점 '교양과목'으로서의 영화강좌에는 무려 600명 이상 1,000명이 수강을 신청하는 사태가 매학기 거듭되고 있었다.[나]

1994년 극장가를 강타한 영화는 스티븐 스필버그의 〈쉰들러리스트〉였다. 『시사저널』 94년 5월 5일자는 이 영화가 개봉 한 달여 만에 전국에서 100만 관객을 동원해 흥행 신기록에 도전하고 있다며 "주말에 이 영화를 보려면 최소한 3~4일 전에 예약해야 하며, 영화 주제가를 담은 앨범은 4만 장, 원작소설은 6만 부 이상 팔려 나갔다"고 했다.

"국내 영화계는 이 열기에 대해 '주목할 만한 상황'이라고 입을 모으면서 한국 관객의 특성을 연구하는 데에 골몰하고 있다. 특히 〈쉰들러

가) 김병재, 〈주부 극장가 '주고객'으로〉, 『문화일보』, 1994년 2월 4일, 14면.
나) 양윤모, 〈학문으로서의 영화를 위해〉, 『새누리신문』, 1993년 11월 27일, 8면.

〈쉰들러리스트〉

〈태백산맥〉(좌)과 〈투캅스〉(위).

스트〉와 비슷한 시기에 개봉한 다른 명작들이 모두 흥행에 참패하고 있는 모습은 '좋은 영화에는 반드시 관객이 온다'는 오래된 신념을 무색케 하고 있기 때문이다. …… 한 평론가는 이를 우리나라 관객 특유의 '몰려 다니기 현상'이라고 정의하면서 '전에 비해 문화적 욕구가 놀랄 만큼 늘어나고 있으나 아직 메뉴를 골고루 즐길 만큼 성숙하지는 못했기 때문'이라고 말하고 있다."[다]

〈쉰들러리스트〉의 흥행 성공은 외국 영화 프린트 벌 수 제한제도가 94년 1월 1일부터 폐지된 것에 크게 힘입은 것이었다. 프린트 벌 수 제한으로 93년까지 직배사들이 전국에 동시개봉할 수 있는 극장은 16개로 제한되었으나, 이 제한이 해제된 것이다.[라]

94년의 한국 영화 제작편수는 93년의 63편에 이어 61편이었는데, 대표적인 화제작은 94년 추석에 개방된 임권택 감독의 〈태백산맥〉이었다. 〈태백산맥〉의 개봉 직전, 전국 600여 극장과 공연윤리위원회에 '자유민주수호애국연합 및 한국전쟁참전군인연맹회장 임부택 외 가맹단체 일동'이름으로 "죽을 각오로써 수단과 방법을 가리지 않고 〈태백산맥〉상영을 저지할 것"이라는 편지가 배달돼 경찰이 조사에 나서기도 했다.[마]

93년 12월에 개봉된 강우석 감독의 〈투캅스〉는 해를 넘기며 서울지역에서만 80만 명 이상의 관객을 동원하고 국내 대여용 비디오 판매사상 최초로 10만 개를 돌파하는 등 〈서편제〉에 이어 많은 화제를 뿌렸다. 〈투캅스〉는 경찰의 비리를 지나치게 과장, 왜곡시켜 명예를 떨어뜨렸다는 경찰청의 거센 항의로 영화 시작 전 "경찰의 실제 이야기와는 무관하다"는 자막을 넣어야 했는데, 오히려 관객들은 그 자막을 보면서부터 폭소

다) 김현숙, 〈'미성숙'이 부른 쉰들러 열풍〉, 『시사저널』, 1994년 5월 5일, 88면.
라) 노정동, 〈미국 직배사의 출현, 그 파장과 영향〉, 『한국 영화정책의 흐름과 새로운 전망』(집문당, 1994), 231쪽.
마) 최형두, 〈"상영 땐 6백여 극장 폭파"〉, 『문화일보』, 1994년 9월 1일, 23면.

를 터뜨리기도 했다.[바]

이영미는 부패한 경찰 조 형사(안성기 분)와 원칙주의적 모범경찰 강 형사(박중훈 분) 사이의 갈등을 그린 이 영화는 기성세대(구세대)와 청년세대(신세대)의 대립을 통해 드라마 〈사랑이 뭐길래〉와 같은 '양비론·양시론적 냉소주의'를 희극성의 본질로 삼고 있다고 했다.

"기성세대와 청년세대와의 갈등을 설정한 후 그들에게 긍정성과 부정성을 공평히 나누어주어 관객으로 하여금 어느 편도 들 수 없게 해 놓은 다음, 기성세대의 주도 속에서 문제를 해결하며, 새로운 신세대의 출현으로 그러한 갈등과 화해가 반복됨을 보여 준다. 결국 원칙적이고, 기성세대의 부패와 사회의 불의를 공격하는 청년세대도 별 수 없이 현실과 적응하며 타락한 채 살아가는 기성세대의 현명함과 안일함을 받아들이게 되고 그러한 역사는 세대가 바뀌어도 반복된다는 것이다."[사]

이영미의 이런 해석이 타당하다면, 〈투캅스〉는 90년대의 시대정신을 말해 주는 영화였던 셈이다.

바) 김대현, 〈'투캅스' 유감〉, 『서울신문』, 1994년 4월 17일, 11면; 〈'투캅스', "실제 아님" 자막 경찰 이미지 되레 손상〉, 『동아일보』, 1994년 1월 14일, 21면; 권태동, 〈경관 애환·갈등 그린 영화 '투캅스', "실제와 다른 이야기" 자막 넣기로〉, 『중앙일보』, 1994년 1월 11일, 23면.
사) 이영미, 『서태지와 꽃다지: 대중문화시대 예술의 길찾기』(한울, 1995), 184~187쪽.

지존파: '살인 연습'까지 한 엽기적 살인마

"이게 바로 말세인가?"

1994년 추석을 뒤숭숭하게 만든 이른바 '지존파 사건'은 "이게 바로 말세인가?" 하는 생각이 들게 할 정도로 전 국민을 충격의 도가니로 몰아 넣었다. 6인조 범죄조직인 지존파 일당의 범행 수법이 너무 끔찍했기 때문이었다.

지존파는 93년 조직을 결성해 '살인실습'까지 해 가며 잔인한 수법으로 무고한 사람들을 살해하고 사체를 불태우거나 암매장했다. 이들은 93년 7월 포커판에서 만나 "돈 많은 자들을 저주한다", "목표액 10억 원이 채워질 때까지 돈 많은 사람에게 빼앗는다", "조직을 배반한 자는 죽인다"는 3대 강령 아래 두목 김기환(26)의 별명을 따 '지존파'를 결성했다.

지존파의 1차 범행은 93년 7월 '살인실습'을 위해 충남 논산 두계역 부근 철교 아래에서 밤길을 가던 20대 여자를 납치, 집단성폭행한 사건이었다. 두목 김기환은 "범죄는 이렇게 하는 것"이라며 납치한 여자의 목을 졸라 살해, 근처 야산에 암매장했다.

지존파 일당은 93년 8월 조직원 중 송봉은(23)이 조직을 배신했다는 이유로 전남 영광군 불갑사 근처 야산에서 단검과 곡괭이로 살해한 뒤 매장했다. 송은 살인실습을 하고 난 뒤 "귀신이 자주 꿈에 나타난다"고 두려워하며 조직가담에 회의를 느끼는 기색을 보이다 한 달쯤 뒤인 8월에 2,000만 원이 입금돼 있던 조직의 예금통장에서 300만 원을 몰래 빼내 달아났었다.

지존파 일당은 두목 김기환이 94년 6월 28일 강간치상혐의로 구속되자 강동은(21)을 새 리더로 정한 뒤 7월에는 일주일간 지리산에서 지옥훈련까지 하면서 조직의 결속력을 다졌다. 강령에 충성할 것을 다짐하면서 배신자에 대한 응징을 결의하기도 했다.

지존파는 94년 9월 8일 새벽 3시쯤 경기도 양평군 양수리 국도에서 술집 악사 이모씨(36)가 운전하고 가던 그랜저승용차를 자신들의 르망승용차와 포터화물차로 가로막아 세웠다. 그랜저승용차의 운전석 옆 좌석에는 이씨와 같은 술집에서 일하는 종업원 이모양(27)이 타고 있었다. 범인들은 이씨의 차문을 열고 이들에게 가스총을 난사, 실신시킨 뒤 고속도로와 국도 등을 이용해 전남 영광에 있는 자신들의 아지트로 납치했다. 범인들은 아지트에 도착하자마자 이양을 집단으로 성폭행한 뒤 이씨와 함께 아지트 지하실로 끌고 내려가 사설 감옥시설인 철창 안에 감금했다.

지존파는 다음날 9일 아침 지하실에 내려와 이씨에게 돈을 요구했으나 이씨가 돈이 없다는 사실을 알게 되자 죽이기로 마음먹은 듯 이씨의 입에 강제로 소주를 들어부었다. 이씨가 술에 취해 몸을 가누지 못하자 이들은 이씨의 머리에 비닐봉지를 씌우고 공포에 질린 이양에게 거들도록 지시했다. 범인들은 이어 비닐봉지의 목 부분을 졸라 이씨를 질식시켰다. 이씨는 한동안 고통에 몸부림치다 늘어져 숨졌다. 범인들은 "살려 달라"고 애원하는 이양을 다시 지하철창에 가둔 뒤 숨진 이씨를 그랜저 승용차에 싣고 전북 장수군 반암면 교동리까지 운전해 가서는 아예 차를 계곡 아래로 굴려 버렸다. 이씨가 교통사고가 나서 죽은 것처럼 위장하기 위한 것이었다.

부유층에 대한 증오

지존파는 94년 9월 13일 오후 5시쯤 경기도 성남시 동서울공동묘지에서 벌초 중인 중소기업 사장 소모씨(42)와 부인 박모씨(35)를 가스총으로 기절시킨 뒤 납치, 지하철장에 감금했다. 이들은 몸값 1억 원을 요구, 14일 밤 소씨의 회사로부터 현금 8,000만 원을 받아냈다.

지존파는 다음날인 15일 새벽 3시께 "증거인멸을 위해 할 수 없이 죽어주어야겠다"며 이들 부부를 철창 밖으로 끌어냈다. 범인들은 "고통 없이 죽여주겠다"며 소씨에게도 강제로 술을 먹여 취하게 한 뒤 그때까지 감금해 두었던 이모양을 불러내 공기총을 손에 쥐어주며 소씨를 쏘도록 명령했다.

이양이 울부짖으며 거부하자 범인들은 "너도 죽고 싶으냐"고 협박했다. 겁에 질린 이양은 엉겁결에 총을 쏘아 소씨를 숨지게 했다. 범인들은 옆에서 이 광경을 보고 거의 실신상태에 빠진 소씨의 부인 박씨를 칼로 난자했으며 박씨가 쉽게 숨이 끊어지지 않자 다시 도끼로 내리치는 극도의 잔혹성을 보였다.

범인들은 이어 숨진 부부의 시신을 그 자리에서 칼과 도끼로 토막낸 뒤 지하실에 만들어 놓은 소각장에 집어넣고 태워버렸다. 이들은 시체가 타는 동안 아지트 마당에 나가 돼지고기를 구워 냄새와 연기를 위장했다. 범인들은 이 돼지고기를 마을주민들에게 돌리기도 했다. 이때 범인

경찰에 의해 증거물로 압수된 지존파 일당의 범죄도구들.

중 일부는 "담력을 키워야 한다"며 불에 탄 소씨 부부의 인육에 입을 대기까지 했다는 이야기도 나왔으나, 범인들은 경찰에 체포된 뒤 인육을 먹은 부분에 대해서는 부인했다.

간신히 탈출한 이모양의 신고로 경찰에 검거된 범인 강문섭(20)은 "돈 가진 사람이 미워 범행을 저질렀다", "압구정동의 야타족을 모두 죽이지 못한 것이 한이 된다"고 말하는 등 부유층에 대한 적개심을 보였다. 이들은 또 6월 두목 김씨를 검거한 영광경찰서를 다이너마이트로 습격해 총기를 탈취한 뒤 방송국을 점거, 세상을 깜짝 놀래줄 계획을 세웠다고 경찰에서 진술했다.

경찰은 이들이 7월 초 서울시내 모 백화점에서 상품을 대량 구입한 부유층 고객 명단을 확보, 범행대상을 물색하던 중이었다고 밝혔다. 이들이 갖고 있던 '고객명단'은 서울 현대백화점의 카드회원 1,200여 명의 회원정보명세로, 이들은 이 명단에 수록된 백화점 고객들을 모두 목표로 삼아 추석 뒤 돈 많은 사람을 골라 차례로 범행을 하려 했다. 이들은 기자들과의 일문일답에서 이 고객명단을 서울 청계천에서 한 브로커에게 500만 원을 주고 가스총, 대검 등과 함께 구입했다며 "압구정동 야타족과 백화점 고객 등 '돈 많은 사람들'을 혼내준 뒤 경기도 일대 러브호텔도 쓸어버리려 했다"고 말했다.

경찰이 지존파로부터 압수한 이들의 무기는 다이너마이트 21개, 뇌관 14개, 망원렌즈가 달린 공기총 1정, 가스총 1정, 등산용 지팡이로 위장한 대검 7개, 대검 4개, 전자충격기 1개, 전자봉 1개, 무전기 2대, 호출기 5개 등이었다.[107]

'지존무상'의 재평가

1994년 10월 31일 서울형사지법 합의22부(재판장 이광열 부장판사)는 지존파일당 6명에게 살인 사체유기 범죄단체조직 및 가입죄 등을 적용, 구형대로 사형을 선고했다. 재판부는 판결문에서 "이 사건은 피고인들이

---

107) 『국민일보』, 1994년 9월 21일, 1면; 『한국일보』, 1994년 9월 22일, 4면; 『경향신문』, 1994년 9월 23일, 21면; 『조선일보』, 1994년 9월 23일, 31면.

살인과 시체소각을 위한 특수가옥까지 만들어 놓고 무고한 시민을 무차별 납치 살해한 엽기적 살인사건"이라고 규정한 뒤 "피고인들로부터 사회를 보호하고 날로 심화되는 인간성 상실에 경종을 울리기 위해 극형을 선고한다"고 밝혔다.[108]

『동아일보』 94년 11월 10일자는 "'지존파' 사건 이후 액션이나 공포영화 출시가 줄고 대신 코미디나 휴머니즘을 다룬 가족영화가 늘어나는 '탈액션' 조짐이 보이고 있다. 이 같은 현상은 최근 공연윤리위원회가 폭력물에 대한 심의를 강화하자 제작사들이 '된서리'를 피해 액션영화의 출시를 뒤로 미루고 있기 때문. 남성 액션팬들은 다소 섭섭할지 몰라도 평소 '따뜻한 영화'를 좋아하던 팬들은 반갑게 받아들이는 분위기이다"라고 말했다.

그러나 꼭 그런 것만도 아니었다. 문화평론가 이동연은 『상상』 94년 겨울호에 쓴 글에서 "94년 추석을 강타한 '지존파' 사건으로 우리 사회에 벌어진 대단한 법석은 유사한 사건이 계속되면서 아직도 이어지고 있다. 그 흉악함에 대한 전율로부터 은근한 동정론, 심리학적 동기 분석 …… 한마디씩 주고받으며 복습하던 사람들의 대화는 최근 비디오가게에서 때아닌 '지존무상'이 재평가받고 있는 사회학적 현상 쪽으로 넘어가다 보면 애초의 심각하던 길을 벗어나 복수와 의리의 세계, 무술과 도박의 내기, 암흑가 영웅들의 신나는 활약 이야기에 다시 함몰되기 일쑤이다"라고 말했다.[109]

---

108) 『동아일보』, 1994년 11월 1일, 1면. 이들의 사형은 1995년 11월 2일에 집행되었다.
109) 이동연, 〈무협소설의 현단계〉, 『상상』, 1994년 겨울, 136쪽.

1995년

제6장

세계화와 삼풍백화점

- 세계화 원년 선포
- 김석원 영입: 김영삼의 분별력
- 대구 지하철 폭발사건
- 김종필의 부활: 자민련 탄생
- "워커가 가고 나니 등산화가 설친다"
- 김대중의 지역등권론
- 6 · 27 지방선거
- 삼풍백화점 붕괴
- 노태우 · 전두환 구속
- 농구 · 나이키 · 신용카드 열풍
- 방송: '땡김 뉴스'의 등장
- 이건희: "정치는 4류, 행정은 3류, 기업은 2류"

세계화 원년 선포

'시드니 세계화 선언'

대통령 김영삼은 94년 연두기자회견 때 처음으로 "사회 전반의 국제화와 세계화를 위해 시책을 펴 나가겠다"고 말했으며, 94년 11월 17일 이른바 '시드니 세계화 선언'을 내놓았다. 『한겨레21』은 "여러 정황을 종합해 보면 김 대통령이 10년, 20년을 내다본다는 장기정책구상으로 세계화라는 말을 떠올린 것은 11월 16일 인도네시아를 떠나 오스트레일리아로 향하던 특별기 속에서였던 것으로 추정된다"고 말했다.

"대통령은 비행기 안에서 한이헌 경제수석에게 세계화 구상에 대한 구술을 했으며, 한 수석은 다음날 새벽까지 작업을 마쳐 겨우 기자회견 시간에 맞춰 보도자료를 내놓을 수 있었다는 것이다. 국내에 있던 정부 각 부처의 의견 취합이나 조율은 당연히 불가능한 상황이었다."[1]

---

1) 『한겨레21』, 1994년 12월 8일.

『한국일보』특별취재팀에 따르면, 비행기 안에서 김영삼과 한이헌 사이엔 이런 대화가 오갔다.

"지난 번 자카르타에서 '세계……', 아 세계 시장이라 했나? 그것을 잘 표현할 수 없을까?"

"국제화, 세계화 말입니까?"

"세계화가 좋겠다. 내일 아침 발표할 수 있도록 준비해 보세요."[2]

처음에 세계화에 대해 일부 관료들이 비웃은 건 바로 그런 '속전속결'에서 비롯됐다. 『한겨레21』은 경제부처 한 실무 간부는 "세계화는 YS가 서울공항의 비행기 트랩을 내리자마자 이미 효용가치가 없어진 것 아닙니까"라고 반문했다고 보도했다.

"어차피 세계화 선언이란 것이 청와대에서 정치적 필요 때문에 만든 것이니 정부 차원에서 하는 흉내는 내야 되겠지만 후속 조처가 있을 수는 없다고 보고, 아예 '하는 척' 이상으로 움직이지 않는다는 것이다. 내년 상반기 경제운영에서 세계화 구상의 일부라고 이름 붙일 만한 구석이 있는가를 찾는 게 고민이라는 또 다른 간부도 있다. 관리들의 보다 심각한 걱정은 세계화라는 이름에 걸맞은 내용을 찾으려다 자칫 '무리수를 범하는 위험' 이다."[3]

그러나 세계화는 김영삼이 서울공항의 비행기 트랩을 내리자마자 이미 효용가치가 없어진 게 아니라 새로운 효용가치를 갖게 되었다. 언론이 땀을 뻘뻘 흘려가며 북치고 장구를 쳐주니 그 뒤를 따르는 숱한 사람들이 생겨났기 때문이었다. 대기업들도 앞 다투어 세계화를 광고 문안으로 쓰기 시작했다.

---

2) 한국일보 특별취재팀, 『대통령과 아들: 실록 청와대-문민정부 5년』(한국문원, 1999), 260쪽.
3) 『한겨레21』, 1994년 12월 8일.

세계화는 '스무고개 놀이'?

그러나 혼란은 여전했다. 『경향신문』 논설위원 유재철은 94년 12월 1일자 칼럼 〈국제화에서 왜 갑자기 세계화냐?〉에서 "관리들은 너도나도 책상서랍에 있던 국제화 과제들을 다시 꺼내들고 있다. 제도와 관행 개선, 행정조직의 개편, 규제완화, 통상·외교의 강화, 생산성과 경쟁력 제고, 인재 양성, 그리고 의식개혁에 이르기까지 좋은 것은 일단 망라해 본다. 그리고 이름만 '국제화'에서 '세계화'로 살짝 바꿔 놓는다. '도무지 새로울 것이 없는 마당에 기존 안을 재탕 삼탕 할 수밖에 없다'는 것이 그들의 실토다. 세계화는 이렇게 정부 내에서조차 혼란과 에너지 소모의 대상이 되고 있는 것이다. 그런데도 정부 관련자들은 좀처럼 그 근본 원인을 찾아보려 하지 않는다"고 비판했다.

"과연 우리 사회가 '지구촌'에의 편입을 지향하는, 국경 개념이 희박해지는 세계화로 나아갈 만큼 성숙한 것이냐는 잘 따져봐야 할 것이다. 정부는 세계화란 국제화의 '상위개념'임을 강조한다. 이제야말로 우리도 세계시민으로서 다원적 세계주의 가치와 규범을 공유해야 한다는 것이다. 그렇다면 우리는 국가 이익을 지켜나가면서 의식과 관행, 제도를 국제사회에 맞춰나가는 국제화 단계를 이행 완료했단 말인가. 전혀 그렇지 않다."

세계화는 그야말로 다용도 구호였다. 어디에든 끌어다 대면 다 말이 되게 돼 있었다. 그래서 '세계화 붐'이 일었다. 한국행정연구원 수석연구원 황성교는 『서울신문』 94년 12월 25일자 칼럼에서 세계화를 적극 지지하는 발언을 하면서도 '세계화 열기'가 좀 심했다 싶었던지 서두에 다음과 같은 감탄을 내놓았다.

"대통령의 말은 정말 대단한 힘을 지닌 것 같다. 호주 시드니에서 던진 '세계화'라는 말 한마디로 지금 정부안은 물론이고 우리 사회 온 구

1995년 1월 정부 각 부처에는 세계화의 구체적 방안 마련이 시달되었고, 관민 합작으로 된 세계화추진위원회가 구성되었다.

석구석이 이 '세계화' 라는 말로 언산언해를 이루고 있는 것을 보면 말이다."

그러나 그런 언산언해는 자연스러운 현상은 아니었다. '세계화' 에 대한 비판은 금기시되었기 때문이다. 김종심은 "세상에 알려지지는 않았지만 서울대의 C교수도 작년(94년) 11월 2년 가까이 고정필자로 써온 한 중앙지의 칼럼을 그만 뒀다"며 "'세계화의 허구' 라는 글이 칼럼에 실리지 못했기 때문이다"라고 말했다.

"'국제화나 세계화는 강대국이 약소국에 요구하는 논리다, 우리가 앞장서서 세계화를 부르짖는 것은 현실 파악을 잘 못한 것이다, 세계화 구호는 접어두고 내실 있는 민족공동체를 만들어 가야 한다' 는 것이 글의 주지였다. 글 쓴 시점은 대통령의 '시드니 선언' 직후였고 글의 시작은 시드니 구상에 대한 직접적인 비판이었다."[4]

그런 강압적 분위기 때문에 '세계화'가 무엇인지 아는 사람은 많지 않았다. 『세계일보』정치부 기자 백영철은 94년 12월 30일자 칼럼에서 세계화가 김영삼의 말만을 따라가는 스무고개 놀이처럼 진행되고 있다고 지적하면서 "정치의 투명성은 간데없고 안개 속의 감 잡기가 전부로 비쳐진다. 귀착점이 어디일는지 아무도 모른다. 다만 확실한 것은 그 귀착점을 알고 있는 사람은 김 대통령뿐이라는 사실이다"고 말했다.

'세계화'는 '만병통치약'?

50년 가까이 국제무역질서를 관장했던 관세무역일반협정(GATT) 체제의 뒤를 이어 세계무역기구(WTO)가 95년 1월 1일 출범했다. 공산품뿐 아니라 농산물, 서비스교역에 이르기까지 포괄적이고 강제적인 자유무역규정을 두고 있는 WTO 체제는 지구 전체의 단일경제권 형성을 가속화시켰다.

김영삼은 1995년 1월 6일 새해 기자회견을 하면서 당시 26분간의 회견문 낭독에서 '세계화'라는 용어를 16번이나 사용했다. 1995년은 '세계화원년'으로 선포됐고, 이는 곧 '제2의 개국'이자 '참다운 광복'이란 의미를 갖는다고 발표됐다. 93년이 '신한국'의 해였다면, 94년은 '국제화'의 해였고, 95년은 '세계화'의 해인 셈이었다.

그러나 김영삼은 그날 기자회견에서 "기자들의 질문이 채 끝나지도 않은 상황에서 일방적으로 종결을 선언하고 회견장을 빠져나가는 횡포에 가까운 태도를 취했다."[5]

---

4) 김종심, 〈직언 트기〉, 『동아일보』, 1995년 3월 17일.
5) 『한겨레신문』, 1995년 1월 8일.

1995년 1월 정부는 세계화가 일류화, 합리화, 일체화, 한국화, 인류화 등 5가지를 의미한다고 했다. 그게 정확히 무언지는 알 길이 없었지만, 정부 각 부처에는 세계화의 구체적 방안 마련이 시달되었고 관민 합작으로 된 세계화추진위원회가 구성되었다.

그러나 자민련 의원 김용환은 "세계화는 대통령도 뜻을 모르는 추상적인 구호"라고 일축했다. 일부 언론은 추상적인 구호나마 세계화가 대통령의 머리에서 나왔다는 게 믿기지 않았던 것 같다. 『토요신문』 95년 1월 14일자는 한때 김영삼의 중요 브레인이었던 전병민에게 김영삼의 세계화 구상 아이디어를 제공했느냐고 물었다. 전병민은 터무니없는 억측이라고 펄쩍 뛰었지만, 누구의 아이디어든 답답하기는 매일반이었다.

그러나 눈치 빠른 관료들은 '세계화'가 '만병통치약'이라는 걸 곧 깨달았다. 법무장관 안우만은 95년 1월 23일 전국검사장회의에서 '좌익세력 척결'과 '노사분규 엄단'을 외치면서 세계화를 부르짖었다. 정부가 무엇을 하든 그게 다 세계화를 위한 것이라고 하면 통하게끔 되어 있었던 것이다.

김영삼은 95년 1월 25일 세계화 개념을 정리해서 발표했는데, 그는 정치와 언론의 세계화에 대해 말하면서 "우리의 정당은 정책정당, 당내 민주화가 보장된 정당, 차세대 지도자들을 양성하는 정당으로 발전해야 한다"고 역설했다. 어느덧 '세계화'는 '세대교체'로까지 나아가고 있었다. 그런가 하면 김영삼은 95년 2월 27일 이화여대 졸업식 연설에선 "21세기는 '세계화시대'이며 세계화시대는 바로 '여성의 시대'"라고 주장했다.

95년 2월 28일 세계화홍보대책위원회는 김영삼의 유럽 순방을 앞두고 영문 자료를 만들기 위해 세계화의 영문 표기를 결정했다. 세계화의 영문 표기는 당연히 globalization이었지만, 김영삼이 주장하는 세계화의 특성이 간과될 수 있다는 이유로 segyehwa로 표기하기로 했다.[6] 애써 해석을 하자면, globalization엔 '세대교체'나 '여성의 시대'라는 의미가 없지만, 김영삼의 segyehwa는 그것들까지 포함한 개념인 셈이었다.

인권탄압도 '세계화'?

김영삼 정부가 소리 높여 세계화를 외치는 그 순간에도 국내 인권 상황은 악화일로를 걷고 있었다. 민주화실천가족운동협의회가 자체 집계한 바에 따르면, 93년 2월부터 95년 2월까지 2년 동안 구속된 학생과 노동자는 1,006명이나 되는 것으로 나타났다. 민주주의의 핵심적 요소의 하나인 정치적 자유, 그 가운데서도 피선거권 제한 행위는 계속되었다. 과거 군사정권 시절에 민주화운동을 하다 구속 수감돼 공민권을 박탈당한 인사들의 사면·복권마저 감감 무소식인데다, 케네디인권상을 받은 민주당 부총재 김근태 등도 아직 복권되지 않고 있었다. 그러나 김영삼 정권 쪽에 줄을 선 인사들은 선별 복권되었다.

김영삼이 94년도 '마틴 루터 킹 평화상' 수상자로 결정된 '사건'이 논란을 빚은 것도 바로 그런 이유 때문이었다. 마틴 루터 킹의 부인인 코레타 스코트 킹은 95년 1월 25일 도착 즉시 김포공항에서 가지려 했던 기자회견을 제대로 갖지 못했다. 김영삼의 수상에 의문을 제기하는 질문이 적지 않게 나와 장내가 크게 소란해졌기 때문이었다. 『동아일보』와의 인터뷰에서 킹은 사실 한국 내의 실정에 대한 정보나 배경을 사전에 자세히 알지 못해 특정 상황에 대한 질문은 "잘 모르겠다"는 답변밖에 할 수 없었다고 말했다.

그러나 김영삼의 수상은 1월 26일에 이루어졌고, 신문들은 이걸 크게

---

6) 한국일보 특별취재팀, 『대통령과 아들: 실록 청와대-문민정부 5년』(한국문원, 1999), 262~263쪽.

김영삼 정부가 소리 높여 세계화를 외치는 그 순간에도 국내 인권 상황은 악화일로를 걷고 있었다. 사진은 명동성당에서 연행되고 있는 한국통신 노조원의 모습이다.

보도했다. 청와대에서는 김영삼의 민주화 투쟁을 찬송하는 축가가 울려 퍼졌다. 한국기독교교회협의회 인권위원회는 성명을 내어 "반민주 악법의 개정·폐기 유보, 장기수 및 정치범 구속 증가, 외국인 노동자들에 대한 인권유린 등 악화되고 있는 인권상황을 고려할 때 김 대통령의 킹 평화상 수상을 흔쾌히 환영할 수 없다"고 말했다. 인권운동사랑방도 "국제사면위원회 미국 지부, 로버트 케네디 인권센터 등 외국의 인권단체들도 킹 재단의 이번 결정에 당혹해하고 있다"며 유감을 표했다.

통일시대민주주의국민회의 상임 공동대표인 목사 김상근과 신부 함세웅은 95년 2월 13일 미복권 인사들에 대한 복권을 요청하는 서한을 청와대에 보내면서 김영삼 대통령과의 면담을 요청했다. 이들은 복권 요청서에 "과거 권위주의 정권 아래서 민주화운동을 하다 구속된 많은 사람들이 그 형을 마친 지 상당한 기간이 지난 오늘날까지도 미복권 상태에 있어 피선거권 등 공민권 행사를 제한받고 있다"며 "민주화가 진척된 것으로 평가받고 있고 민주화운동의 맥을 이어받고 있다고 자부하는 문민정부하에서조차 이들의 공민권이 제한받고 있는 현실은 반드시 개선돼야 할 것"이라고 주장했다. 또 "이들의 정치참여를 제도적으로 봉쇄하고 있는 복권문제가 해결되지 않은 채 실시되는 지자제 선거는 공정한 선거로 받아들여지기 어려울 것"이라며 "이들이 복권되지 않은 현실에서 12·12 사태의 주역들에게 사실상의 면죄부를 부여한다는 것은 설득력을 가질 수 없다"고 강조했다.

그러나 이틀 만인 2월 15일 청와대 정무수석인 이원종 명의로 보내온 청와대의 답변은 "대통령 일정은 통상 최소한 30~50일 전에 확정되기 때문에 불가피하게 여러분의 뜻을 수용할 수 없었다"고 밝히고 복권문제에 대해서도 "미복권 인사들에 대한 복권은 현재로서는 계획이 없다"고 거부 입장을 명확히 했다.[7]

'세계중심 국가의 실현'?

언론은 기사로는 세계화 홍보에 앞장서면서도 해도 너무한다 싶었던지 95년 봄부턴 칼럼이나 시사월간지를 통해서는 그 문제점을 비판하는 면을 제법 보여 주었다. 예컨대, 『동아일보』 상무이사 남시욱은 『신동아』 95년 3월호에 기고한 글에서 "김 대통령은 세계화의 대상으로 6개 분야

---

7) 『한겨레21』, 1995년 4월 27일.

를 지목했으나 그것은 편의적인 나열방식일 뿐 사실은 정치, 행정, 사법, 지방자치, 경제, 환경, 교육, 문화, 언론, 의식 모두 합쳐 10개 분야의 국정 전반이 거의 나열돼 있다. 이런 식의 개념 규정이라면 김 대통령 자신이 부르짖던 '신한국 건설'이나 80년대의 구정권에서 말하던 '선진조국 창조' 구호와 무엇이 다른지 묻고 싶다"고 말했다.

"'선진조국 창조'라는 표현은 60년대의 '조국 근대화' 개정판이 아니던가. …… 막상 세계화 전략의 가장 핵심이어야 할 과학기술, 특히 그 중에서도 구체적으로는 정보화 같은 항목은 빠져 있다. 국제경쟁력 함양이 세계화일 텐데 그 중심 전략이 결여된 것이다. …… 세계화 추진의 목표 즉, '세계중심 국가의 실현'이라는 표현의 문제점이다. 국민들에게 희망과 긍지를 주자는 것은 이해할 수 있지만 그렇다고 학생들의 작문처럼 아무 표현이나 함부로 쓰는 것은 적절치가 않다. …… 이 표현 자체가 세계화 운운하는 새로운 지구촌적 가치관과 맞지 않는 발상이 아닌가. …… 하기야 세계화라는 단어가 우르과이라운드 협정비준 문제와 성수대교 붕괴로 빚어진 어려운 국내 분위기를 일거에 국면전환한 효과는 충분히 있다. 최소한 정치 슬로건으로서는 많은 역할을 했다."[8]

계간 『문화과학』은 1995년 봄호를 발간하며 "지금 우리 사회는 '세계화'라는 신종 국가 이데올로기로 덮여 있다"며 "각종 사회적 문제와 모순은 그 밑에 깔려 제대로 숨도 쉬지 못하고 있는 형편이다"고 주장했다.

"이 '세계화'라는 언사가 우리 사회의 모든 문제를 해결해 줄 것 같은 만능키처럼 역설되고 있을 때, 사회 한편에는 보수정치의 준동과 외국인 노동자에 대한 '국제적' 차원에서의 착취, 그리고 소박한 상식을 비웃는 각종 대형사고가 줄줄이 이어졌다. 예부터 집이건 나라건 안의 문제를 해결하지 못할 때 일어나는 불만은 밖으로 눈길을 돌리게 하라는, 책략

---

8) 남시욱, 〈세계화, 구호만 있고 비판 없다〉, 『신동아』, 1995년 3월, 304~308쪽.

아닌 책략이 있었던 것을 모르는 바는 아니다. '세계화'라는 신종 이데 올로기가 여전히 이런 낡은 방법의 연장선 위에 있다는 사실은 그것의 허구를 논하기 앞서 오히려 처연함을 일게 한다."[9]

대우경제연구소장 이한구는 『월간조선』 95년 4월호에 기고한 글에서 세계화가 과연 정책목표가 될 수 있는지 강한 의문을 제기하면서 "외국 정부들은 하나같이 자국민 최우선 정책을 선언하고 있다. 그런데 김영삼 정부는 전 세계 인류에 우선 봉사한다는 세계화를 정책 목표로 내세웠 다. 더구나 개방화 관련 협상에서 준비가 덜 되어 밀린 결과를 세계화라 는 구호로서 얼버무리는 경우가 있어서는 곤란하다"고 말했다.[10]

한독상공회의소 사무총장 프로리안 슈프너는 『시사저널』 95년 4월 6일 자에 기고한 칼럼에서 "93년 새 정부는 개혁을 외쳤"지만 "그러나 유감 스럽게도 부정과 부패는 한국 사회의 여러 분야에 여전히 존재하고 있는 듯하다. 한국에 나와 있는 많은 외국인 사업자들은 지금도 사업을 할 때 이러한 부정과 부패를 피부로 느낀다고 말한다. 한국 사람들이 무슨 의 미로 세계화라는 말을 쓰는지 이해하기 힘들다. 도대체 그 상식적인 말 을 정부가 그렇게 복잡하게 규정하는 이유도 모르겠다"고 말했다. 그는 "한국인들이 세계화를 하겠다고 처음 외쳤을 때, 구미인들은 이를 한국 인들이 시장을 열고 시장 자유화 정책을 더욱 과감히 추진하겠다는 뜻으 로 받아들였다"고 말했다.[11]

대형 참사만 연이어 터지지 않았어도 김영삼의 세계화는 적어도 95년 한 해 동안은 정치적 슬로건으로서의 생명력을 유지할 수 있었을는지도 모를 일이었다. 그러나 후진국에서도 일어나기 어려운 대형 참사가 연이 어 터지면서 세계화라는 구호는 곧 웃음거리가 되고 말았다.

---

9) 〈문화과학 7호를 발간하며〉, 『문화과학』, 1995년 봄, 4쪽.
10) 이한구, 〈'세계화'는 정책목표가 될 수 있는가〉, 『월간조선』, 1995년 4월, 368~371쪽.
11) 프로리안 슈프너, 〈'한국식 세계화'의 모순〉, 『시사저널』, 1995년 4월 6일, 70면.

김석원 영입: 김영삼의 분별력

"역사는 승리자만을 기억한다"

김영삼은 1995년 2월 7일 민자당 전당대회 치사에서, 그리고 2월 22일 민자당사를 방문해서도 "패자에게는 멸시뿐이다"며 "역사는 승리자만을 기억한다"고 말했다.

고언은 나오기조차 어려웠다. 언론인 이형은 『문화일보』 95년 2월 19일 자에 기고한 칼럼 〈대통령의 귀〉에서 "얼마 전 어떤 조찬 모임에 초청 연사로 나온 현역 민자당 의원 모씨가 매우 인상적인 말을 한 것이 있다"며 다음과 같이 말했다.

"모처럼 김 대통령과 자리를 함께 할 기회를 얻은 그 의원은 나름대로 대통령에게 진언할 몇 가지 사항을 메모해 갔었단다. 그러나 자리를 같이 한 딴 사람들이 아첨 경쟁을 벌이는 바람에 진언 같은 것을 할 틈을 얻지 못하고 말았다는 것이다. 첫 번째 발언자가 김 대통령의 질소한 생활 태도를 칭찬하는 것으로 말문을 여니까 그 뒤부터는 김 대통령의 '잘

하고 있는 일'을 칭찬하는 쪽으로 분위기가 돌아갔다는 얘기였다. 이러한 상황이 계속될 경우 김 대통령의 정상적인 분별력이 과연 언제까지 버틸 수 있을 것인지 적이 염려된다."

『한국일보』 95년 2월 27일자 '장명수 칼럼'은 〈김영삼 대통령의 2년〉이라는 제목으로 "2년 동안 국민이 그에게서 받은 뚜렷한 인상은 과감성, 결단력, 개혁의지, 돌파력 등이다. 반면에 충분히 심사숙고하지 않고, 일관성과 뒷마무리가 약하고, 승부사적 고집이 강하고, 때로는 권위주의적이고, 사람을 너무 자주 바꾼다는 인상도 주고 있다"고 평가했다.

"국민은 정국이 꼬이거나 대통령이 중대결단을 준비한다는 보도가 나올 때마다 '또 무슨 깜짝쇼가 나오지 않을까' 라는 기대와 불안을 품게 되었고, 어느 날 갑자기 '국제화'에서 '세계화'로 국정 목표가 옮겨가는 소동 등을 지켜보면서 어리둥절해하기도 했다."

반면 국민대 총장 현승일은 95년 3월 6일 민자당이 주최한 '문민정부 출범 2주년 정책 대토론회'에서 "김 대통령의 개혁은 자신과 정권에 다소 손해가 오더라도 국가의 장래를 위해 필요하다는 대승적 견지에서였을 것이고 평생을 정정당당하게 살아온 데서 얻어진 신념이 아니고서는 실행할 수도 없는 일이었다"며 "김 대통령만이 할 수 있는 개혁이었고 이 개혁은 오직 소수의 추종자만을 데리고 외롭게 수행될 수밖에 없었던 개혁이기도 했습니다"라고 주장했다. 그는 "한마디로 김영삼 정부의 치적은 역사적 방향성에서 정당하고, 엄청난 전진이며, 참으로 아무나 할 수 없는 힘든 작업이었다"며 "그럼에도 불구하고 제 값어치를 정당히 인정받지 못하고 있는 게 사실이다"고 말했다.

"YS 순방 외교, '칼국수 정신' 어디 갔나"

김영삼은 1995년 3월 2일에서 15일까지의 14일 동안 6개국 7개 도시를 강행군하는 5번째의 해외 순방에 나섰다. 다른 취재차 유럽에 특파됐던 『신동아』 기자 김기만은 때마침 김영삼의 프랑스 방문을 현장에서 지켜보았는데, 해도 너무했다 싶었던지 『신동아』 95년 4월호에 〈YS 순방 외교, '칼국수 정신' 어디 갔나〉라는 글을 기고했다.

김기만은 "의문이 제기된 것은 역시 주로 순방 준비의 즉흥성, 낭비적인 대목, 순방 외교의 목표, 기대효과, 순방의 행태, 수행원 및 취재단의 역할 등에 대한 것들이었다. 짧은 취재기간이었지만 이 의문부호는 시간이 갈수록 늘어갔고 여러 계층 사람들의 의견을 물어 검증한 결과 공감대가 적지 않음을 느꼈다"고 했다. 그는 "언제부터인지 대통령의 해외 나들이 때는 언론에서도 가능한 한 '좋은 게 좋은 것' 식으로 보도하는 관행이 생겼다"며 "오랜 군주국가 전통의 덕성인지 모르지만 대통령이 외국에 나가면 '나라 어른이 나가셨는데……'라며 비판을 삼가려는 태도가 역력하다"고 지적했다.

"신문 방송은 뉴스 가치와는 상관없이 너무 심하다 싶을 만큼 그림 위주로 대통령 외국 순방의 일거수일투족을 보도했다. 이러다 보니 대통령 해외 순방은 항상 톱 뉴스요, 언제나 잘하는 일일 뿐 조금이라도 비판이 끼여들 여지가 없는 상황이 반복된다. 비판이 없다 보니 대통령과 참모들도 '모든 게 다 잘된 것'으로 여기게 된다. 순방 준비팀은 군사작전 치르듯 초긴장 속에 일을 치르고 순방이 끝나면 마땅히 있어야 할 세밀한 사후분석 평가도 대충 끝내는 가운데 '한 건을 잘 치른' 만족감에 젖는다. 다음 순방이 기획될 때는 전에 뭐가 잘못됐고 따라서 무엇을 고치고 개선해야 하는지 알 수 없어 새로 일을 시작하게 된다. 발전이 있기 힘들다."

김영삼의 유럽 순방은 국내 언론에 의해 연일 대서특필되었지만, APEC 때와 마찬가지로 현지 언론은 김영삼을 완전히 외면했다. 김기만은 "더욱 놀라운 사실은 대통령 주변 사람들이 현지 언론의 이런 무관심이나 냉대를 조금도 이상하게 생각하지 않는다는 사실이다"고 개탄했다.

"청와대의 한 고위 관계자는 필자의 이런 분석에 대해 '정통성이 없던 정권이나 현지 언론의 보도에 신경 쓰고 안달하지 우리 문민정권은 그런데 연연하지 않는다'고 말했다. 그러면서도 장관, 청와대 비서진, 현지 대사관원, 정보기관원 등 순방업무에 관련돼 있는 모든 사람들은 국내 언론, 특히 TV 보도에는 지나칠 만큼 신경을 쓰고 필요한 모든 편의를 제공했다. 그들은 김 대통령의 방불을 국내 TV들이 오랫동안 화려하게 보도했다는 사실에 고무, 도취돼 있을 뿐 프랑스 방송들이 외면하고 있다는 사실에는 신경을 쓰지 않았다. 처음부터 국내 행사의 연장으로 보고 있다는 느낌이 들 정도였다."

해외 순방 중 낭비도 극심했다 하니 아무래도 뭐가 크게 잘못되었던 것 같다. 김기만은 "특히 청와대의 경우 비서실이 옮겨온 듯하고 타자수 등 필수요원이라고는 하지만 여직원들까지 다수 데려온 것을 보면 돈을 아끼겠다는 의지는 강해 보이지 않았다. 김 대통령은 프랑스를 떠나면서 아주 흡족해했으며 상당액의 격려금을 한국 대사관에 주고 간 것으로 확인됐다"고 말했다.

"금액을 밝히지는 않겠지만 김 대통령이 놓고 간 돈은 전임 전·노 대통령이 프랑스를 방문한 뒤 전하고 간 돈과 비슷하다. 그렇다면 측근 누군가가 전례를 알아보고 미리 보고했을지도 모른다. 그러나 기업인들에게 한 푼 받지 않는 대통령이라면 이 돈은 국민의 세금을 쓰는 것이다. 세금을 촌지로 놓고 가는 것은 모양이 우습다. 대사관 측은 이 돈을 받고 축제 분위기였다. 이 돈으로 회식도 했고 비서, 경비원, 운전기사 등 고용원들에게는 1인당 300달러씩 하사금을 나눠주는 선심도 썼다."

언론의 '대통령 찬가'

그러나 언론은 그런 문제는 완전히 외면하고 시종일관 '대통령 찬가'를 불러 댔다. 기자들은 취재를 위해 그곳에 간 것이 아니라 취재를 빙자해 유람을 떠났던 것이었을까? 취재진이 적었던 것도 아니었다. 오히려 과잉이었다. 방송사들의 경우 1개 사가 2억 원대의 취재 비용을 들였다 하니 '흥청망청' 했다고 해도 지나치지 않았다.

김기만은 "이번 순방 중 프랑스에서 취재한 한국 기자는 140여 명이 었다"며 "몇 명 안 되는 프랑스 측 기자들이 우리 측 프레스센터의 규모를 보고는 입을 벌렸다"고 말했다. 그는 "하기야 미테랑 대통령이 지난 14년간의 대통령 재임 동안 숱하게 해외 순방을 했지만 그때마다 수행취재기자가 20명 안팎이었으니 그들이 놀라는 것도 무리는 아니다"며 "대통령의 순방을 잘 보도하려는 한국 측 취재진 규모가 이렇다보니 청와대 측은 이들에게 최대한의 편의를 제공하기 위해 노력할 수밖에 없다"고 했다.

"방불 업무 본부인 뫼리스호텔 1층에 회의실 세 칸을 튼 프레스센터가 꾸며졌고 펜기자실, 사진기자실, 방송기자실로 각각 쓰였다. 이 방을 만이틀간 쓰는 경비만도 1만여 달러였고 그 경비는 정부 측이 부담했다. 한국 취재진의 엄청난 규모는 코펜하겐의 '유엔 사회개발 정상회의'에서도 화제가 됐다. 140여 명의 한국 취재진은 주최국인 덴마크의 취재기자보다 많았으며 미국의 30여 명, 일본의 20여 명, 프랑스의 10여 명과도 잘 비교됐다고 한다."

취재진이 많은 것 자체를 나무랄 수는 없는 일이었다. 그런 기회를 통해 기자들이 유럽의 정치와 정상회담의 메커니즘에 대해 배운다면 그것도 국익에 도움이 되는 일인만큼 취재를 어떻게 했는지가 중요한 일이었다. 그런데 신문들은 한결같이 붕어빵처럼 똑같은 보도를 양산해 내기에 바빴다. 왜 그랬던가?

김기만은 "많은 기자가 몰려왔지만 정상 순방 때는 그 특성상 대부분 '풀' 방식 취재가 될 수밖에 없다. 행사 위주이다 보니 발표문이나 스케치 정도를 할 수 있을 뿐 미리 준비한 기획이 아니고는 특별한 취재를 하기 어렵게 돼 있다"고 했다. 그는 "그러다 보니 대통령이 파리 시내 공원에서 조깅하는 장면부터 하루의 크고 작은 일정 하나 하나가 묘사되듯 번번이 뉴스가 돼 전달된다"며 "정상회담 내용에 대해서도 청와대 관계자들이 지나치게 애국심을 발휘, 우리에게 유리한 쪽으로 브리핑해 결국 부정확한 보도를 하게 된 듯한 감이 있다"고 말했다.

"외규장각 고문서 반환문제가 그 경우인데 우리는 브리핑에 따라 '반환 확약'이라고 보도했지만 프랑스 언론에서는 이에 대한 언급이 없었다. 정부 고위관계자에 따르면 고문서에 대해 우리 측이 정상회담 전 다각도로 실무 접촉을 했으나 정상회담에서의 완전 타결이 어렵다는 것을 알고 사실상 의제에서 비켜가도록 하는 '회피작전'을 썼다. 그래놓고 이를 '반환 확약'이라고 브리핑하면 어찌 되나."

쌍용그룹 회장 김석원 영입

김영삼의 분별력 이상은 1995년 4월 4일 민자당사 2층 기자회견장에서 드라마틱하게 나타났다. 김영삼이 '전문적인 경영능력'을 중시하여 뽑았다는 5명의 새 민자당 신임 지구당 위원장들이 선을 보인 자리였는데, 이들 중 대구 달성 지구당 위원장이 사람들을 놀라게 만들었다. 쌍용그룹 회장인 김석원이었기 때문이다.

민자당은 "재벌이라고 해서 정치에 참여할 수 없다는 주장은 헌법에 보장된 국민의 권리에 반하는 것"이라고 종전과는 전혀 다른 주장을 하고 나섰지만, 그렇게 보기엔 아직 국민들의 기억이 너무도 생생했다. 김

1995년 4월 4일 민자당 대구 달성 지구당 위원장에 임명된 김석원 쌍용그룹 회장이 민자당사에서 기자회견을 하고 있다.

영삼은 대통령선거 유세 때 국민당의 정주영을 겨냥해 "돈으로 정치를 사려고 하는 못된 버르장머리를 고쳐주겠다"고 했으며 대선 전 관훈토론 회에선 "돈이 지배하는 시대가 오면 군사쿠데타보다 더 나쁘다"고 했었다. 그는 기회 있을 때마다 "이제 부와 명예를 함께 하는 시대는 끝났다" 느니 "기업인이 정치에 오염되어서는 안 되며 기업경영에 전념해야 한다"는 말을 했었다.

심지어 재벌들마저도 김영삼의 이해할 수 없는 이중성을 반기지 않았다. 재벌들은 김영삼의 무리수가 필요 이상으로 재벌에 대한 국민 감정을 악화시킬 수 있다고 우려했던 것인지도 모른다. 그래서 『중앙일보』마저도 95년 4월 5일자 사설 〈'정경분리' 논리 어디로 갔나〉를 통해 "정경유착의 폐단을 누구보다 강력하게 지적해 온 것도 현 정권이었고, 재계에 대해 늘 기업경영에만 전념해라, 한 우물만 파라고 당부한 것도 현 정부였다. 그래 놓고 이제 와서 대구·경북지역이 세 불리하다고 해 대그룹 총수를 정치에 끌어들인다면 자기모순이자 이중 잣대의 무원칙한 처사가 되지 않겠는가"라고 물었다.

"또 대기업의 '문어발' 식 확장을 적극 억제한다는 것이 정부가 내세워 온 방침인데 기업 총수의 정치 겸업은 사실상 다른 형태의 문어발을 민자당이 조장하는 꼴이 아닌가. …… 대그룹 회장이 정치에 나서고 나중에 출마를 하면 그 기업의 인력·재력이 유형·무형으로, 직·간접으로 정치에 동원될 것은 뻔한 일이다. …… 우리는 이제라도 민자당이 김 회장의 영입 문제를 재고하기 바라면서 집권 초기에 다짐했던 정경분리와 현대그룹에 취해왔던 일련의 조치들을 상기해 보라고 권하고 싶다."

서울대 교수 한상진은 『한겨레신문』 95년 4월 6일자 칼럼에서 김석원의 민자당 영입을 겨냥해 "오늘날 김영삼 대통령을 괴롭히는 가장 심각한 문제는 그의 말이 너무 쉽게 변하고 정책의 일관성이 없다는 것이다"고 말했다.

성균관대 교수 장을병은 『시사저널』 95년 4월 13일자에 기고한 글에서 "문민정부 출범 2년이 지난 지금 할 말은 하겠다"며 "김영삼 정권을 '비판이 허용되지 않는 정권' 혹은 '귀 막은 정권'이라고 한다. 문민정부의 출범을 축하하고 개혁 작업에 박수를 보내던 사람들이 최근에 목소리를 낮춰서 하는 소리다"고 말했다.

"공직자는 무서워서 비판을 못하고, 언론도 세무조사 후에 결과를 발표하지 않고 있는 정부의 칼날이 두려워 입을 다물고 있다. 나를 포함한 이른바 지식인이라는 사람들은 용기가 없어 침묵의 시절을 보내고 있다. …… 성숙한 시민사회의 척도는 바로 비판정신이다. 도대체 우리 사회의 비판정신은 어디로 갔는가. 우리는 오늘 비판이 실종된 무서운 사회에 살고 있다. 그것도 타율적이고 보이지 않는 힘에 의해서 말이다."

'정경분리' 대신 '정경일체'?

그러나 김영삼은 그걸 느끼지 못하고 있었다. 그는 지자체 선거에서의 승리를 위해 김석원을 영입한 자신의 문제는 생각하지 않고 오히려 국민과 언론을 비판했다. 그는 1995년 4월 22일 하오 청와대에서 '공동체의식개혁협의회' 간부들을 접견한 자리에서 "우리 국민들은 잘한 일은 금방 잊어버리고 조금 서운한 것은 계속 얘기한다"며 "언제 어디서나 감사하는 마음을 갖는 것이 중요하다"고 역설했다.

김영삼은 3일 후인 4월 25일 교총 임원 및 대의원과의 오찬에선 "금융실명제와 청와대 주변 안가 폐지 등 수많은 개혁을 했는데 국민들은 다 잊어버린 것 같다"고 서운한 심정을 드러냈다. 그는 또 "지방자치는 주민자치를 하는 것뿐인데 언론에서 천하가 다 바뀌는 것처럼 착각을 일으키게 떠들고 있다"고 주장했다.

『한겨레신문』 경제부장 유희락은 95년 4월 27일자 칼럼에서 "재벌총수의 정치 참여로 어느 그룹은 2년여 동안 제재를 당해 그 그룹 관계자들의 표현대로 '움치고 뛸 수 없도록' 해 놓고 어느 그룹의 총수는 정치판으로 '영입' 했다. 정부의 산업정책을 비판한 한 재벌의 총수는 혼쭐이 났고, 한 재벌총수는 더 '심한' 말을 해도 표면적으로 별 반응이 없다. 재벌정책이 오락가락하다 보니 …… 이 사회에서 어느 누구도 제어하지 못하는 슈퍼파워 재벌이 만들어졌다. 복지부동하고 냉소적인 관리들이 청와대보다 이태원을 바라보게 되었다는 말까지 나오고 있다"고 개탄했다.

언론인 김중배도 "재벌의 집중화를 해소하겠다는 다짐은 귀에 못이 박힐 만큼 들어왔던 말이다. 한때는 집중의 해소를 위한 정책의 마련이 추진되었던 것도 사실이다. 더구나 취임하자마자 '정경분리' 의 원칙을 선언하는 대통령의 말은 얼마나 신선하게 울려왔던가. 권력과 명예와 부를 한꺼번에 누리려 드는 독점의 추구는 결단코 막아내야 한다는 그 말은 얼마나 멋있게 우리의 심금에 젖어들어 왔던가"라면서 다음과 같이 개탄했다.

"그 재벌의 총수는 정계입문의 출사표를 던지면서 간담이 서늘한 발언을 태연히 남겼다. 그는 '정경분리'를 묻는 질문에 '앞으로는 정경유착 정도가 아니라 정경일체가 필요하다'라는 소신을 서슴없이 털어놓았다. 그건 아무리 재벌의 총수라고는 할지라도, 함부로 내뱉을 수 없는 엄청난 말이다. 속셈이야 어떻든 대통령이 아직 '정경분리'의 선언을 공식적으로 뒤엎지 않은 마당에, 대통령의 여당원이 되는 그 사람이 '정경일체'의 발언을 자의만으로 뒤집어버릴 수 있는가. 아무래도 해괴하고 또한 해괴한 일이다. 그럼에도 불구하고 이 땅의 언론은 물론, 대통령도 '정경일체'의 중대 발언에 이렇다 할 말이 없다."[12]

김영삼은 도대체 왜 그랬던 것일까? 한 전직 국회의원은 "YS 정권은 절대로 재벌을 못 잡는다. YS가 정치자금 안 받는다고 했지 언제 민자당이 정치자금 안 받는다고 했느냐"며 지방자치 선거자금과 정부·재벌 간 화해를 연결지어 해석했다.[13]

12) 김중배, 〈대통령의 한마디와 '신의 목소리'〉, 『생활성서』, 1995년 5월, 24~27쪽.
13) 『시사저널』, 1995년 4월 13일.

대구 지하철 폭발사건

육·해·공 대참사

1995년 들어서도 대형 참사는 계속되었다. 2월 7일 한진해운 컨테이너 운반선에서 불이 나 19명이 유독가스에 질식돼 숨진 대형사고가 발생했다. 제2의 대형 참사는 대구 지하철 1호선 공사 중이었던 대구에서 일어났다.

95년 4월 28일 오전 7시 50분경 달서구 상인동 영남중고등학교 앞 지하철 1·2공구에서 도시가스관이 폭발하여 등굣길 학생과 출근길 시민 등 101명이 사망, 117명이 부상하는 참사가 발생했다. 또 건물 119동이 파손되었고, 차량 133대가 추락하거나 불에 탔다.[14]

민심이 흉흉했다. PC통신엔 "세계화도 필요 없으니 제발 늙어서 죽을

---

14) 손정목, 『한국도시 60년의 이야기 2』(한울, 2005), 267~268쪽. 8년 후에도 대구 지하철에선 대형 참사가 발생했다. 2003년 2월 18일 대구 지하철 방화사건으로 192명이 사망하고, 148명이 부상했다.

대구 지하철 가스 폭발사고현장.

수 있게 해 달라"는 호소마저 터져 나왔다. 대구 지하철 참사 직후 경찰의 음주운전 단속에 걸린 한 운전자는 "대구 대참사를 보고 너무 무서워서 술을 마시지 않을 수 없었다"고 변명했다. 웃기도 어려웠다. 292명이 수장된 서해훼리호 침몰, 78명이 사망한 구포 무궁화열차 전복, 66명의 희생자를 낸 아시아나 항공기 추락, 32명의 생명을 앗아간 성수대교 붕괴사고에 이어 또 한번의 끔찍한 대형사고였으니 말이다. 『조선일보』 95년 4월 29일자 사설은 다음과 같이 개탄했다.

"어처구니없는 대형 철도 사고가 나고, 여객기 추락 사고가 일어나더니, 대형 여객선 사고로 온 국민이 놀라고 드디어는 한강다리의 붕괴와 아현동 주택가 가스 폭발 참사로 수많은 인명과 재산의 손실이 있었던 기억들이 채 가시기도 전에 이번에는 지하철 공사장의 폭발사고라니 어처구니가 없다. 육 · 해 · 공의 모든 부문에서 대참사가 났으니 이제는 지하의 사고만 남았다는 국민들의 자조 섞인 탄식이 드디어 현실화했다. 어쩌면 우리가 우리에게는 과분한 일들을 하고 있는 것이 아닌가 하는 자괴감마저 들 정도다."

『한국일보』 95년 4월 29일자는 "끔찍한 사고가 터진 뒤면 으레 벌어지는 정부 당국자들의 법석과 요란한 '말장난'에 눈길을 돌리거나 귀를 기울이는 사람은 더 이상 없다"고 말했다.

"서해훼리호 사건 뒤에도 똑같은 원인으로 충주유람선 참극이 빚어졌고 수없는 '부실근절' 다짐 속에서 성수대교가 무너져 내렸다. 아현동 가스 폭발사고 때 온 나라의 위험 요소를 총 점검할 듯한 기세로 대책을 발표한 것이 불과 4개월 전이다. …… 국민들은 정부 당국에 대해서는 '그동안 즐비하게 내놓았던 대책이란 것들은 단지 여론무마용의 국민기만책에 불과한 것임이 드러났다'고 극도의 불신과 저항감을 표시했다."

『세계일보』 유럽총국장 주섭일은 95년 4월 30일자 칼럼에서 "이것은 문민정부가 '한국병' 치유에 나섰지만, 조금도 개혁되지 않았다는 사실을 만천하에 공개했다고 해도 과언이 아니다. 사람이 존중되고 인간이 최고의 가치로 자리잡은 사회에서는 '대구 참사' 같은 인재는 일어날 수 없기 때문이다"고 말했다.

'무면허운전사'와 '뺑소니차량'

민자당의 태도도 딱했다. 민주당은 국회를 열자고 했고 민자당은 그걸 정치공세로 일축했다. 1995년 5월 1일 민주당은 의총 성명에서 "과거 군사정권마저도 이보다 훨씬 작은 사고에도 즉각 국회를 소집했었다"면서 "국정조사만으로 대구문제를 마무리하자는 민자당의 주장은 국회문을 아예 닫자는 것"이라고 주장했다. 민자당 사무총장인 김덕룡이 "야당이 이번 사고를 정략적으로 이용하고 있다"고 비난하자, 민주당 총재 이기택은 "아무리 철이 없어도 그런 소리를 할 수 있느냐"며 "김 총장이 요즘 이상해졌다"고 개탄했다.

5월 2일 김영삼은 민자당 초·재선의원들을 청와대로 불러 저녁을 드는 자리에서 "대구 사고는 몇 사람의 무책임한 짓 때문에 아까운 많은 희생자를 냈다. 정부도 공동의 피해자다"고 주장했다. 또 그는 "미국에서는 아직도 76명의 실종자를 찾지 못하고 있는데 우리나라 같으면 난리가 났을 것이다. 미국에서는 사고에도 불구하고 정부를 비난하기는커녕 오히려 클린턴의 인기가 올라가더라"라고 말했다.

이에 대해 서강대 교수 박호성은 "누군가는 지금 우리의 김 대통령을 '무면허운전사'에 빗댄다. 그리고 이른바 문민 체제를 '뺑소니차량'과 견주기도 한다"면서, 정부도 피해자로 규정하는 김영삼의 "상황 인식은 스스로 무정부 상태를 자초하는 위험한 발상으로 연결될 수도 있다"고 비판했다.[15]

수사까지 부실했다. 대구 시민단체들은 축소 수사에 거세게 반발했다. 5월 2일 대구의 40여 개 시민단체들은 일제히 항의성명을 발표했으며, 학생 1,500여 명은 '허구적인 세계화 논리 분쇄와 사고정권 퇴진을 위한 15만 학도 결의대회'까지 가졌다.

언론은 아무리 친여적일 망정 그래도 독자들이 지켜보는 눈이 있어 정말 너무한다 싶을 경우에는 정부 여당을 비판하기도 한다. 대구 가스 폭발사고시 민자당이 취한 태도가 그런 경우에 속했다. 당시 언론은 대체적으로 민자당에 대해 비판적이었다.

『조선일보』 5월 2일자 사설 〈비전문가 판치는 세상〉은 가스안전공사의 임원 5명 중 이사장을 비롯한 4명이 청와대나 민자당 출신이고 오직 기술이사 1명만이 가스안전공사 부장을 지낸 사람이라고 비판했다.

---

15) 『주간조선』, 1995년 5월 25일.

『경향신문』 95년 5월 3일자의 기사 제목 그대로 정부의 행태는 "소 잃고 외양간도 안 고친다"였다. 아현동 사고 때의 대책이 재탕돼 발표됐을 뿐이었다.

『조선일보』 95년 5월 3일자 사설 〈민자당 도망가기〉는 "민자당의 태도가 해괴하고 고약하다"며 "사람이 200명씩이나 죽음을 당하거나 중상을 입었는데 그것을 국회에서 논의하자는 것을 이 핑계 저 구실로 막으니, 국회는 대체 무엇 하는 곳이며 집권당인 민자당은 무엇을 위해 존재하는 것인지 알 수가 없다"고 말했다.

분노한 대구 민심

『세계일보』 1995년 5월 3일자는 수도권 출신의 한 민주계 의원의 말을 인용해 "이제는 말이 소용없게 됐다. 열성당원들까지 정권을 탓하고 있다. 이성적 설득이 먹히지 않고 있다"고 말했다. 『세계일보』에 걸려 온 독자들의 전화 가운데엔 다음과 같은 항변들이 있었다.

"성수대교 책임자에 대한 처벌은 왜 그렇게 약해요. 그런 식으로 하니 대형 참사가 계속 터지는 게 아니오. 너나 할 것 없이 모두 XX놈이라니까", "성수대교 붕괴 사고와 북아현동 도시가스 사고 때는 하루종일 보도하면서 대구에서 발생한 참사에 대해서는 왜 보도를 하지 않습니까."

아닌게 아니라 사고 당일 KBS가 고교야구 중계를 하면서도 사고 관련 보도를 충실히 하지 않은 데 대한 국민들의 분노는 컸다. 5월 4일 방송개혁국민회의 선거방송 대책본부(공동위원장 강문규 YMCA 연맹 사무총장)는 서울 프레스센터에서 '대구참사 왜곡방송 규탄집회'를 갖고 "대구 지하철 공사장 가스 폭발 참사에 관한 방송보도는 축소 · 은폐 · 왜곡 보도"라며 대통령의 대국민 사과를 요구했다.

『중앙일보』 5월 4일자 사설 〈문제 있는 여권의 현실 인식〉은 "우리는

대구 지하철 공사장 가스 폭발사건 기사가 실린 신문 호외를 시민들이 근심어린 눈으로 살펴보고 있다.

이미 그저께 왜 이 사고를 국회에서 다루지 못하느냐고 지적한 바 있지만 여당은 며칠씩이나 국회를 공전시키면서까지 이 사고를 회피하고 있다"고 비판했다.

또 『동아일보』 5월 5일자 사설 〈대국 못 보는 집권 여당〉은 "선거를 앞두고 야당에 정치공세의 장을 만들어 줄 수는 없다지만 누가 야당이라도 그건 정치 책임 추궁의 대상이다. 국회에서 그런 것을 따지지 않고 무엇을 따진다는 말인가. 설령 야당이 정치공세를 편다손치더라도 집권 여당이라면 그 정도는 감수하고 포용해야 한다. 오늘의 국회 파행은 한마디로 대국을 크게 보지 못하는 민자당의 좁은 식견과 협량이 몰아온 불상사라고 볼 수밖에 없다"고 했다.

또 언론인 김진규는 『국민일보』 5월 10일자 칼럼에서 "여당의 한심한 국회 대응"을 지적하면서 "200여 명의 무고한 시민이 사상했는데도 '뒤에 국조권 발동……' 운운하며 야당에게 대정부 질의조차 못하게 가로막는 등 임시국회를 공전시킨 것은 국민을 깔보는 처사로밖에 안 비친다"고 했다.

대구 지하철 가스 폭발사고는 대구의 보수적인 민심마저 바꿔 놓았다. 『한겨레21』 95년 5월 18일자는 "학생운동을 바라보는 시민들의 시각도 많이 바뀌었다. 과거 학생들의 시위에 대해 시민들은 비난 일색이었다. 학생들이 대구의 명동이랄 수 있는 대구백화점 부근을 구호를 외치며 지날 때 상인들은 욕설을 퍼부으며 철시를 하곤 했다. 그러나 이번에는 달랐다"고 보도했다.

"지난 5월 1일 노동절 집회를 마친 뒤 있은 거리 시위에서 시민들은 박수와 격려를 보냈다. 일찍이 상상할 수 없던 일이다. 그러나 이런 반응이 진보성을 띤 것은 아니다. 효성여대 현선영 씨는 '학생들의 시위에 대한 시민들의 반응이 상상외로 좋았다' 면서도 '아마 가스 폭발에 대한 항의시위를 하는 것으로 생각해 호응을 한 것 같다' 고 분석했다. 경북대 차은경 씨도 '이런 우호적인 분위기에서 시위를 해 보기는 처음' 이라며 '시민들이 검찰의 사건 조기 종결과 언론의 축소 보도에 대해 크게 분개하고 있다' 고 분위기를 전했다."

잇단 대형사고들을 겪으면서 드러난 김영삼 정권의 가장 큰 문제는 불운(不運) 이전에 진정성의 결여였는지도 모를 일이었다.

김종필의 부활: 자민련 탄생

'토사구팽' 당한 김종필

김종필은 92년 4월 김영삼·이종찬의 대통령 후보 경선을 앞두고 빚어진 당내의 혼돈 속에서 김영삼의 손을 들어주었다. 그는 측근 공화당 의원들이 반발하며 떠나는 곤욕을 치르면서도 기자회견을 통해 "3당통합의 근본 취지를 이행하기 위해 김영삼 대표에게 기회를 주는 것이 도리"라며 김영삼 지지를 공식 선언했었다.

김영삼이 대통령이 된 이후 김종필의 충성은 세상의 웃음거리가 될 정도로 지극한 것이었다. 그는 스스로 자신의 역할을 '조연'·'심부름꾼'·'윤활유' 등으로 낮추었고, 김영삼을 '어르신네'라고 부르는가 하면, '윤허'라는 말을 쓰기도 했다. 그는 자신을 참새로 김영삼을 대붕에 비유하기도 했다.

그는 하루라도 김영삼에 대한 흠모의 정을 표현하지 않으면 몸살이 나는 사람처럼 행동했다. 92년 대표 취임사에선 "김영삼 총재를 대통령으로 모시기 위해 몸과 마음을 다 바쳐야 한다"고 했다. 그가 남긴 명언(?)은 이뤄 헤아릴 수 없이 많았다. "연작이 홍곡의 뜻을 어찌 알겠는가", "당대표는 주부이다", "내조자는 빛을 받으면 안 된다", "나는 대통령의 그림자도 밟지 않는다" 등등.

그러나 김종필은 그런 필사적인 애정 표시에도 불구하고 결국 토사구팽(兎死狗烹: 토끼 사냥이 끝난 뒤 사냥개를 삶아먹는다는 뜻)을 당하게 되었다. 민주계는 김종필에게 "'이래도 당에서 안 나갈 테냐'는 식으로 노골적인 모욕을 가하였다."[16] 김종필을 쫓아내는 데엔 '세계화'까지 동원되었다. 김영삼은 "당도 세계화해야 한다"고 했고, 내무장관 최형우는 "당의 세계화를 위해서는 대표제 폐지와 경선을 통한 복수 부총재 체제가 필요하다"고 했다.

김종필도 인간인데 '팽'을 당하고서도 김영삼을 사랑할 수야 있었겠는가. 그는 1995년 1월 12일 "요즘 세상이 이렇게 어지러운 것은 최소한의 도덕도 저버리고 일을 추진하는 사람들이 있기 때문"이라며 "마오쩌둥도 나쁜 놈이더라. 자기가 직접 얘기하는 법 없이 다 시켜서 하고 자기는 멀찌감치서 동정하는 체하다가 어느 순간 정적을 쳐버렸다"고 했다. 김영삼을 직접 겨냥한 비판이었다.

김종필은 "지난 2년 동안 아는 것도 모르는 척, 모르는 것도 아는 척, 김영삼 대통령에게 무릎꿇고 깍듯이 모셔왔다"고 말하면서 "나를 내쫓는 것이 세계화냐"고 항변했다. 그는 3당합당 때 둘이 만나서 얘기했더니 순수성이 있어 보였다며 "청와대라는 집이 사람을 바꾸더라"는 말도 했다. 그는 김영삼을 "신의를 저버린 사람"으로 규정했다.

그러나 겉으로 터뜨린 그런 분통과는 달리 김종필은 혼자서는 서러움에 흐느껴 울었던 모양이다. 전 의원 이대엽의 증언에 따르면, "나는 김

---

16) 주돈식, 『문민정부 1천2백일: 화려한 출발, 소리 없는 실종』(사람과책, 1997), 142쪽.

92년 대선을 앞두고 손잡은 김종필과 김영삼의 모습.

종필 그 양반 눈에서 눈물 흘리는 것은 거의 못 보았다. 그런데 이번에 탈당하면서 우시는 걸 봤다."[17]

『조선일보』 95년 1월 20일자 사설은 "김씨를 퇴장시키려는 집권 세력의 술수 방식에는 분명 문제가 있었다. 한마디로 치사했다"고 평했다.

이춘구가 김종필을 대신할 수 있나?

김종필을 쫓아내고 치러진 1995년 2월 7일 민자당 전당대회는 김영삼 총재-이춘구 대표 체제를 확인하고 막을 내렸다. 이춘구는 육사 14기

---

17) 『한겨레21』, 1995년 1월 26일.

출신으로 광주항쟁 직후의 사회정화위원장을 맡아 온갖 무리한 일을 앞장서 지휘함으로써 5공 정권이 자리잡는 데 크게 기여했던 인물이었다. 이춘구는 5공 출범 이후 세 차례의 집권당 사무총장과 노태우 대통령 취임준비위원장 그리고 국회부의장 등 요직을 맡았었다.

민주당은 "민자당의 세계화가 육사 8기에서 14기로 바뀐 것이라면 앞으로 전개될 정국이 실로 암담하다"고 논평했다. 『문화일보』도 2월 9일자 사설을 통해 이춘구를 "당의 얼굴로 내세움으로써 집권 세력의 개혁 이미지는 결정적으로 금이 가게 되었음을 지적하지 않을 수 없다"며 "그렇지 않아도 3당합당에 따른 '태생의 한계'란 멍에를 벗지 못하던 터에, 바로 구체제의 인물을 당대표로 세우는 것은 개혁의 시계 바늘을 거꾸로 돌리는 것이나 다름없다"고 평했다.

김영삼으로선 이춘구가 충북 제천이 고향인 만큼 김종필을 견제할 수 있는 카드라고 생각했음직하다. 이와 관련, 『조선일보』 95년 2월 9일자 사설은 "당의 세계화란 것이 결국은 충청권의 표를 의식한 당대표 인선 방식으로 나타난 것만은 아무래도 좀 어색하다. 그리고 당직자 선정에 있어서도 몇몇은 JP에의 동조 가능성이 있는 사람들이었다는 점에서 그 인선도 대표 인선의 경우처럼 일종의 정략성을 띠고 있다. 이런 점을 두고 본다면 이번 민자당의 변화는 부분적 '세대교체'라는 전진적인 측면과, TK 및 충청권 이탈 방지라는 재래식 지역주의 정치가 혼재하는 모양새라 할 수 있겠다"고 말했다.

민자당 전당대회 이틀 후인 95년 2월 9일 김종필은 민자당 탈당과 신당창당을 공식 선언했다. 40여 분간 계속된 이날 회견에는 이종근, 구자춘, 조부영, 정석모, 이긍규, 김용환, 김진영, 정태영, 유수호, 김동근 등 10명의 의원과 최각규, 김용채, 이희일, 김문원, 이대엽, 김현욱, 김홍만, 정일영, 신호철 전 의원 외에 지지자 등 200여 명이 참석해 회견장을 가득 메웠다.[18]

『월간조선』 95년 4월호는 김종필 제거에 깊숙이 관여했던 민주계의 한 의원이 털어놓은 뒷얘기를 다음과 같이 소개했다.

"김 대표가 충청도에서도 표가 없다는 정보가 김 대통령에게 꾸준히 입력됐다. 사실 개혁을 강조하면서 JP라는 수구 이미지의 정치인을 대표로 안고 가는 것이 김 대통령에게는 늘 부담이었다. 'JP에게 표가 없다'는 정보가 계속 투입되자 김 대통령은 '그렇다면 지자제를 앞두고 갈아 버리자'고 결단을 내리게 된 것이다. 김 대통령이 JP와 술잔을 기울이며 진솔하게 'DJ가 또 나서는 상황이 와서 되겠느냐, 당신과 내가 함께 물러나 후진에게 길을 열어주자'고 설득했어야 했다. 그랬다면 인간적인 설득에 약한 JP가 물러날 수도 있었다."[19]

자민련 창당대회

1995년 3월 30일 자유민주연합(자민련) 창당대회는 김영삼 정부에 대한 비판과 의원내각제의 선전장이 되었다. 총재와 최고 고문으로 추대된 김종필 의원과 박준규 전 국회의장 등은 모두 김영삼 정부의 국정운영을 강도 높게 비난하는 한편 1인 독주를 막기 위해 내각제로 개헌해야 한다고 역설했다.

김종필은 총재 취임사에서 "자민련은 의원내각제를 실현해 우리의 정치 체제를 구조적으로 개혁하기 위해 일어섰다"고 선언했다. 그는 또 "현 정권은 스스로를 '문민정부'로 규정하면서도 정치행로는 정반대의 길을 가고 있다"며 김영삼 대통령을 집중 공격했다. 김 총재는 "권력을 한 사람에게 집중시켰을 때 그 권력은 독단과 전횡으로 추락할 수밖에

---

18) 『한겨레신문』, 1995년 2월 10일, 3면.
19) 김연광, 〈수도권의 친여 충청표도 등돌리기 시작했다〉, 『월간조선』, 1995년 4월, 162쪽.

없다"는 논리를 내세우며 대통령중심제의 중단을 요구했다.

창당선언문은 '무도한 패권주의의 전횡', '국민 위에 군림하는 권위주의' 등의 어휘를 동원해 현 정권을 강경하게 비난했다. 대전시장 후보로 내정된 홍선기가 낭독한 선언문에서 자민련은 "오늘의 파국적 시대상은 정치와 권력을 개인의 사적 소유물로 전락시키고 있는 정권과 소수정파의 무능 및 오만에서 비롯된 것"이라고 주장했다. 선언문은 또 "개혁과 세계화는 한낱 정치적 구호로 변질됐고 민주정치는 실종됐다"며 "우리의 역사를 무도한 패권주의의 전횡에 더 이상 방치할 수 없다"고 말했다.

대회의 열기는 강령 채택에 이어 총재 선출 순서에 이르면서 절정에 이르렀다. 유수호 전당대회 의장이 "만장일치로 민족의 지도자 김종필 창당준비명예위원장을 총재로 선출한다"고 선언하는 순간 폭죽 및 팡파르와 함께 "김종필, 김종필" 연호가 장내가 떠나갈 듯이 쏟아져 나왔다.

이날 대회는 1만 2,000여 명의 대의원과 지지자들이 체육관의 좌석 8,000여 개와 연단 앞을 가득 메운 가운데 시종 열기 속에 진행됐다. 주최 쪽은 대회 시작 1시간 전부터 농악대를 동원해 열기를 북돋았으며, 체육관 밖에서 기다리던 지지자들은 김종필이 입장하자 "김종필"을 연호하며 열렬히 반겼다.[20]

김종필은 '평생 2인자 체질'이라 일을 벌리지는 못할 것이라는 김영삼의 예측을 깨고 자민련을 만드는 '복수극'을 펼치게 되었다. 김종필은 『시사저널』 95년 5월 11일자 인터뷰에서 "김 대통령이 정당도 세계화해야 한다고 하면서 정당 명칭도 갈겠다고 했어요. 정강정책, 당기, 상징마크까지 다 바꾸어 민자당을 환골탈태한다고 했습니다. 그런데 했습니까?"라고 반문했다.

---

20) 『한겨레신문』, 1995년 3월 31일, 4면.

1995년 3월 30일 김종필을 총재로 한 자유민주연합이 창당되었다.

"제가 뛰쳐나온 것 외에는 아무 변화도 없어요. 참 우스운 일입니다. 대통령이 국민에게 당을 환골탈태하도록 하겠다고 해 놓고 아무것도 바꾼 것이 없어요. 전당대회 때 당명을 교체했더라면 민자당을 내가 그대로 가지고 있겠다고 문제 제기를 하려고 했어요. 그러나 그쪽에서 그걸 알았는지 안 바꿨어요. 그래서 그걸 확인한 다음에 전당대회 이틀 후 탈당을 선언하고 나왔지요."

4월 11일 김영삼은 인천에 가서 민자당 지구당 위원장을 접견하는 자리에서 "이 당에서 탈당해 다른 당을 만들고 또 다른 당과 통합하고 하는 것 등이 정치 불신의 원인이 되고 있다"며 "이런 정치 불신을 해소하기 위해서는 정도(正道)로 가야 한다"고 주장했다. 이는 김종필을 염두에 두고 한 말이었겠지만, 3당합당의 정신엔 역행하는 말이었다.

김종필은 『한겨레21』 95년 6월 15일자 인터뷰에서 "92년 경선 당시 김영삼 대표를 지원한 것은 대안이 없기 때문이었습니다. 그러나 그와 가까이서 생활하는 동안 그란 사람은 '모든 게 그를 위해 존재한다'는 식으로 생각한다는 것을 알게 됐죠"라고 말했다.

'충청권 민심 기행'

『말』 95년 3월호에 실린 〈충청권 민심 기행〉이라는 제목의 기사는 대전경찰서 부근에서 10년째 터를 잡고 사는 ㅁ미용실 주인 정여자(가명)의 말을 이렇게 소개했다.

"종필 씨만 불쌍하지. 쯧쯧. 배신이나 당하고. 언제는 충청도 보구 멍청도라고 하더니 이제는 핫바지라고 했다면서유. 경상도도 뭉치구 전라도도 뭉치는데, 우리 충청도라고 가만있을 수 있나유. 안 그래유?"

이 기사는 또 보령군 청라면 장현리 부락에서 농민 강인수(39)와 이용호(32)가 나눈 대화를 다음과 같이 전했다.

"종필이가 아니라 똥필이유 똥필이. 충청도 망신도 그런 망신이 없어유. 우덜보다 많이 배운 양반이. 고희도 지나 살 날도 얼마 남지 않은 양반이면 알 만큼 알잖아유. 뒷발질당했으면 국민의 뜻으로 받아들이고 물러나야지 언제까지 해먹겠다고 주접이래유. 주접이."

"그래도 그분이나마 없으면 우리 충청도 사람들은 방구도 못 껴유. 우덜은 아마 똥되고 말겨. 똥. 호남이 푸대접이면 충남은 무대접이유. 그나마 무대접이라도 받으려면⋯⋯."

"아우님 말도 일리는 있는데 거시적루다 봐야지. 아, 지역감정 땜에 멍든 게 누군데. 우덜 가진 것 없는 국민들 아녀. 전라도 당, 경상도 당에 충청도 당까지 나오면 도대체 어쩌자는 겨. 나라 망하는 겨."

"형님, 그래도 그런 게 아니유. 동네 개가 다른 데 가서 맞고 들어와도 마음이 안 좋은데. 그래도 우리 충청도의 어른 아니유. 지금까지 운이 안

따라줘서 그렇지."

두 사람은 점점 목소리를 높이다가 급기야 얼굴까지 붉혔다.[21]

김종필에 대해 동정적인 충청권 민심은 대구에까지 연쇄 반응 효과를 일으켰다. 이에 대해 『월간조선』 95년 4월호 관련 기사는 'JP바람'은 "30년 집권하다가 기득권을 조금 뺏겼다고 반YS로 돌아설 수 있느냐"고 욕을 먹어온 대구·경북지역 사람들의 심리적인 부담감을 털어 주었다는 진단을 내렸다.[22]

그런가 하면 『말』지 95년 3월호는 민주당 대구 중구 위원장 이강철의 입을 빌려 대구 정서를 다음과 같이 전했다.

"대구의 민심에 과거 지향적인 반개혁성이 있다면 그것 또한 김 대통령의 책임이라고 할 수 있습니다. 왜냐하면 김 대통령의 집권 초기에 개혁이 잘될 때는 대구 시민들도 대부분 박수를 쳤는데 그 개혁이 시들해지는 시점에서 편파적인 사정이 시작돼 대구 민심은 급격히 반김영삼으로 기울었기 때문입니다. 또 김 대통령은 변화와 개혁을 외쳤지만 대구 지역사회에서는 관변단체 등에 구시대적 인물들이 등용돼 개혁이 피부에 와 닿지 않았습니다. 따라서 기득권층은 기득권층대로, 서민층은 서민층대로, 지식인은 지식인대로 반김영삼 정서가 형성돼 이것이 지역감정과 합쳐진 것입니다. 이러한 복합적인 대구 정서 중에서 '전두환 때가 더 좋았다'라는 건강하지 못한 정서를 약화시키고 대통령 1인 중심의 오만방자한, 편파적인, 소리만 요란한 개혁에 반대하고 실질적 개혁을 바라는 합리적 정서를 강화시켜 나가는 것이 이 지역 정치인들의 몫이라고 생각합니다."[23]

또 이 기사는 김종필 신당에 동참을 밝힌 국회의원 유수호의 견해를

---

21) 김경환, 〈충청권 민심기행: 그들은 지역당을 거부한다〉, 『말』, 1995년 3월, 42~47쪽.
22) 김연광, 〈수도권의 친여 충청표도 등돌리기 시작했다〉, 『월간조선』, 1995년 4월, 166쪽.
23) 오연호, 〈반김영삼 대구시장을 만드는 사람들〉, 『말』, 1995년 3월, 52~53쪽.

다음과 같이 소개했다.

　"신당에 동조하는 대구 정서의 핵심은 김영삼 씨처럼 국가를 이끌어 가서는 안 된다는 깁니더. 김 대통령은 도시 중심도 없고 철학도 없어. 인사가 만사라는데 지 멋대로 막 카고. 말이 문민이지 전부 자기 혼자 즉흥적으로 하는 것 아닙니까. 그러니까 대형사고도 나고 시행착오와 오류가 생긴다고. 이걸 막자는 기 바로 대구 정서라고. 우리가 유신하자는 겁니까. 천만의 말씀. 지금 박통시대로, 전통·노통시대로 돌아가서 우에 자는 거예요. 대구 정서는 김영삼 씨 같은 1인 독재를 막자는 데 있어요."

"워커가 가고 나니 등산화가 설친다"

장·차관급 48명 중 호남 출신은 3명

5공 시절 등용된 차관급 이상 고위 관료 가운데 영남 출신은 43.6%를 차지한 반면 호남 출신은 9.6%에 지나지 않았다. 6공도 그에 못지 않았다. 김영삼 정부 출범 이후 달라진 건 영남의 독식이 심화됐으며 PK가 TK를 대체했다는 것밖엔 없었다.

김영삼 정권 들어 정부 인사에서의 호남 차별은 통계상으로도 입증되었지만, 그 내용도 문제였다. 『신동아』 93년 3월호는 "숫자는 별게 아닐 수도 있다. 그들의 직책을 눈여겨보라. 소위 힘 있는 자리에 몇 명이나 앉아 있나"라는 게 호남 출신 관료들의 한결같은 지적이라고 보도했다. 이 기사는 한 호남 출신 민자당 의원의 말을 인용해 "소위 노른자위라고 하는 직책은 거의 모두 영남 몫이다. 지역안배 케이스로 장관 몇 명이 들어가 있지만, 이는 상징이지 실질과는 관련이 없다"고 말했다.

군 인사도 예외는 아니었다. 이 기사는 한 예비역 장성의 말을 인용해

"준장 진급 발표 때 단순한 숫자 비교는 의미가 없다. 병과 연령 등으로 봐 별 하나로 예편할 사람이 몇 명인가를 따져봐야 된다. 그런 식으로 보면 5~6명의 호남 출신 진급자 중 미래를 내다볼 수 있는 숫자는 불과 하나 둘에 그치는 경우가 많다"고 말했다.

93년 9월 재산공개를 한 한국의 '파워 엘리트' 1,167명 가운데 영남 출신은 37%(부산·경남 18.6%, 대구·경북 17.1%)에 이르렀다. 경무관급 이상 경찰 간부도 부산·경남 출신이 전체의 21.5%로 1위로 부상했다. 정부투자기관도 마찬가지였다. 임원 69명 가운데 31명이 영남 출신이었다. 흥미로운 건 92년까지는 대구·경북 출신이 21명, 부산·경남 출신이 10명이었던 것이 93년 말에 이르러 부산·경남 출신 18명, 대구·경북 출신 13명으로 역전되었다는 것이다.

94년 3월 민주당 의원 문희상은 국영기업체 등에 200여 명의 '김영삼 사람들'이 낙하산 인사로 자리를 채웠다며 명단을 공개했다. 일부 국영기업체에서는 수준 미달 인사들이 낙하산으로 내려오는 바람에 직원들의 농성까지 벌어졌다. 민주당은 김영삼이 철저하게 자신의 심복을 쓰는 걸 겨냥해 "상도동에 이제 남은 것은 강아지밖에 없다"고 꼬집었다.[24]

94년 12월에 단행된 개각과 차관 인사 결과, 국무위원급과 차관급 48명 가운데 호남 출신은 장관 1명, 차관 2명 해서 단 3명이었다. 김 정권은 그래놓고선 어린 시절 전남 장성에서 잠시 살았다는 외무장관 공노명과 남편의 고향이 전북 익산이라는 정무 2장관 김장숙이 호남 출신이라고 우겨댔다. 청와대가 각 언론사에 전화를 걸어 호남 출신 장관은 1명이 아니라 3명이라고 정정을 요구했던 것이다.

민주당이 김영삼 정부의 호남 고립정책을 비판하자 민자당 대변인 박범진은 "민주당이 호남 대변당이냐"고 따졌다. 김영삼은 95년 연두기자

---

24) 『신동아』, 1994년 2월.

1994년 12월에 단행된 개각과 차관 인사 결과, 국무위원급과 차관급 48명 가운데 호남 출신은 단 3명뿐이었다. 김영삼 대통령이 신임 공노명 외무장관, 한승수 비서실장, 유종하 외교안보 수석에게 임명장을 주고 있다.

회견에서 개각 및 차관급 인사가 '호남소외'라는 지적이 있다는 기자의 질문에 대해 다음과 같이 답했다.

"능력 위주로 사람을 적재적소에 배치하고자 했던 것입니다. 이는 지역을 어떻게 한다고 생각해서 한 것은 아닙니다. 인물 중심으로 보는 것이 옳습니다. 오히려 이런 것을 문제삼는 것이 지역감정을 유발한다고 봅니다. 미국의 경우 클린턴 대통령은 자기 출신 지역인 아칸소주 사람들을 부시 전 대통령은 텍사스주 사람들을 전부 참모로 써도 미국에서는 아무 말이 없지 않습니까."

김영삼은 3당합당 이후 수차례에 걸쳐 "앞으로 과감한 인사 정책과 자원재분배 정책을 통해 반드시 망국적인 지역감정을 해소해 나가겠다"고 공언했었지만, 그 공언을 까맣게 잊고 말았다.

"PK를 찾아라"

『월간조선』 1994년 12월호에 따르면, 94년 현재 470여 명에 달하는 전체 장성 가운데 경상도 출신이 44.2%(PK 23.5%, TK 20.7%)나 되는데, PK는 23.5%로 TK(20.7%)를 따돌렸다. 육군 장성의 경우 PK는 전체의 32%나 됐다. 육해공 3군 총장과 해병대 사령관 등 군 최고 수뇌 4명 중 3명이 PK 출신이었다. 윤용남 육군참모총장은 부산고 12회, 김홍래 공군참모총장은 경남중, 이상무 해병사령관은 부산 동래고를 졸업했다.

낙하산 인사도 심각했다. 『월간조선』 95년 3월호는 낙하산 인사를 대략 500여 명으로 추산하면서, 특히 민주산악회의 대약진에 대해 정계와 관가에서는 "워커(군 출신)가 가고 나니 등산화(민주산악회)가 설친다"는 비아냥이 나오고 있다며, 김영삼의 자기 사람 심기가 "집권 이후 2년 동안 눈에 띄게 심해 원칙과 도덕률, 사회통념을 무시하고 있다"고 비판했다.[25]

다시 등용되어서는 안 될 사람들을 중용하는 것도 문제였다. 『한겨레21』 기자 김이택은 95년 3월 9일자 기사 〈'발등찍은' YS 인사〉에서 "'초원복집 사건'의 주역들에 대한 '복권'은 전혀 다른 형태의 부정적인 모습을 적나라하게 보여 줬다"고 말했다.

"정경식 당시 부산지검장은 헌법재판관, 박일룡 부산시경국장은 경찰청장으로 승승장구했고 마지막 남았던 김기춘 전 법무장관마저 청와대 진입설이 나돌던 끝에 한국야구위원회 총재 자리를 차고앉아 '재입성'을 위한 초읽기에 들어갔다. '뒷골목 주먹들 의리하고 뭐가 다르냐'는 일부의 혹평에 설득력을 더하는 대목이다. 안기부의 지자제 선거 연기

---

25) 최장원 외, 〈김영삼 정권 인맥 250명의 각계 포진 실태〉, 『월간조선』, 1995년 3월, 202~213쪽.

검토 문건 작성자의 책임자로 최근 물러난 정형근 전 1차장도 곧 중용될 것이라는 항간의 얘기도 웃어넘길 일은 아니다. 김씨를 끝으로 복집사건의 주역들을 완전 복권시킨 시점이 공교롭게도 장관 인사에서 호남 출신을 배제한 때와 일치했다. 그는 인사를 통해 자신의 기반을 넓히기보다는 부산, 경남 혹은 맹목적 충성파로 폐쇄시켜왔고 그 결과 김영삼 정부는 너무도 일찍 '레임덕'의 모습을 보이게 됐다는 지적이 설득력을 갖는 이유는 여기에 있다."

『신동아』 95년 4월호에 실린 〈'고위직 독점' 재계 PK군단 놀라운 약진〉이라는 제목의 기사는 재벌그룹들이 PK 인맥을 구축하려 안간힘을 쓰고 있는 가운데 "PK를 찾아라"는 밀명이 떨어졌다고 보도했다. 정부 실세들과 연줄이 닿는 PK군단의 중용은 가장 확실한 '정치적 보험'이 된다는 것이었다.

삼성그룹은 새 정부가 들어서자 TK의 대부로 알려진 신현확 삼성물산 회장을 퇴진시키는 등 TK 위주의 기존 경영진 인맥을 PK 위주로 재편했다. 이건희의 '신경영' 선언도 부분적으론 김영삼 정권과의 원만한 관계를 위해 TK(대구·경북) 위주의 상층부 인맥을 PK(부산·경남) 인맥으로 교체하기 위한 명분쌓기용이었다는 주장도 제기되었다.[26]

대우는 95년 2월 15일 사장단 인사에서 청와대와 여권 실세 그리고 정부 부처 내 PK 출신 관료들과 친분이 있는 임원들을 그룹 사장단에 대거 전진 배치시켰다. 상무에서 전격 사장으로 발탁된 이일쇄는 한이헌 당시 청와대 경제수석과 경남고 동기였다.

한화그룹도 22명의 사장단 가운데 7명을 PK 출신 인사로 선임했다. 특히 한화자동차부품 대표이사로 발탁된 김일수는 불과 한 달 전에 부장에서 이사보가 되었던 사람이었다. 연줄 하나로 단숨에 몇 계단을 훌쩍

---

26) 주치호, 『삼성공화국: 삼성 이건희 VS 현대 정주영 비화』(한가람, 1997), 88~89쪽.

뛰어넘어 최고위직으로 승진한 그는 부산고 출신이었다.

영남을 뿌리로 한 엘지, 삼성, 한일도 기득권을 확고히 하기 위한 인사에 공을 기울였다. 엘지는 계열사 사장단 가운데 절반 가량이 PK 출신이었다. 홈쇼핑 유선방송사업권을 따내고 데이콤 주식 확보 경쟁에서 최대 주주로 부상할 수 있었던 것도 이런 인맥의 배치와 무관하지 않을 거라는 주장도 제기되었다.[27]

민주산악회의 공기업 장악

『일요신문』 1995년 4월 23일자가 보도한 민주산악회의 공기업 진출 실태에 따르면, 국영기업체의 경우 사장급 10여 명을 포함해 요직에 60여 명이 자리를 잡았고, 94년 약 1조 원의 매출액을 기록하는 등 현금 동원력이 막강한 마사회는 회장, 부장, 총무이사 등을 비롯해 아예 민주산악회가 장악했다.

군 인사의 문제도 심각했다. 『시사저널』 95년 4월 27일자는 한 군 출신 의원의 말을 인용해 "하나회의 무장이 해제된 지금 당장 반격은 불가능하지만 하나회를 친다는 명분 아래서 나타난 군내 또 다른 사조직의 양태는 장기적으로 하나회 재건의 빌미를 줄 수 있다고 우려했다. 이른바 PK(부산 · 경남) 인맥이니 1.5인맥(김동진 합참의장 측근 라인)이니 하는 '자기 사람 심기 인사' 야말로 하나회가 반격할 토양이라는 것이다"라고 말했다.

김영삼의 지나친 '자기 사람 심기'를 보다 못한 『한겨레신문』 논설주간 성한표는 95년 4월 26일자 칼럼에서 '정치 혼돈'을 지적하면서 "여기서 필요한 것은 새로운 정권이 흔히들 집권 프리미엄이라고 부르는 열

---

27) 『말』, 1996년 3월.

매를 독차지하거나 정권 창출에 기여한 수많은 사람들에 대한 논공행상을 하겠다는 욕심을 버림으로써 기득권층을 몰아낸 자리에 또 하나의 기득권층을 들어앉힌다는 오해를 씻는 일이었다. 그것이야말로 민정계의 입지를 좁히고 그 반발을 최소화할 수 있는 '왕도'였던 것이다. 그러나 현실은 그렇게 진행되지 않았다. 'TK를 밀어낸 자리에 PK가 들어선다'는 비난이 나올 정도로 민주계 특히 '가신그룹'이 터무니없이 중용되었다"고 말했다.

95년 초에 단행된 시중은행 인사에서도 그동안 금융계를 장악해 온 TK세가 퇴조하고 PK가 대거 약진하는 반전이 일어났는데, 16개 은행의 정기주총에서 10명이 PK 인사로 물갈이를 했다.[28] 95년 9월 현재 한국은행 임원 13명 중 10명이 영남 출신이었다.

교육계인들 예외일리 만무했다. 『시사저널』 95년 10월 12일자의 기사 제목 그대로 교육계는 '진주 마피아'가 점령을 했다. 이 기사는 '범영남 마피아'의 교육계 점령에 대해 "특정 지역 편중 인사가 문제되는 것은 이것이 단순한 '숫자의 우위'가 아니라 '권한의 우위'라는 점에서이다. 교육부 본부의 경우 장·차관과 기획관리실장이 경남 출신이고, 지방 교부금 등으로 교육부 예산의 5분의 1 가량을 쓰는 지방교육지원국장과 감사관이 경북 출신이다. 핵심 요직을 경상도 출신이 거의 차지한 셈이다. 7개 직속기관 중 노른자위로 꼽히는 중앙교육연수원장과 국립교육평가원장도 경상도 출신이다"고 보도했다.

'경남고 출신은 성골'

서울대 대학신문은 PK에 대해 이런 정의를 내렸다. "20세기 후반 한

---

28) 『말』, 1996년 3월.

김영삼 정부 들어 민주산악회의 대약진에 대해 "워커(군 출신)가 가고 나니 등산화(민주산악회)가 설친다"는 비 아냥이 나왔다.

국에서 유행한 골품제도. 일반적으로 부산·경남 출신을 말하나 경남고 출신은 성골이라 하여 검찰, 경찰, 법무부 등의 요직을 차지함."

1995년 9월 16일 김기수 검찰총장이 취임함으로써 권력의 핵심인 검찰, 경찰, 국세청 등 3청 총수가 모두 경남고 출신인 성골로 채워졌다. 해도 너무했다 싶었던지 언론도 일제히 비판했다. 김영삼도 귀가 간지러웠던 것일까? 며칠 후 김영삼 대통령은 후속 인사에서 사정비서관엔 PK 성골, 내무차관엔 PK 진골을 임명했다. 둘 다 PK 성골을 앉히려고 했었는데, 한 자리는 진골로 양보를 한 건지도 모를 일이었다.

김영삼을 포함하여 출세를 한 경남고 출신들의 모교 사랑은 뜨겁다 못해 손을 델 정도였다. 『윈』 95년 11월호에 따르면, "YS가 대통령에 당선된 뒤 경남고 동문들의 거두들이 서울 중심의 한 한정식집에서 대통령

당선 축하 모임을 가졌다. YS를 위한 건배 등이 있고 난 뒤 그 음식점 여종업원들이 일제히 일어나더니 난데없이 경남고 교가를 합창하는 것이 아닌가. YS는 물론 모든 참석자들이 크게 놀랐다. 알고 보니 이병태 전 국방장관의 작품이었다. 이날을 위해 여종업원들을 설득해 미리 경남고 교가를 연습시켜 놓았던 것이다. 이날 김 대통령이 어떤 감흥을 받았는지는 알려진 게 없으나 적어도 이 일로 이 전 장관이 손해를 입었을 턱은 없다. 우연일까? 그리고 그는 국방장관으로 발탁됐다."[29]

도저히 우연으로 볼 수 없는 김영삼의 후배 발탁은 끝없이 이어졌다. 김영삼의 고등학교 후배는 검찰총장, 국세청장, 경찰청장에 그치지 않았다. 법무장관, 대통령 경호실장, 청와대 경제수석, 청와대 사정비서관, 청와대 산업정보 비서관, 교육부장관, 관세청장, 통계청장 등이 모두 김영삼의 고등학교 후배들이었다. 김기춘 전 법무장관, 정형근 전 안기부 1차장, 김무성 전 내무차관 등도 후배들이었다.

진정 경남고를 아끼는 경남고 출신들은 김영삼의 무분별한 '후배 키우기'에 대해 혀를 끌끌 찼다. 『윈』 95년 11월호는 한 경남고 출신의 개탄을 소개했다.

"명동에서 20여 년 동안 양복점을 경영하던 김모씨가 문민정부가 들어선 뒤 정부투자기관인 어느 공사의 감사로 임명됐습니다. 다들 놀랐지요. 그 김씨는 양복만 만들어 왔지 이렇다 할 경력이 없었거든요. 다만 그가 경남고 출신으로 경남고 동문회의 총무를 맡아 동문회 일이라면 신명을 바친 듯이 일한 사람이긴 해요. 과거 동대문운동장에서 모교 야구 결승대회가 열릴 때마다 꽹과리 두드리며 열렬히 응원하던 장본인이었죠. 만일 그런 점이 정부기관의 임원으로 발탁된 배경이라면 해도 너무

---

29) 한국일보 특별취재팀, 『대통령과 아들: 실록 청와대-문민정부 5년』(한국문원, 1999), 121쪽도 참고할 것.

한다는 생각이 듭니다."

성균관대 경제학과 교수 김태동은 김영삼 정부의 10가지 잘못 가운데 세 번째로 "개혁은 얼치기로 그치고, 개혁을 추진할 인재는 정부 안에서 찾아보기 어렵다. 금융실명제와 부동산실명제, 재산공개와 돈 안 드는 공명선거, 이 모두 알맹이가 빠져 있다. 반개혁 인사들이 핵심요직에 들어앉아 입으로만 개혁을 외치고 있다. 공무원 사회든 일반 사회든 제대로 된 전문가보다 정치적 배경이 있는 사람만 득세하고 있다"고 비판했다.[30]

30) 『한겨레신문』, 1995년 5월 2일.

김대중의 지역등권론

'전라도 민심읽기'

집권 초기에 김영삼 대통령에 대해 가장 감사한 마음을 가졌던 사람들은 바로 호남인이었다. 『전남일보』의 여론조사에서는 개혁을 잘한다는 의견이 93년 4월 말 76%에서 6월 초 85%까지 급상승했다. 김 대통령이 '잘한다'는 비율은 『광주매일』 93년 8월 조사에선 78.8%에 이르렀으며, 심지어는 평소 '깜짝쇼'라고 비아냥대던 김영삼 특유의 연막전술과 저돌적인 돌파력 등 정치스타일에 대해서조차 '긍정적(69%)'이라며 환호했다.

그러나 취임 1주년(94년 2월 23일)을 맞아 이 지역 4대 일간지가 실시한 설문조사에서는 문민정부 지지율 42.5%로 반전하더니, 95년 1월의 여론조사에서는 호남지역 낙후가 문민정부하에서 개선됐느냐는 질문에 '달라진 것 없다(80.8%)'거나 오히려 '악화됐다(12.7%)'는 의견이 93.5%로 최악의 상태에 이르렀다.

월간 『말』지 95년 2월호에 실린 '전라도 민심읽기' 라는 제하의 기사는 도대체 무엇이 잘못됐는지, 왜 호남인이 더 이상 김영삼에 대해 감사하는 마음을 갖지 않게 되었는지 그 점을 잘 말해 주었다.

"잘허는 것은 잘헌다고 해야제라우. 우리가 머 지역감정 땜시 김 대통령을 미워했다요. 그동안 군사독재정권 허고 한방 쓴다고 (3당합당) 미워했제. 누가 대통령되든 고렇게만 헌다면야 적극 밀어줘야제라."(농민 김성수, 60세, 나주)

"처음에는 개혁정책을 무척 지지했습니다. 비록 우리가 김대중 씨를 밀기는 했으나 김 대통령이 하나회 등 군부세력을 몰아내고, 재산공개 등을 과감하게 추진하니까 김대중 씨도 못할 일을 해낸다고 해서 주부들 사이에 칭찬이 자자했지요. 무작정 김대중 씨만을 밀었던 우리의 선택이 잘못된 게 아닌가 하고 부끄럽기조차 한 적도 있지요."(가정주부 김영순, 광주 계림동)

"고위 공직자의 부정부패를 시원하게 들춰낼 때는 저 자신이 부끄러웠지만 한편으로는 이제야 우리도 떳떳하게 주민을 대할 수 있겠다 싶어 내심 기뻤지요."(공무원 이등로, 42세, 곡성 오곡면사무소)

"초창기 이인제, 남재희 씨 등이 노동부장관으로 취임했을 때 우리 노동자들은 꽤 기대를 걸었습니다. 3자개입, 복수노조, 노조의 정치참여 금지조항 등 그간 노동악법으로 지목돼 온 노동법을 손질하겠다고 했으니까요."(이광범, 32세, 아시아자동차 노조 사무국장)

"정말 문민정부는 뭔가 다르구나, 지금까지 우리가 김영삼을 권력에 눈이 어두워 3당합당으로 여당에 붙어먹었다고 몰아붙였던 게 너무 짧은 소견이었구나 싶은 생각마저 들었지요. 이렇게 과감한 개혁을 추진한다면 김대중 씨보다 차라리 나을지도 모르겠다 싶었죠."(익명의 호남인)

"솔직히 바람만 잡아놓고 뭐 하나 끝까지 처리된 게 없잖아요. 저 같은 공무원 입장에서는 이제 솎아낼 사람 솎아냈으면 부정을 구조적으로 방지할 수 있는 방책, 즉 후생복지를 획기적으로 개선하고 부정을 저지른 사람은 엄벌에 처해야 할 텐데 그런 조치가 뒤따르지 않으니, 원……."(익명의 호남인)

"UR 문제를 처리하는 방식을 보면 너무 실망스럽습니다. 왜 그렇게 며칠이면 드러날 뻔한 사실을 두고 국민에게 거짓말을 하는 겁니까? 농지기본법도 그래요. 경자유전 원칙을 강화하는 게 아니라 오히려 재벌의 땅투기만 부추기는 꼴로 나아가니……."(익명의 호남인)

"머시라우? 언제라고 전라도를 사람 취급했습디까? 발샅에 때만큼도 못헌 종자로 여긴디 머……. 애당초 기대헌 바도 없응께 화가 날 것도 없수."(농민 오상수, 64세, 곡성 구성마을)

'지역패권주의' 대 '지역등권주의'

그런 실망감에 김영삼의 'PK 패권주의'에 대한 염증까지 가세했다. 김영삼에 실망하는 만큼 호남인들의 김대중에 대한 미련도 강해졌다. 1995년 5월 광주 YMCA 하남지부 관장 정찬용은 김대중에 대한 호남인들의 정서를 이렇게 비유해 표현했다.

"찢어지게 못 사는 집안에 괜찮은 자식놈 하나가 태어났다. 온 집안이 그 놈만 바라보고 있는데 그 놈이 바깥에서 자꾸만 얻어맞고 돌아온다. 그때마다 그 놈에 대한 실망은 이루 말할 수 없다. 하지만 조금만 지나면 실망한 쪽 그만큼 그 놈에게 연민의 정이 느껴진다. 그리고 현실적으로 다른 놈이 없기 때문에 그 놈만 또 바라볼 수밖에 없다."[31]

그런 호남 민심을 간파한 김대중은 6·27 지방선거를 내다보고 이른바 '지역등권론'을 내놓았다. 김대중이 '지역등권론'이라는 신조어를 선

---

31) 「한겨레21」, 1995년 5월 18일.

호남 민심을 간파한 김대중은 6·27 지방선거를 내다보고 이른바 '지역등권론'을 내놓았다.

보인 건 5월 27일 여수 강연에서였지만, 5월 26일 국민대 행정대학원 강의에서 그 취지는 이미 전달되었다.

김대중은 "특정 지역이 모든 것을 차지하고 나머지 지역을 소외·박해하는 것이 바로 지역패권주의"라고 했다. 김대중은 "이번 선거를 계기로 전국이 4~5개의 지역으로 분할될 것"이라면서 "지역이기주의는 바람직하지 않지만 각 지역이 서로 수평적으로 협력관계를 유지한다면 수직적 상하관계에 있던 때보다 진보된 상태가 될 것"이라고 했다.

김대중은 5월 27일 여수 강연에선 "그동안 TK, PK 패권주의 속에 살아왔으나 이번 지방선거로 우리는 패권주의가 아닌 등권주의, 수직적이 아닌 수평적 대등한 권리를 가진 지방화시대로 가고 있다"고 했다. 그는 지방선거가 끝나면 "특정 지역이 국정의 혜택과 권리를 독점하는 지역패권주의시대가 가고 모든 지역이 같이 대접받고 협력하는 수평적 등권주의시대가 올 것"이라고도 했다. 내외문제연구회 대변인 남궁진은 "지역패권주의는 지역차별주의이고 지역할거주의는 지역이기주의지만 지역등권주의는 공존공생주의"라는 해설을 덧붙였다.

김대중은 5월 30일 인천 목회자 정의평화실천협의회 초청 강연에선 "등권주의란 특정 지역이 모든 권력을 독점하는 것이 아니라 다른 지역과 똑같이 나눠 갖자는 것"이라며 "이 주장에 반대하는 것은 그동안의 권력 독점을 내놓기 싫어하기 때문"이라고 했다. 그는 "한 지역에서 대통령이 나왔다고 권력을 독점해 온 것이 과연 옳은 일이냐"고 반문하고 "등권주의가 실현돼야 전라도 푸대접, 충청도 무대접도 없어지고 전국이 똑같은 대우를 받게 된다"고 했다. 그는 "내가 주장하는 것은 4,500만의 등권주의를 의미하는 것"이라며 "이번 선거에서 반드시 지역패권주의를 끝장내야 한다"고 했다. 그는 또 "34년간의 불균형 사회를 끝장내고 전국이 모두 똑같이 발전하고 혜택 받는 분권주의가 되어야 한다"고 했다.

노무현의 김대중 비판

물론 지역등권론에 대한 반발은 거셌다. 민자당은 역이용의 소재로 삼았다. 예컨대, 1995년 6월 경남 창원시 정당연설회에서 국회의장 황낙주는 김대중의 지역등권론을 반박하면서 "김대중 씨가 지역감정을 자극하면서 돌아다닐 때 경상도가 뭉쳐야 한다"며 '경상도 단결론'을 역설하기도 했다.

민주 진영 내부의 비판도 만만치 않았다. 민주당 부총재 노무현은 "등권주의가 아무리 냉정한 정치현실을 감안한 논리라 해도 결국은 지역할거주의"라고 했다. 그는 "지역등권은 노선이나 정책에 대한 판단을 불가능하게 한다"며 "이런 논리라면 내가 부산을 지킬 이유가 없다"고도 했다. 민주당 부총재 이부영도 부산시장 후보 노무현의 정당연설회에서 김대중의 지역등권론을 겨냥해 김대중은 "권력욕에 눈 먼 사람"이라며 "이런 주장을 하는 사람이 어떻게 남북통일을 하겠습니까"라고 비난했다.

김대중은 "등권론의 배경에는 지자제 선거의 전략적 측면도 있는 거 아닙니까"라는 질문을 받곤 "글쎄 (전략이) 있다 하더라도, 내가 옳은 말 하는 것이라면 상관없는 것 아닙니까. 전략 없는 정당이 어디 있어요. 말이 옳으냐 그르냐가 문제지. 전략이 있느냐 없느냐가 문제가 될 순 없어요"라고 답했다.[32]

---

32) 「원」, 1995년 7월.

6·27 지방선거

김영삼은 산타클로스?

1995년 6월 27일 4대 지방선거(광역 및 기초자치단체장과 광역 및 기초의회의원 선거)가 헌정사상 처음으로 동시 실시됐다. 광역 및 기초단체장 직선은 61년에 중단된 이래 34년 만의 일이었다. 지방자치시대의 본격부활이었지만, 정당 간 정쟁도 그만큼 치열했다.

선거 3개월을 앞둔 시점인 3월 29일 중앙선관위원장 김석수는 기자회견 보도자료에서 "대통령의 지역개발 약속은 그 발표 시기를 늦추어도 정책을 수행하는 데 장애가 없으면 공명선거 분위기 조성을 위해 자제하는 것이 바람직하다"고 밝혔다. 그러나 그는 대통령의 지역개발 약속이 '통상적인 업무수행'이란 정부 여당의 반박이 있자 뒤늦게 이 대목을 취소하는 해프닝을 벌였다.

『중앙일보』 사회부 기자 김일은 4월 5일자 〈선심 행정과 정부의 일구이언〉이라는 제목의 '기자 칼럼'에서 "요즘 전국 곳곳에서는 '오해'를 살 만한 시책들이 벌어지고 있는 것으로 감지되고 있다"고 말했다.

"올해의 각종 시설 공사 중 70%를 상반기 중 발주하기로 했거나 4년 전 그럴듯하게 발표됐지만 서류함 속에 잠자고 있던 '백제권 종합개발계획'이 갑자기 살아나 지난달 공주에서 기공식이 열린 것 등이 그런 예다. 또 평소에는 주민들이 엄두도 낼 수 없던 군부대 관리의 해안 철책선이 인천시 요청에 따라 일부 철거돼 주민에게 위락지로 공개되거나 철옹성 같던 그린벨트가 부산지역 등에서 농업시설 명분으로 풀리는 등 근래 평상시와는 다른 낌새가 느껴지고 있다."

시간이 흐를수록 그런 '낌새'는 현실로 나타났다. 『말』 95년 5월호는 "신문을 보거나 텔레비전 뉴스를 지켜보는 전국의 국민들은 요즈음 대단히 즐겁다. 자기가 살고 있는 지역의 숙원 사업이 곧 해결될 것처럼 보이고, 생활과 밀접한 관련이 있는 분야에서 불편했던 점들이 머지 않아 해소될 것이라는 발표가 하루에 한 건꼴로 이어지고 있기 때문이다. 크리스마스도 아닌데 산타클로스처럼 '선물보따리'를 안고 다니며 국민들을 기쁘게 하는 사람은 누구일까. 다름 아닌 김영삼 대통령이다"고 말했다.

이 기사는 이어 "이미 강원도는 영동국제공항과 동서고속전철 건설이라는 선물을, 충남은 고속철도 대전 구간 지하화와 지하철 96년 착공, 서해안 고속도로 당진-홍성 구간 조기 착공을 선물로 받았다. 그 밖의 지역도 김 대통령이 지나가면 '척박한 땅'이 일시에 '젖과 꿀이 흐르는 땅'으로 변했다"고 말했다.

"최근에는 '꼬마 산타클로스'도 등장했다. 경상현 정보통신부장관이 '전화설비비로 받았던 3조 8,000억 원에 이르는 금액을 2,000만 명의 가입자에게 반환할 예정이다'라고 발표하자, 유상열 건설교통부차관이 국무회의에서 '자가용에 대한 정기검사제도 폐지를 검토하겠다'고 발표한다. 그러나 이번에는 총리실이 '자동차 정비업소 부족으로 고생하는 소비자의 불편을 해소하기 위해 3급 정비업소제를 도입해서 카센터 양

1995년 6월 27일 4대 지방선
거가 헌정사상 처음으로 동시
에 실시됐다.

성화를 유도하겠다' 고 맞장구를 친다. 지금 서울 장안에는 선물보따리
안에 중소기업 세제 혜택, 수도권지역 전세자금 지원, 그린벨트 해제, 정
부공사 상반기 내 70% 발주 등 수많은 선물들이 들어 있다는 소문이 무
성하게 일고 있다."[33]

33) 김종석, 〈김영삼의 지자제 돌파전략〉, 「말」, 1995년 5월, 44~51쪽.

민자당의 김대중·김종필 공격

그와 동시에 민자당은 김대중, 김종필에 대한 공격도 병행했다. 그 공격이 지나치다 싶었던지 『동아일보』 95년 4월 25일자 사설은 "며칠 전 김대중 아태재단 이사장을 '용공세력'으로, 김종필 자민련 총재를 '쿠데타세력'으로 빗댄 김덕룡 사무총장의 발언만 해도 그렇다. 제삼자적 입장에서 양측이 그동안 주고받은 공방을 인용하는 형식을 취하긴 했으나 오히려 교묘한 음해라는 인상을 남겼다. 물론 김 이사장과 김 총재 측이 어떤 형태로든 정치적 협력을 가시화시킨다면 그 역시 '야합'이라는 지적을 피하기 힘들다. 또 그러한 행태에 대한 비판에 어떤 제약을 둘 이유도 없다. 그러나 김 총장식 접근방법은 설득력이 약하다"며 다음과 같이 말했다.

"김 이사장에 대한 용공음해 문제는 대통령선거 직후인 93년 4월 민자당 대표의 공식 사과로 일단락됐고, 김 총재와는 얼마 전까지 함께 당을 한 처지 아닌가. 민자당과 검찰이 툭하면 끄집어내는 야당의 공천 헌금 내사설도 마찬가지다. 과거의 예를 보아 야당 내에서 이른바 '공천 장사'가 벌어질 개연성은 얼마든지 있다. 사정당국은 눈을 부릅뜨고 그런 범법행위를 잡아내야 한다. 그러나 익명의 당직자나 당국자가 구체적인 수상 대상이나 혐의 사실을 밝히지도 않은 채 밑도 끝도 없이 내사설을 유포하는 것은 떳떳하지 못하다."

김영삼은 수시로 세대교체를 역설했다. 그는 95년 4월 26일의 기자간담회에서도 "김대중 씨는 세계를 향해 정계은퇴를 선언했으니 또 나오지 못할 것이다"며 "내가 퇴임할 때 자연스럽게 세대교체가 될 것이다"고 말했다.

민자당은 지방선거를 앞두고 직능단체를 공략한다는 차원에서 민자당을 지지하는 무술·역술인들을 중심으로 경신회를 발족키로 했다. 5월

4일 민자당 관계자는 "지난 대통령선거 당시 2만여 명의 무술·역술인들이 김영삼 대통령을 자발적으로 지지했었다"고 소개하고 "이 가운데 130여 명을 모아 8일 당사에서 경신회를 발족하고 정치 세를 확대해 나갈 방침"이라고 했다.

정부 여당은 그간 여론 조성이 필요할 경우 여론에 무시 못할 영향을 미치는 무술·역술인들을 은밀히 활용해 왔는데, 그걸 좀 더 드러내 놓고 활용하겠다는 것이었다. 이에 대해 민주당 대변인 박지원은 "이는 김영삼 정권이 반과학적, 반세계화적 발상을 하고 있는 것"이라며 "여당은 무속인들뿐만 아니라, 얼마 전에는 거제도 반공포로들을 중심으로 반공청년회까지 결성했는데 이는 50년대 백골단·땃벌떼를 연상케 한다"고 즉각 해체를 주장했다.

'표는 모든 정책결정의 최우선 고려사항'

『중앙일보』 경제부 기자 김왕기는 5월 22일자에 쓴 〈또 선거철인가〉라는 제목의 '기자 칼럼'에서 "부산 그린벨트 해제, 1조 2,500억 원의 기금 조성을 골자로 한 중소기업 지원대책, 부가가치세 등 세금 깎아주기" 등 "최근 경제부처를 중심으로 갖가지 정책이 잇따라 쏟아지고 있다"고 지적했다.

"최소한의 집권당 프리미엄은 인정한다 치자. 문제는 경제다. …… 깨끗한 정치, 돈 안 쓰는 정치가 거듭 강조되고 있는데 그렇다면 '봉투'에 들어있는 것만 '깨끗하지 못한 돈'이고 재정이나 은행을 통해 나가는 돈은 아무런 뒤탈이 없다는 말인가. 정치권의 관심이야 '표'가 우선일지 몰라도 이로 인한 피해는 결국 국민들의 부담이다. …… 덕산그룹 부도와 관련, 광주지역 건설업체 관계자들이 추가 지원을 바라고 잇따라 입당하고 있다며 좋아하는 민자당의 모습은 차라리 코미디에 가깝다."

5월 24일 부산시청 앞에서 열린 '2002년 아시아경기대회 유치단 환영식'도 민자당 표몰이 행사로 전락하고 말았다. 이 자리에선 민자당 부산시장 후보인 문정수가 참석해 일장 연설을 했으며, 부산시 모 의원은 환영식 말미에 '대한민국 만세'를 선창한 뒤 갑자기 '김영삼 대통령 만세'를 외쳤다.

재정경제원은 5월 27일 증시부양책을 발표했다. 『한겨레신문』 기자 김현대는 5월 29일자 '기자 칼럼'에서 "외국인 투자자들은 아예 부양책을 이해하지 못한다. 그들의 투자 프로그램에는 '정부개입'이란 변수가 입력돼 있지조차 않다. 주가 하락을 예상하고 주식 매물에 나섰던 외국인 투자자들은 '또 한번 도깨비에 당했다'고 한국의 증권 당국을 맹비난했다"고 썼다.

"재경원도 증권업협회도 이제 부양책을 국민소득 1만 달러 시대의 '나라 창피'라고 생각한다. …… 모두가 시큰둥하게 여기는 부양책의 탄생 배경은 경제 논리로는 도저히 설명이 불가능하다. 결국 정부 여당의 선거대책본부에서나 그 답을 들을 수 있는 모양이다. 홍 부총리가 하루에도 몇 번씩 주식 시세를 챙기는 것도 그런 맥락에서 이해된다. 정권 타도를 외치는 증권가의 전문 시위꾼이나, 선거용 부양책을 내놓는 당국이나 수준은 고만고만하다."

정부 각료와 도지사 등은 지역 숙원사업 등에 대한 공약성 정책을 잇따라 발표했는데, 부총리 홍재형도 증시부양책만 가지고선 모자라겠다 싶었던지 그걸 발표한 그날로 부산으로 내려갔다. 그는 부산에 내려가 상공인들과 만난 자리에서 국가공단에만 지원하던 국고를 필요성이 인정될 경우 지방공단에도 지원할 방침이라고 밝혔다. 그는 또 2002년 아시아경기대회를 위해 호텔이나 여관 등에 대한 시설자금 대출, 항만 지원 교통시설, 맑은 물 공급 등의 해결을 위해 적극 지원하겠다고 밝히는 등 갖가지 지역현안사업에 대한 중앙정부 차원의 지원을 약속했다.

『한겨레21』 95년 6월 1일자는 "'표는 모든 정책결정의 최우선 고려사항' 선거 때마다 나타나는 이 지적은 최근 나타난 정책결정 과정에서 그대로 반복된다. 이른바 문민정부의 논의 구조 역시 과거와 크게 다르지 않은 셈이다"고 말했다.

"이 같은 지적을 가능케 한 대표적인 실례는 학군장교 근무연장 번복, 자동차세 연 2회 선납 조치 번복, 한약분쟁과 관련한 서상목 보건복지부 장관 경질, 자동차 주행세 도입 전면 유보 등. 대부분 대통령 자신이 결재한 사안이거나 관계부처 간에 이미 협의가 끝난 조치임에도 대통령의 번복이나 결심에 따라 졸지에 뒤집어진 사례다. 그의 이런 결심의 근거는 다름 아닌 표 계산."

『세계일보』 유럽총국장 주섭일은 95년 5월 30일자 칼럼에서 "6·27 선거를 앞두고 국제사회에 비쳐진 현 정부의 이미지는 매우 부정적이다. 광주항쟁 15주년 기념일에 기동경찰이 학생시위대를 향해 최루탄을 무차별 난사하는 장면, 현대 자동차공장에 투입된 진압경찰이 난폭하게 노동자들을 체포하는 모습, 그리고 노동부장관이 뇌물 수수 혐의로 구속됐다는 보도 등은 개혁정부의 이미지를 여지없이 추락시켰다"고 말했다.

"YS가 타도의 대상으로 투쟁했던 군정시대가 복귀한 것으로 착각할 만한 한국의 어두운 풍경들이 또다시 펼쳐진 것이다. 이것은 이미 성수대교 붕괴와 대구 지하철 공사장 폭발을 목격했던 유럽인들에게 너무나 실망스러운 정치상황으로 평가되고 있다. 인권탄압, 노동자착취, 관리들의 부정부패 등 군사정권의 모든 병폐들이 문민정부에서 재연됐다는 인상을 심어주기 때문이다. 많은 서구 지식인들이 필자에게 문민정부 밑에서 군정시대의 악순환이 벌어지고 있는 이유를 물었을 때 설득력 있게 설명해 줄 수가 없었다. YS개혁으로 한국에 민주주의가 뿌리내려 꽃을 피우고 있다고 믿었던 유럽인들에게 현 정권이 보여 준 부정적 이미지는 적지 않은 충격을 준 것 같다."

"법 위에 표 있다"

6월 들어서도 "법 위에 표 있다"는 원리는 철저하게 작동했다. 6월 8일 통상산업부는 직물산업합리화조치를 97년 6월 말까지 2년간 공식 연장한다고 발표했다. 이는 청와대 경제수석 한이헌이 주무부처의 기존 입장을 번복케 한 것이었다. 국내 직물업체 2,750개 중 60%에 이르는 1,600여 업체가 대구·경북지역에 몰려 있다는 걸 염두에 둔 조치였다.[34]

대구·경북을 겨냥한 직물산업합리화조치가 발표된 그날 김영삼은 부산을 방문했다. 그는 2002년 아시아경기대회와 관련, "대회 유치를 계기로 부산은 완전히 새로운 도시가 될 것"이라며 "2002년 아시아경기대회의 성공적인 개최를 위해 아시아경기대회 특별지원법을 제정해 올 정기국회에서 반드시 통과되도록 하겠다"고 말했다.

『한국일보』 경제2부장 정종호는 6월 10일자에 쓴 〈선심성 정책의 남발〉이라는 제목의 칼럼에서 "선심성 정책이 쏟아지면 선거철임을 알 수 있다. 이번 지자제 선거도 예외가 아닌 것 같다. 정부와 여당은 최근 들어 각종 선심성 정책을 잇달아 발표하고 있다. 이번 주만 해도 고령자 취업 확대방안(6일), 취업여성에 대한 자녀양육비 소득공제방안(8일) 등 굵직한 정책들이 연이어 발표됐다"고 말했다.

이즈음 한국통신 노사분규에 대한 김 정권의 강경 대응은 역효과를 불러일으키고 말았다. 김 정권은 노조원들이 있는 명동성당과 조계사에 경찰을 투입했다. 그간 김영삼의 개혁 지지 발언을 아끼지 않던 추기경 김수환마저 급기야 6월 11일 명동성당에서 열린 특별미사 강론을 통해 "정부는 이번 공권력 투입으로 명동성당 공간뿐 아니라 이를 만들고 지켜온 우리 사회의 도덕적 힘을 짓밟고 말았다"고 비난했다.

---

34) 『신동아』, 1995년 7월.

『한국일보』 6월 15일자 경제면 머리기사는 정부의 선심성 정책으로 인해 2,300억 원의 세수 감소가 발생했다며 "경제가 실종됐다. 4대 지방자치 선거를 앞두고 급박하게 전개되는 '선거 드라이브'의 소용돌이에 휘말려 경제정책은 원론적 구성요건이라 할 수 있는 최소한의 합리성과 형평성, 신뢰성마저 잃어가고 있다"고 개탄했다.

『국민일보』 6월 18일자 '생활경제' 면 머리기사도 "선거 때문에 경제원칙 무너진다"고 경고했다. 그런데도 6월 19일엔 내무부까지 가세해 그야말로 속보이는 지방세법 시행령 개정안까지 내놓았다. 지방세 중과세 대상이 되는 '대도시'의 범위에서 부산과 대구를 제외하겠다는 것이었다.

이젠 재벌들까지 선거판에 뛰어들었다. 재벌급 대기업 직원들이 조직적으로 특정 민자당 후보의 자원봉사 신청서를 작성했는가 하면, 계열사 임직원들이 직·간접으로 민자당 후보 지원에 나서기까지 했다.

쌀 '깜짝쇼'

김영삼은 6·27 지방선거를 앞두고 남북정상회담을 구상하고 있었다. 그는 95년 5월 4일 주한 일본 특파원들과의 간담회에서 남북정상회담은 북한에 새로운 주석이 취임하면 이뤄질 것이라고 말했다. 그간 김영삼이 대통령으로서 했던 일련의 대북 발언과 남북정상회담은 너무 어울리지 않는 것이었기에 이 발언은 많은 사람들을 놀라게 만들었다.

미국『워싱턴타임스』 1995년 5월 29일자는 "한국의 여당인 민자당이 정치적 곤경에 처하자 최근 발생한 북한군의 휴전선 침입을 두고 지나치게 휴전선 일대에 긴장을 고조시키고 있다"며 "게리 럭 주한미군 사령관은 한국군 지도자들에게 북한군의 휴전선 침입을 정치적으로 이용하지 말도록 경고했다"고 보도했다. 실제로 주한미군 대변인 짐 콜스는 휴전

김영삼 정권은 선거 막판에 '새로운 카드'를 선보였다. 북한에 대한 쌀 지원이 바로 그것이었다.

선 일대에는 아무런 변화가 없다고 말하고 "대부분의 북한 군인들은 현재 모심기를 하고 있으며 모든 상황이 정상"이라고 말했다.

　김영삼 정권은 선거 막판에 이미 '새로운 카드'를 선보였다. 북한에 대한 쌀 지원이 바로 그것이었다. 쌀 회담의 주역인 재정경제원 차관 이석채는 북경에서 돌아와선 마땅히 공개해야 할 것은 공개하지 않은 채 오로지 '대통령의 현명한 판단'만을 강조했다. 통일원장관은 물론 현지의 주중대사도 북한과 회담하는 시간과 장소도 몰랐다. 모든 게 비밀투성이였으며, 재원에 대한 준비도 없었다.

　『조선일보』 95년 6월 20일자 〈기자수첩: 쌀 '깜짝쇼' 유감〉은 "쌀 지원 문제가 합의된 것으로 전해진 지금, 과연 쌀 문제를 이처럼 '깜짝쇼' 하듯 비밀 외교로 처리했어야만 했는지 의구심이 든다"고 말했다. 「문화일보」 6월 24일자의 기사 제목 그대로 " '쌀대책' 밀어붙이기"였다. 그렇게 비밀리에 밀어붙여야 할 절박한 이유가 있었던 것일까?

이에 대한 궁금증은 「동아일보」 6월 24일자 1면 머리기사 제목이 풀어 주었다. 이 기사는 김영삼의 기자간담회 발언을 인용해 "김정일 비서 주석 취임 뒤 남북정상회담 이뤄질 것"이라는 제목을 달았다.

6월 25일에 전격적으로 서명이 이루어졌다는 대한무역진흥공사 사장 박용도와 북한의 삼천리총회사 총사장 김봉익과의 실무계약서도 공개되지 않았다. 또 박용도는 마치 007을 방불케 할 만큼 서둘러 북경에서 귀국했다. 이 이해할 수 없는 일에 대해 「주간조선」 7월 6일자는 "여기서 우리는 박 사장이 서둘러 귀국한 날이 지방자치선거 이틀 전인 6월 25일이라는 점을 떠올리지 않을 수 없다"고 말했다.

"더구나 이날 오후 5시에는 동해항에서 이홍구 총리가 참석한 가운데 북한으로 가는 쌀을 실은 시 아펙스호가 출항식을 가졌다는 점도 상기해 보지 않을 수 없다. …… 이런 많은 의문들에 '북한에 쌀을 주기로 한 사실은 지방자치선거에서 김영삼 대통령이 이끄는 집권 민자당에 도움이 될 것'이라는 사실을 대입시키면 불행히도 이들 많은 의문들이 풀린다는 점을 우리는 과연 어떻게 받아들여야 하는 것일까."

그렇게 온갖 무리를 범해 가면서 북한에 쌀을 시급히 보내야 했다면, 북한에 우리보다 먼저 쌀을 보내면 안 된다고 일본에 요구했던 건 어인 이유에서였고 선명회가 보낸다고 했을 때에도 안 된다고 했던 건 어인 이유에서였을까?[35]

---

35) 정부는 1995년 6월 25일부터 10월 10일까지 15만t의 쌀을 북한에 주었다. 남한 쌀의 북한반입은 분단 이후 처음이었지만 쌀 수송선의 인공기 계양과 억류사건으로 남북관계 개선에 도움을 주지는 못했다. 김영삼은 1996년 새해 국정연설을 통해 공식적으로 추가적인 대북 식량지원에 반대한다고 밝혔다.

민자당의 김대중·조순 공격

선거 막판에 민자당은 '김대중 때리기'에 열중했다. 대변인과 임정규, 이신범, 김정숙 등 3명의 부대변인들이 번갈아가며 하루에도 4~5편의 논평과 성명을 냈고, 선거기간 중 두 번으로 발행이 제한돼 있는 당보의 한 회를 온통 김대중 비난 전용으로 100만 부나 만들어 뿌리기까지했다.

기자들도 민자당의 그 집념에 놀랐다. 『중앙일보』 95년 6월 2일자 기사는 "김 이사장의 …… 정치 개입에 민자당이 단단히 독을 품은 것 같다. 연일 김 이사장을 비난하고 있다. 단 하루도 쉬지 않고 있다. 정확히 나흘째다"라고 말했다.

또 『세계일보』 1995년 6월 4일자 기사는 "여권이 이번 지방선거를 앞두고 사실상 김대중 아태재단 이사장을 최대의 공격 목표로 상정하고 있음이 갈수록 확연히 드러나고 있다. 민자당이 김 이사장의 일거수일투족에 하루 한건주의로 공격을 가하고 있는 것이 벌써 일주일째 접어들고있다"고 말했다.

『경향신문』 6월 16일자 '기자석' 칼럼은 "민자당은 15일 오전 배포한 이춘구 대표 정당연설회 연설문에 김대중 아태재단 이사장에 대한 비난 부분을 한층 늘려 이날 다시 배포"했다며 "물 한잔 먹는 것과 같이 시도 때도 없이 말을 바꾸는 사람'이라는 등 김 이사장 비난 부분을 대폭 추가"했다고 보도했다.

95년 6월 25일 오후 대구 수성천변에서 열린 조해녕 민자당 대구시장 후보의 정당연설회에서 찬조연사로 나선 민자당 사무총장 김덕룡은 "우리가 대구당, 경북당, 경남당 등으로 쪼개지면 결국 김대중 씨를 돕는 것입니다. 여러분 과연 그래도 좋습니까"라고 말했다.

김영삼은 미국 시사주간지 『타임』의 6월 26일자 인터뷰에서 "여론조사시 80% 이상이 세대교체를 희망하고 있으나 나의 임기 만료쯤에는 90% 이상이 세대교체를 적극 주장할 것이다. 차기 대통령은 세대교체된 새 인물이 나올 것이 절대 확실하다"고 말했다.

김영삼은 '세대교체론'을 부르짖으면서도 서울시장 후보엔 67세나 된 정원식을 무리를 범해 가면서까지 밀어붙였다. 민자당은 민주당의 서울시장 후보 조순을 향해 '남로당 입당' 운운하며 매카시즘적 공세를 펼쳤는데, 선거 전날인 6월 26일엔 대변인과 부대변인 명의의 논평을 11차례나 냈다. 그 논평 모두가 조순의 전력을 문제삼는 것이었다.

민자당 대변인 박범진은 심지어 "조 후보의 참모진들은 대부분 나이가 젊어 그의 부끄러운 과거를 잘 몰랐을 것이다. 조 후보도 그의 과거가 하나하나 드러나면서 정직하지 못한 데 대해 괴로워하고 있다고 듣고 있다"고 주장하기까지 했다.

민자당의 참패, 김대중의 복귀

34년 만에 전면 실시된 4대 지방선거 투표는 68.4%의 투표율을 기록하면서 "민자당의 참패, 민주당과 자민련의 승리, 무소속의 약진"으로 귀결되면서 '신 여소야대' 정국을 출현시켰다. 특히 각 정당은 자신의 '근거지'에서 예외 없이 승리를 확정지음으로써 확연한 지역분할 구도를 재현했다.

민자당은 15개 시도의 광역단체장 가운데 3분의 1인 5개 지역을 건지는 데 그쳤다. 더욱이 이 선거의 최대 승부처인 서울시장 선거에서 민주당 후보 조순이 당선된 데다 민자당 후보인 정원식은 박찬종에 이어 3위로 밀려나는 '수모'를 겪음으로써 큰 타격을 입었다.

민자당의 이런 참패는 일차적으로 3당합당 구도의 와해로 기존의 득표기반이 무너진 데 따른 것이었다. 그동안 여권의 표밭이었던 충청, 강

1995년 9월 5일 은퇴번복 시비가 있었지만 김대중은 새정치국민회의를 창당, 총재에 취임했다.

원권이 자민련에 넘어간 것은 물론 대구도 무소속에 넘겨주었다. 민자당의 참패는 이런 요인 외에도 그동안의 '실정'에 대한 유권자들의 심판 성격이 짙었다.

민주당은 호남지역을 석권하고 최대 승부처인 서울시장 선거에서 승리함으로써 애초의 목표를 달성했다. 특히 민주당으로서는 '서울제압'이 갖고 있는 상징적 의미에 크게 고무되었다. 자민련은 사실상 이번 선거의 최대 승리자가 됐다. 지역기반인 대전·충청권을 석권한 것은 물론 영토를 강원도까지 확대했다. 김종필 총재로서는 재기를 위한 입지 구축 이상의 성과를 거둔 셈이었다.[36]

『말』지 기자 김종석은 95년 7월호 '민심기행'에서 자민련을 민 충청 도민의 민심을 전했다. 계룡산 휴게소에서 만난 ㄷ제과 배달사원 한중일

---

36) 『한겨레신문』, 1995년 6월 28일, 1·3면.

은 "국제적인 내 이름값에도 못 미치는 이런 말을 해서 미안하지만유, 경상도당, 전라도당이 다 자기 사람 챙기는데 어쩔거에유? 우리도 제이피를 밀어야지유"라고 말했다.

6·27 선거로 심판을 받은 김영삼 정부의 실정의 내용은 과연 무엇이었던가? 『한국일보』 7월 7일자 '장명수 칼럼'은 "반김영삼 정서의 가장 큰 요인은 정책에 대한 반대가 아니라 스타일에 대한 염증이었다"면서 다음과 같이 말했다.

"지나친 비밀주의와 깜짝쇼, 심사숙고하지 않은 부적절한 결정, 아주 짧은 연설조차 원고에 의존하고 있는 언변 부족, 선거 참패를 인정하는 데 일주일이 걸리는 자만심과 고집, 군 출신 대통령들과 별로 다르지 않은 가부장적이고 권위주의적인 이미지 등이 취임 초 90%가 넘던 높은 지지율을 좀먹어 왔다. 대북 쌀 지원에서는 그의 스타일이 상징적으로 드러난다. 철저한 비밀회담, 발표에서의 과장과 흥분, '외국쌀을 사서라도 북을 계속 지원하겠다'는 돌출 발언 등은 그동안 국민이 자주 보아온 스타일이다."

92년 12월 18일 14대 대통령선거 패배 직후 정계에서 은퇴했던 김대중은 이 선거를 발판 삼아 2년 7개월 만인 95년 7월 18일 정계에 복귀했다. 이에 따라 은퇴번복의 시비가 일었지만, 김대중은 9월 5일 국회의원 65명으로 제1야당 새정치국민회의를 창당, 총재에 취임했다.

김영삼은 그간 "차기 대선에서는 세대교체가 이뤄질 것"이라고 말했었지만, 6·27 지방선거 참패로 권력이 약화되자 "임기가 2년 5개월이나 남은 시점에서 후계 구도 논의는 바람직하지 않다"며 논란을 봉쇄했다. 그러나 95년 10월 9일 이회창(총리의 권한 행사 문제로 94년 4월 결별)이 부상하자 일본 『니혼게이자이신문』과의 인터뷰에서 "국민이 놀랄 만한 세대교체를 실현하겠다"며 '젊은 후보론'을 다시 꺼내들었다. 이는 경기지사 이인제로 이회창을 견제하기 위한 것으로 해석되었다.

삼풍백화점 붕괴

'탐욕의 종말 삼풍 대학살!'

1995년 테헤란로가 테헤란밸리로 태어나는 등 강남은 번영을 구가하고 있었다. 그런데 그 번영의 한복판에서 믿기 어려운 일이 일어났다. 6·27 지방선거 이틀 후인 6월 29일 오후 5시 55분경 서초구 서초 4동에 있는 삼풍백화점이 붕괴되는 대참사가 발생한 것이다.

삼풍백화점은 서초구 서초동 법원 청사 맞은편의 삼풍아파트 단지 내 부지 4,666평에 자리잡고 있었는데, 지상 5층 지하 4층으로 89년 12월 1일 개장했다. 94년 매출액 1,646억 원으로 전국 백화점 랭킹 7위였지만, 단일 매장 규모로는 서울 롯데백화점 본점에 이어 전국 2위였다.

붕괴 사고 후 1,500여 명의 실종자 가족이 모여 있던 서울교대 체육관에는 갖가지 애절한 사연들이 담겨진 실종 가족 찾기 벽보가 나붙었다. 구조 작업은 극적인 인간 드라마가 되었다. 텔레비전은 100시간 동안 생방송을 했다.

1995년 6월 29일 삼풍백화점이 붕괴되는 대참사가 발생하였다.

사고발생 28시간 만에 대원외국어고 교사 홍성태가 구조되었고, 지하 3층에 매몰되었던 환경미화원 24명이 52시간 만에 구조되었으며, 지하 1층에서 아르바이트를 했던 최명석(20세)이 매몰 11일 만에, 유지환(여·18세)이 13일 만에, 박승현(여·19세)이 사고발생 17일(377시간) 만에 구조되었다. 박승현의 경우 물 한 방울 먹지 못한 상태에서 17일을 견뎌낸 것으로 기적과 같은 일이었다.[37]

『한겨레21』 95년 7월 13일자는 이 사고를 표지 기사로 다루면서 〈탐욕의 종말 삼풍 대학살!〉이라는 제목을 달았다.

"돈 때문이었다. 그놈의 돈 때문에 무고한 시민 110명이 숨지고 300여 명의 생사가 확인되지 않고 있다. 1,000여 명은 다리가 잘리고 갈비뼈가 부러지는 치명적인 부상을 입었다. …… 삼풍백화점의 역사는 21년 전으로 거슬러 올라간다. …… 부동산업계에서는 당시 이 일대가 평당 대략 20만 원에서 30만 원가량 했을 것으로 추정한다. 지금은 인근에 지하철 2개 노선이 지나가고 법조단지가 들어서는 바람에 금싸라기 땅으로 변해 평당 2,500만 원을 호가한다. 땅값만으로도 100배를 벌었다."[38]

사고 결과는 끔찍했다. 사망자 502명, 부상자 937명이었다. 이 사건이 있은 후 한동안 국내에 거주하는 외국인 사회에는 물론이고 내국인들에게도 백화점 기피 현상마저 일어났다.[39] 풍 세 개면 패도 못 돌리고 다 죽어야 하는 삼풍고돌이도 유행했다.

삼풍과 지역감정

박두진은 "삼풍백화점의 무너짐은 성수대교와 마찬가지로 정교한 폭파범 아니면 해내기 힘든 기괴한 무너뜨림이었다. 이에 비견하듯 국내 최대 인명사고, 최고 보상액, 물 없이 버티기 세계 2위, 국내에선 1위로 불사조 신화를 만들어 냈다. 하지만 기록 경쟁 보도의 이면에는 다른 상징적 요소들도 있다"며 다음과 같이 말했다.

---

37) 손정목, 『한국도시 60년의 이야기 2』(한울, 2005), 265쪽; 이상훈, 〈노 정권을 세 번 굴복시킨 언론과 여승의 합작품: '지율 100일 단식설'의 비과학〉, 『월간조선』, 2005년 3월, 260~277쪽.

38) 김정곤, 〈소름끼치는 '탐욕': 삼풍백화점 대학살 주범은 '파렴치한 돈'이었다〉, 『한겨레21』, 1995년 7월 13일, 9면. 삼풍백화점 회장 이준과 그의 아들이며 사장인 이한상은 구속되었으며, 이한상은 7년간 옥살이를 하고 2002년 10월에 출감했다. 이준은 2003년 4월 출소해 그해 10월 세상을 떠났다. 보상재원 마련을 위해 전 재산이 압류돼 이준 가족은 모두가 파산했으며, 이한상은 현재 몽골에서 선교사로 활동하고 있다. 그는 "삼풍 사고로 상처받은 분들에게 하나님의 특별한 위로가 있기를 기도한다"고 말했다. 노용택, 〈삼풍 속죄: 이한상 전 사장, 몽골 선교사로 헌신의 길〉, 『국민일보』, 2006년 3월 4일, 1면.

39) 손정목, 위의 책, 266쪽.

"준엄한 심판대를 두들기는 율사들과 서슬퍼런 법집행의 검투사들과 그 수련생들이 모여있는 그러나 보이지 않는 오리발 암투가 끊이지 않는 대법원, 대검찰청, 사법연수원을 마주보고 보란 듯이 무너져 내렸다는 것. 또 서울의 지하철 그물망을 미꾸라지새끼 빠지듯 개발제국 강남 떼부자들이 사는 아파트 한가운데 백화점이었다는 것. 그리고 그것은 자유시장의 최고로 화려하게 꾸민 꽃, 자본주의가 보란 듯이 내놓은 상품이자 최고로 집적된 콤플렉스였다는 것. 한마디로 한국 사회의 특수한 권력과 자본의 집산지에서 최고 상품이 무너진 것이다."[40]

김형국은 성수대교 · 삼풍백화점 같은 대형 구조물의 붕괴사고가 연이어 발생하자 그 원인 · 대책 · 예방책에 대한 진단이 백인백색(百人百色)으로 홍수처럼 쏟아졌지만, 이 모든 게 한국인이 '겁이 없는 사람'이 된 데서 오는 후유증인 것 같다고 말했다.

"지난 한 세대 동안의 지속적인 고도 경제성장과 같은 맥락으로 무릇 도시란 성장 일방적인 모습을 나타내기 마련이란 시각, 그리고 '하면 된다'는 도식적 발상법에 도취된 나머지 실패나 오차, 차질의 가능성을 인정치 않는 '실패 배제주의', 곧 '불패(不敗) 신드롬'에 빠졌기 때문이지 싶다."[41]

그게 바로 '위험을 무릅쓰는 문화(a risk-taking culture)'였다. '위험을 무릅쓰는 문화'가 세계에서 그 유례를 찾기 어려운 한국의 초고속 경제발전에 큰 기여를 하게 되었다는 걸 어찌 부인할 수 있으랴. '정주영 신화'의 경우처럼 한국 재벌들의 성공담에 빠지지 않고 등장하는 게 바로 도박과 같은 위험을 무릅쓰고 성공을 거둔 이야기가 아니었던가.

김형국은 삼풍 사고와 관련해 지역감정 문제를 거론했다. 그는 도서

---

40) 박두진, 〈뉴스 삼풍사고 보도〉, 『오늘예감』, 제4호(1995년 9월), 114쪽.
41) 김형국, 〈나의 서울살이 30년〉, 『사상』, 1995년 겨울, 102~103쪽.

지방의 낙후실태를 살펴보기 위해 한 학회를 따라 전남 여천군에 속한 거문도를 현지답사했다고 한다.

"귀경길에 여수에서 만난 택시운전사는 삼풍의 붕괴가 민자당 출신을 서초구청장으로 뽑았기 때문이라 단정했다. 국토균형개발이 전공인 동료 교수에게 택시운전사의 말을 인용하면서 지역감정의 골이 이렇게 깊다고 개탄했더니만, 악순환의 고리는 피장파장이라 전해 준다. 경북 산골 출신들의 향우회에 갔더니만 그 교수의 고향 친구들은 삼풍 사고가 서울시장으로 민주당 출신을 뽑았기 때문이라 단죄했단다."[42]

이어 김형국은 배타적인 지역감정의 진원지는 바로 서울이라며 "광주혁명이 일어나던 1980년 그 여름에 '서울의 18개 구청의 구청장 가운데 무려 16명이 경상도 출신이다'는 전라도 출신 택시운전사의 개탄이 지금도 내 귀에 생생하다"고 말했다.

"지방 도백으로 있다가 서울특별시장으로 부임한 새 시장이 간부 직원들로부터 부임인사를 받는 자리에서 거의 모두가 경상도 사투리로 인사하는 것을 듣고, 스스로도 복모음(複母音)이 잘 발음되지 않는 사투리인 줄은 잊은 채 '서울 표준말 좀 해라'고 간부 부하들을 나무랐다는 일화도 뜬소문만은 아닐 것이다. …… 지역의식이 지역사랑에 그치지 않고 배타적인 지역감정으로 확대재생산되고 있음이 지역차별에서 연유한 것이라면, 그 진원지는 바로 서울 땅이라 나는 생각한다. 우위를 점하는 부귀(富貴)의 현장이 바로 서울이고 차별을 행사할 수 있는 주체는 서울에 살고 있는 사람이기 때문이다."[43]

---

42) 김형국, 〈나의 서울살이 30년〉, 『사상』, 1995년 겨울, 86쪽.
43) 김형국, 위의 글, 88~89쪽.

'사고공화국'·'사과공화국'

김영삼은 참으로 운이 없는 대통령이었다. 김영삼 정부는 주로 대형 사고 때문에 집권 이후 8번이나 대국민 사과문을 발표하였다. 그래서 한국 또는 김영삼 정권을 가리켜 자조적으로 '사고공화국'이자 '사과공화국'이라고 부르는 말까지 나오게 되었다.

292명이 수장된 서해훼리호 침몰, 78명이 사망한 구포 무궁화열차 전복, 66명의 희생자를 낸 아시아나 항공기 추락, 32명의 생명을 앗아간 성수대교 붕괴사고, 101명의 사망자를 낸 대구 가스 폭발, 그리고 502명의 사망자를 낸 삼풍백화점 붕괴 등등 일일이 손으로 꼽기조차 힘들 정도로 대형 참사가 빈발했다. 그래서 심지어 "믿어야 할 것은 절대로 믿지 말라"는 말까지 인구에 회자되었다.

시인 김지하는 삼풍 참사와 관련, 정치권에 대한 환멸을 이야기한 뒤 "이제 시민이 나설 때다. 본디 우리 민족은 이름 없는 민초들이 권력자나 지식인이나 지도자보다 훨씬 더 슬기롭고 치열하게 국난과 전환기에 대처했던 맥맥이 역사적 전통을 가진 민족이다"고 말했다.

"삼풍 참사에서 생명 질서의 오묘함과 이제껏 물질지상주의에 짓밟혔던 생명 가치의 거역할 수 없는 중요함을 전율과 함께 깨닫고 여야를 막론한 정치인들과 그들 주위에서 수다스럽게 동요하는 지도적 지식인들의 참담한 작태를 똑똑히 목격하고 이 강렬한 빛과 그 짙은 그늘의 대비를 통해 날카로운 판별력을 획득한 시민 자신이 나설 때다."[44]

김지하는 시민이 나설 것을 촉구하면서 "생명력이 정권을 잡으라"고 외쳤다.

95년엔 유조선 좌초사고마저 잇따랐다. 시프린스호(7월 23일)를 시작

---

44) 김지하, 〈이제 시민이 나설 때다〉, 『중앙일보』, 1995년 7월 20일, 4면.

김영삼 정부는 대형사고 때문에 집권 이후 8번이나 대국민 사과문을 발표하였다. 그래서 한국 또는 김영삼 정권을 가리켜 자조적으로 '사고공화국'이자 '사과공화국'이라고 부르는 말까지 나오게 되었다.

으로 제1유일호(9월 22일), 호남사파이어호(11월 17일) 등 대형 유조선이 잇따라 남해안에서 좌초 침몰해 원유를 대량 유출시켰다. 이로 인해 어패류가 집단폐사하고 해양생태계가 파괴돼 남해안 어장이 중증을 앓았으며 특히 맹독성 적조까지 겹쳐 어민들이 큰 피해를 보았다.

그러나 일본에 비해선 한국은 복 받은 나라였다. 95년 1월 17일 일본

효고(병고)현 남부에서 리히터 규모 7.2의 강진이 발생해 5,000여 명이 숨지고 2만 7,000여 명이 부상했으며 7만 4,000여 채의 건물이 파괴되는 등 최악의 참사가 발생했다. 이는 지난 23년 관동대지진 이후 최악의 지진으로 기록됐다.

김영삼 정권의 방송 탓

그러나 김영삼 정권은 아무런 반성도 하지 않았다. 95년 7월 4일 청와대 정무수석 이원종은 롯데호텔에서 지자체 선거 및 삼풍 사건 방송보도와 관련, KBS · MBC · SBS 방송 3사 사장을 불러 강하게 불만을 표시하는 한편, 김영삼 대통령 이미지 제고를 위해 일부 보도 협조도 요청한 것으로 알려졌다.

이 같은 사실은 한국방송노조건설준비위원회가 발행하는 『방송노보』 7월 14일자를 통해 밝혀졌다. 이 신문은 이원종이 4일 롯데호텔에서 방송 3사 사장을 불러 "지자체 선거 과정에서 방송사들이 야당의 지역주의와 지역등권론에 대해 효과적인 비판 보도를 하지 못한 것은 물론 여당의 세대교체론에 대해 충분하고 효과적인 홍보가 미흡했다"고 질타했으며 "삼풍백화점 붕괴를 포함, 여러 재해에 대해 국민 여론이 부당하게 대통령에 대한 비난으로 집중되고 있는 것은 언론의 탓"이라고 발언했다고 밝혔다.

『방송노보』는 "이 모임의 결과인지 그 이후부터 각 사의 뉴스에서 삼풍사건을 다루는 데 미담을 위주로 한 연성보도의 양이 급증했으며 5일엔 『뉴스위크』지의 일부 내용을 확대 과장해 '대통령 무책임론'을 강조하는 일이 발생했다"고 분석했다. 『방송노보』는 또 각 방송사의 보도국 간부들이 'YS 옹호 발췌' 보도와 관련하여 '사전에 조직 상부와 외부의 압력이 있었다는 사실을 시인' 했으며 '3개 방송사가 이미 같은 시기에

확대 보도하기로 결정한 것으로 알고 있다'고 말한 사실도 밝혔다.[45]

또 『방송노보』 95년 8월 2일자는 "요즘 방송 뉴스에서 지나칠 정도로 '이기택 총재 키우기'를 하는 것을 놓고 방송 노조들이 고민에 빠져 있다"고 보도했다.

"지난 2년간 이 총재의 홀대를 불공정 방송으로 판단하여 시정을 요구한 일이 많았는데, DJ의 신당 추진 이후 이 총재는 여당 대표보다도 훨씬 자주, 많이, 강조되어 방송 뉴스를 타고 있는 것이다. 야당 총재가 너무 부각되는 것을 불공정 방송이라고 하기도 이상하고, 이제야 방송 뉴스가 균형을 잡았다고 칭찬할 수도 없어 난감한 실정이다. 어찌되었건 이 총재가 DJ에 대한 원색적인 비난을 계속하는 한 지금은 출연 횟수를 대폭 줄이신 YS보다도 훨씬 TV에 자주 나오는 정치인이 될 것 같다."

45) 〈'세대교체론 왜 안 키웠나' 청와대, 방송사 사장들 질타〉, 『미디어오늘』, 1995년 7월 26일.

옛 조선총독부 건물 철거

1995년 3월 1일 오전 10시 정부는 국립중앙박물관 광장에서 '광복 50주년 3·1절 기념 문화축제'를 열고 옛 조선총독부 건물을 헐어낸다고 선포했다. 대통령 김영삼의 지시에 따른 것이었다. 선포식에서 국립중앙박물관장 정양모는 경과보고를 통해 "오늘 3·1절을 조선총독부 건물 철거의 시발점으로 삼는다"고 천명했다. 정양모는 이어 "오는 8월 15일까지 철거 실측작업을 마쳐 광복절에 총독부 건물 중앙돔의 첨탑을 끊어낸 다음 내년 초에 본격적인 철거작업을 완료할 예정"이라고 밝혔다. 이날 선포식에서는 조선왕조의 정궁인 경복궁 복원 계획도 천명됐다.[가)

광복절인 8월 15일 오전 9시 옛 조선총독부 건물의 중앙돔 첨탑 철거에 앞서 문화체육부 장관 주돈식은 해방 50년 만에 이뤄지는 일제 상징의 제거를 호국영령들에게 고하는 고유문을 읽어 내려갔다.

"우리 민족의 언어와 역사를 말살하고 겨레의 생존까지 박탈했던 식민정책의 본산 조선총독부 건물을 철거하여 암울했던 과거를 청산하고 민족의 정기를 바로 세워 통일과 밝은 미래를 지향하는 정궁 복원작업과 새 문화거리 건설을 오늘부터 시작함을 엄숙히 고합니다."

9시 21분, 거대한 기중기가 첨탑에 구멍을 뚫어 만든 고리에 1인치 굵기의 쇠밧줄 8개를 걸고 서서히 첨탑을 들어올렸다. 높이 8.5m, 아래폭 3.5m, 무게 35t의 옛 조선총독부 건물 중앙돔 첨탑 가운데 위쪽 부분 (11.4t)이 우선 들려졌다.

순간 광화문 거리는 환호의 함성으로 가득 찼다. 경축행사에 참석한 5만여 시민들은 일제히 손뼉을 치고 부채를 흔들며 일제 잔재의 청산을

가)『한겨레신문』, 1995년 3월 2일, 2면.

환영했다. 건물 주변에 설치된 수백 발의 폭죽과 불꽃이 하늘로 치솟아 올랐다.

건물 주위를 뿌옇게 덮은 화약연기 사이로 공중에 매달린 첨탑의 모습이 완전히 드러났고, 첨탑이 거대한 기중기에 매달려 지상으로 옮겨지는 동안 광화문 앞 경축행사장에서는 국립국악관현악단이 연주하는 '다시 찾은 빛'이 울려 퍼졌다.

오전 9시 35분 잘린 첨탑이 땅에 내려졌다. 줄곧 철거작업을 지켜본 정양모 국립박물관장은 "누가 저 탑이 잘려나가리라 생각했겠느냐"며 "이제 철거, 보존을 둘러싸고 갈라진 국론을 새 민족박물관 건립으로 모아야 할 것"이라고 말했다.

시민 석진성(29 · 자영업)은 "하늘에서 본 건물이 날일(日)자로 일본을 상징하고 있는데 그 가운데 첨탑을 뜯어내니 가슴이 후련하다"며 "정부가 12 · 12나 5 · 18 사건도 민족정기를 세운다는 생각에서 처리했으면 이번 행사의 의미가 더 깊었을 것"이라고 말했다.[나]

첨탑의 아랫부분은 이날 오후 철거돼 건물 앞에 놓여졌으며, 16일부터 8월 말까지 일반인들에게 전시되었다. 철거된 첨탑은 10월 27일 영구 전시용으로 독립기념관으로 옮겨졌다. 건물 본체 철거는 소장된 유물들을 바로 옆에 건립중인 조선왕궁역사박물관에 옮기고 난 96년 초부터 시작돼 96년 말까지 모두 마무리되었다.

그러나 이 철거에 대해 비판도 만만치 않았다. 특히 고고학계는 새 박물관을 만들고 유물을 옮긴 다음에 철거해야 한다고 주장했다. 『나의 문화유산답사기』의 성공으로 '문화유산 지킴이'가 된 유홍준의 경우 이 사안에 대해 침묵을 지켜 비판을 받기도 했다. 유홍준이 침묵을 지킨 것은 당시 철거론자였던 정양모 박물관장과의 인연(학연)을 무시하지 못했기

나) 『한겨레신문』, 1995년 8월 16일, 23면.

1995년 8월 15일 '역사바로세우기' 기치 아래 옛 조선총독부 건물이 철거되었다.

때문이라는 주장도 제기되었다.

이에 대해 유홍준은 "이전 반대운동에 왜 동참하지 않았느냐고 하는데 고고학계는 그걸 했지만 미술사학계는 동참 안 했어요. 난 미술사학계고. 또 박물관 건물의 이전은 새로 지어서 옮기는 게 맞죠. 그런데 당시 그것은 정직한 주장이 아니었어요. 그 주장은 총독부 건물을 허는 것을 반대하는 사람들이 진짜 헐 것 같으니까 궁여지책으로 내건 주장이었다고요. …… 총독부 건물은 헐어야 해요. 나는 그렇게 생각해요. 그런데

헐고 있는데 내가 무슨 이야기를 해요. 그건 박물관을 헌 게 아니에요. 총독부 건물을 헌 거지"라고 항변했다.[다]

성낙주는 "도대체 문화유산을 지키는 데서 소속이 무슨 상관인가. 고고학회와 미술사학계를 편가름하는 것부터가 가소롭거니와, 미술사학계가 자신의 과오를 정당화해 주는 방패라도 된단 말인가"라고 반박했다.

"게다가, '정직한 주장'이 아니라니, 박물관 관계자며 대학교수 등 5,000여 명의 지식인들이 오직 구총독부 건물을 보존하기 위한 '위장논리'로 문화재 보호를 들고 나왔단 말 아닌가. 또한 총독부 건물을 헌 것이라면, 그 안에 있는 십수 만 점의 유물은 어떻게 되어도 좋다는 논리인가. 지금 유홍준의 시계는 몇 시인가. 구시대의 유물인 권위주의 시계를 차고 이 혼돈에 찬 세기말의 시각을 재고 있는 것은 아닌가. 설사 미술사학계가 몽땅 침묵했다 치더라도, 언필칭 문화유산을 목숨처럼 사랑한다는 유홍준은 혼자라도 나섰어야 옳았다. 정작 싸워야 할 때 모르쇠로 있었으면 반성하고 자숙하는 것이 도리이거늘, 자신의 치부를 감추기에 급급해 그분들을 매도할 수는 없는 일 아닌가."[라]

다) 유홍준·안철흥, 〈권두인터뷰: 유홍준〉, 『말』, 1997년 9월, 22~29쪽.
라) 성낙주, 〈'문화권력' 유홍준의 권위주의〉, 『말』, 1997년 10월, 244~247쪽.

노태우 · 전두환 구속

서석재의 발설, 박계동의 폭로

1995년 7월 18일 5 · 18 관련 고소 · 고발 사건을 수사해 온 서울지검 공안1부(장윤석 부장검사)는 전두환 · 노태우 전 대통령을 포함, 피고소 · 고발인 58명 전원에게 '공소권 없음' 결정으로 불기소처분했다고 발표했다. 검찰은 발표문을 통해 "비상계엄 전국확대와 정치활동 금지, 국보위 설치운영 등 당시 일련의 조치는 정치적 변혁 과정에서 기존 통치질서를 대체하고 새로운 헌법질서를 형성하는 기초가 됐다는 점에서 사법심사의 대상이 되지 않는다"고 밝혔다. 검찰은 따라서 "피고소 · 고발인들의 행위에 대해 구체적으로 내란죄에 해당되는지의 여부를 판단하지 않고 전원 '공소권 없음' 결정을 내렸다"고 말했다.[46]

1995년 8월 '전직 대통령 중 한 사람의 4,000억 원 가 · 차명계좌 보

---

46) 『경향신문』, 1995년 7월 19일, 1면.

유설'이 정치권을 뒤흔들었다. 발설자는 김영삼 정부의 핵심 실세 중의 한 사람인 총무처장관 서석재였다. 8월 1일 저녁 일부 기자들과 저녁식사를 함께 하는 자리에서 나온 발언이었다. 서석재는 이 사안이 보도된 8월 3일 "시중에 떠도는 얘기를 가볍게 한 것일 뿐"이라고 해명했다.[47]

문제의 '전직 대통령'으로 지목된 노태우는 "이런 해괴하고 황당한 얘기를 도저히 납득할 수 없다"며 "세계에서 가장 잘 참는 나도 이젠 못 참는다"고 펄펄 뛰었다. 검찰도 서석재의 4,000억설을 브로커들의 '말장난'으로 돌리면서 해프닝으로 처리하고 말았다. 그러나 설(說)은 점점 그 실체를 드러내기 시작했다.

10월 19일 민주당 의원 박계동이 국회 본회의에서 비자금의 관리자, 예치내용과 형태, 차명계좌를 위해 빌린 이름, 심지어 계좌번호까지 폭로하고 나섰다.

10월 20일 오후 2시 연희동 노태우의 집 안방에서 노태우와 전 안기부장이자 비자금 관리자인 이현우가 마주 앉았다. 노태우는 "어떻게 된 겁니까?"라고 물었지만 이현우는 말이 없었다. 노태우가 전날 박계동이 폭로한 신한은행 서소문 지점 300억 계좌에 대해 "그거 우리 돈 맞아요?"라고 다시 묻자, 이현우는 "저도 잘 기억이 나지 않습니다. 통장을 봐야 알겠습니다"라고 답했다. 그 자리에서 이현우는 노태우가 재임 중 재벌들로부터 끌어 모은 '검은 돈'이 입금된 통장과 장부가 모두 들어있는 가방을 한참동안 뒤지더니 "각하, 박 의원이 말한 신한은행 서소문지점 계좌는 우리 것이 맞군요"라고 답했다.[48]

『한겨레신문』 95년 10월 20일자 사설은 "김영삼 정권은 갈수록 어려운 쪽으로 몰리고 있다. 이미 5·18 문제로도 도덕적으로나 정치적으로 매우 심각한 타격을 입고 있다. 이런 때에 노태우 전 대통령의 비자금 실

---

47) 『조선일보』, 1995년 8월 4일, 3면.
48) 조선일보 사회부 법조팀, 『각하, 찢어버립시다: 노태우 비자금 사건 취재전쟁』(자작나무, 1996), 13쪽.

비자금 정국의 도화선이 된 박계동 민주당 의원이 10월 19일 국회 대정부 질의에서 문제의 비자금 입금표를 들어 보이고 있다.

체가 너무도 생생히 드러나 국민들의 비판의식이 크게 높아 있다. 진정으로 충고하건대 김영삼 정권은 결단을 내려야 한다. 시민들을 학살하여 잡은 권력으로 정경유착을 일삼고 나라를 농단한 쿠데타 세력과 단연코 손을 끊어야 한다. 그렇게 하기 위해서는 어떤 정치적 결정이 필요할 것인지 곰곰이 생각할 일이다. 그렇게 하지 않는다면 이 정부의 앞날이 어떻게 될지 아무도 장담하지 못한다"고 말했다.

노태우의 대국민 사과, 김대중의 '20억 발언'

김영삼은 노태우 비자금에 대해 본격적인 수사 착수 지시를 내렸다. 2개월여 전 서석재의 '4,000억설' 때엔 모른 척하고 있다가 왜 갑자기

수사 지시를 내렸던 걸까? 박계동이 구체적 물증을 제시했기 때문에 더 이상 피해 가기 어려웠다는 '상황론' 과 노태우 비자금이 5 · 6공 세력의 결집을 위한 용도로 쓰이는 걸 차단하기 위한 '5 · 6공 세력 견제론' 이 제기되었다.[49]

김영삼의 태도가 그러했던 만큼 노태우도 이제 더 이상 피해 가긴 어려웠다. 1995년 10월 27일 노태우는 비자금 문제와 관련해 '대국민 사과문' 을 발표했다. 그는 상오 11시 정각 2층 내실에서 내려와 침통한 표정으로 회견장인 1층 접견실에 들어선 뒤 미리 준비한 대국민 사과회견문을 9분에 걸쳐 천천히 낭독했다.

노태우는 가라앉은 음성으로 "못난 노태우, 외람되게 국민 앞에 섰습니다. 이 자리에 서 있는 것조차 말로 다할 수 없이 부끄럽고 참담한 심정입니다"라면서 "저를 향한 국민의 솟구치는 분노와 질책은 당연한 것" 이라고 말했다. "재임 중 5,000억 원의 통치자금을 조성했으며 이 중 1,700억 원이 남아있다"고 밝힌 노태우는 통치자금 조성경위와 규모 · 사용처 등에 대한 해명, 처벌감수 의사 등을 밝히는 동안 줄곧 회견문에서 눈을 들지 못했고 "속죄의 길이라면 무슨 일이라도 하겠다"고 했다. 그는 "국민 앞에 무릎꿇어 사죄드린다"는 마지막 말을 맺기 직전 오른손으로 잠시 눈물을 닦는 등 감정을 억제하기 힘든 표정을 보이기도 했다.[50]

사과문 발표로 들끓는 여론의 비난에서 일정 정도 벗어나려 했던 노태우 측은 사과문이 발표되기 앞서 27일 오전 중국에서 날아온 국민회의 총재 김대중의 '20억 발언' 으로 온통 벌집 쑤셔놓은 듯한 분위기가 됐다.

---

49) 조선일부 사회부 법조팀, 「각하, 찢어버립시다: 노태우 비자금 사건 취재전쟁」(자작나무, 1996), 51~52쪽.
50) 「서울신문」, 1995년 10월 28일, 5면.

당시 중국을 방문 중이었던 김대중은 베이징 조어대 국빈관에서 기자간담회를 갖고 "지난 92년 대통령선거 기간 중 노태우 전 대통령으로부터 20억 원을 받은 바 있다"고 말하고 "당시 노씨가 한 의원을 통해 김영삼 후보에게 수천억 원을 제공했다는 유력한 정보가 있다"고 밝혔다. 김대중이 이날 정치자금을 받은 사실을 밝힘에 따라 노태우의 비자금 가운데 여야 정치권으로 흘러든 자금

1995년 10월 27일 노태우는 비자금 문제와 관련해 '대국민 사과문'을 발표하면서 눈물을 훔쳤다.

의 규모가 정치적 쟁점으로 등장했으며, 이에 대한 도덕성 시비로 정치권이 크게 격동했다.

김대중은 "노씨의 한 비서관이 순전한 인사의 뜻이라면서 가지고 왔다"며 "돈을 받은 이유는 돈의 성격이 위로의 명목이고 어떠한 조건도 없었기 때문"이라고 말했다. 그는 "20억 원의 절반은 당에 주었고, 절반은 개인적으로 선거 때 썼다"고 했다. 또 그는 "20억 원 이외에는 노씨로부터 어떤 정치자금도 받은 바 없다"며 "노씨가 이 점에 대해 명백히 밝혀주기 바라며, 김 대통령과 관련한 점에 대해서도 명백히 밝혀야 할 것"이라고 말했다.[51]

그러나 사람들이 놀란 건 김대중이 노태우의 돈을 20억 원이나 받았다는 사실이었다. 민자당 부대변인 이연석은 "김 총재가 5·18 광주학살 주역이라고 했던 노씨로부터 돈을 받은 건 독립운동을 한다면서 일본 헌병으로부터 돈을 받은 것과 다름없는 일이다"고 했고, 민주당 대변인 이규택은 "이제 김대중 씨의 좌우명은 행동하는 양심(良心)이 아니라 '행동하는 양심(兩心)' 임이 만천하에 드러났다"고 했다. 국민회의 대변인 박지원은 "오늘은 전국적으로 전기가 나가 TV도 꺼지고 신문 윤전기도 돌아가지 않았으면 좋겠다"며 곤혹스러움을 표현했다.[52]

민자당 사무총장 강삼재는 김대중이 더 많은 액수를 받았다며 이른바 '20억+α' 설을 공식 거론하며 공세를 취했다. 그러나 민자당의 입장에선 이는 오히려 역효과를 낳았다. 쟁점이 '20억 수수'에서 '+α' 가 있느냐 없느냐로 이동하면서 오히려 국민회의 측이 역공을 취하고 나섰기 때문이다.

노태우 구속

김대중의 실토는 노태우에게도 악재였다. 노태우의 '대국민 사과 발표'가 미흡하고 변명뿐이라는 국민여론이 노태우를 궁지로 몰아넣고 있는 터에 애써 묻어뒀던 92년 대선자금 문제가 첨예한 관심사로 불거지면서 노태우는 더욱 궁지에 몰리게 되었다.

노태우의 애초 계획은 정치자금 조성 경위 등의 진상 발표보다는 사과에 무게를 둔 대국민 발표를 하고 시간적 여유를 가진 뒤 사법적 처리의 족쇄에서 벗어나려고 정치권의 '뇌관' 격인 대선자금 부분과 관련된 언급은 일체 하지 않았었다. 오히려 노태우는 "대선 당시 중립내각이 출

51) 『한겨레신문』, 1995년 10월 28일, 1면.
52) 김창룡, 『정치인들, 말조심하시오』(공간미디어, 1996), 142~143쪽.

범하는 정치적 상황 때문에 엄청난 통치자금이 남았다"는 점을 강조하면서 김영삼에게 정치자금이 흘러가지 않았음을 은연중에 내비치는 방책까지 사용했다. 정치권에서는 노태우가 마지막 협상용으로 대선자금 문제를 뒷손에 든 채 청와대 쪽에는 '선처'를 바라는 손짓을 보낸 것으로 분석했다.

그러나 김대중이 대선 때 정치자금을 노태우로부터 받았음을 시인했기 때문에 그 불똥이 김영삼에게 튈 수밖에 없게 됐다. 노태우 쪽의 계산이 어긋나기 시작한 것이다. 김영삼의 대선 정치자금이 주요 정치쟁점으로 부각될 경우 노태우의 협상카드는 더 이상 유효한 것이 될 수 없기 때문이었다. 이와 관련해 노태우의 한 측근은 "김 총재가 무슨 이유로 그렇게 급하게 선거자금을 털어놨는지 모르겠다"고 볼멘소리를 했다. 조용히 넘어갈 수도 있는 문제가 아니었느냐는 불만이었다.

노태우 쪽은 김대중의 정치자금 수수 사실 실토가 민자당 대표 김윤환의 26일 발언 때문인 것으로 보았다. 김윤환은 그날 "김 대통령도 선거자금을 받았을 것"이라며 "야당지도자에게도 선거자금을 줬을 수도 있는 만큼 이 부분도 밝혀야 한다"고 말했는데, 이 발언이 불씨가 돼 김대중이 선수를 치고 나온 게 아니었겠느냐는 분석이었다.[53]

11월 1일 노태우는 대검찰청에 소환되었다. 노태우 비자금은 40여 개 재벌그룹으로부터 50억 원에서 350억 원씩 수금한 것이었기 때문에 재벌총수들도 11월 4일부터 한보 회장 정태수를 필두로 줄줄이 소환되었다.

11월 16일 노태우는 거액 수뢰혐의로 구속되었다. 전두환은 이날 5공 핵심 인사들과 함께 북한산으로 주례 목요산행을 갔다.

---

53) 「한겨레신문」, 1995년 10월 29일, 4면.

전두환 구속

11월 24일 오후 김영삼의 5 · 17쿠데타 관련자 처리를 위한 특별법 제정 지시가 나왔다. 민자당 사무총장 강삼재의 5 · 18특별법 제정 결정 발표를 생중계로 지켜본 검찰은 매우 당혹스럽고 곤혹스런 분위기였다. 검찰은 5 · 18 문제에 대해 지난 7월 '공소권 없음'이란 결정을 내렸었기 때문이다.[54]

전두환은 김영삼의 5 · 18특별법 제정과 관련자 사법처리방침 천명에 대해 강하게 반발하고 나섰다. 그는 측근인 이양우 변호사를 통해 발표한 논평에서 "만일 정부와 국회가 5 · 18특별법의 제정을 강행한다면 소급입법에 의한 정치 보복의 악순환이 되풀이되는 헌정사의 씻을 수 없는 오점을 남길 것이며 국민은 결코 용납하지 않을 것"이라고 강력히 반발했다. 이 논평은 "5 · 18사태는 13대 국회에서 1년 6개월여에 걸친 청문회를 통해 그 진상이 규명되었고 김 대통령도 참여한 당시의 4당 영수들이 정치적 종결을 선언한 바 있다"며 "검찰 역시 1년 2개월이라는 장기간의 수사 끝에 불기소처분을 했다"고 주장했다.[55]

11월 30일 검찰은 '12 · 12 및 5 · 18 사건 특별수사본부'를 설치, 수사를 재개했다. 검찰은 12월 2일 소환조사를 거부한 채 대국민성명을 발표하고 고향 합천으로 내려간 전두환을 군형법상 반란수괴 등의 혐의로 사전구속영장을 발부받아 12월 3일 전격 구속수감했다.

이때에 변정수는 라디오 뉴스에서 "검찰은 전두환 전 대통령에 대한 사전구속영장을 발부받아 검거에 나섰다"는 아나운서의 또렷한 목소리를 접하고 잠깐동안 몹시도 강한 충격을 받았다고 했다. 며칠 전부터 충

---

54) 『동아일보』, 1995년 11월 25일, 6면.
55) 『동아일보』, 1995년 11월 25일, 1면.

구속되는 전두환.

분히 예상되던 전두환의 구속이 새삼스러웠던 것은 아니며, '검거에 나섰다' 라는 표현 때문이었다는 것이다.

"이 충격은 다음날의 보도에까지 이어졌다. 방송의 표현을 그대로 빌면 전두환 씨가 합천에서 안양구치소로 '압송(?)' 되었던 것이다. 방송이건 신문이건 가릴 것 없이 전씨의 합천 방문이 '도주' 로 간주되었다는 친절한 설명까지 덧붙여 주었다. '군사반란의 주모자' 를 검거하겠다는 데 또는 압송하겠다는 데 무슨 수사적인 예우가 더 필요할까마는, 광주 시민을 '폭도'로 매도하고 5공 시절 내내 '선진조국 창조'를 앞장서 부르짖던 것이 바로 방송이었고 언론이었기에 귀를 의심할 만큼이나 충격적이었던 것이다. 그러나 유감스럽게도 과거의 부끄러운 행적을 반성하고 이제부터라도 진실을 말하자고 심기일전이라도 하려나 보다 싶은 순진한 착각이 용납될 틈은 없었다. 그간의 침묵에 대한 일말의 자기 반성도 없이 신바람이라도 난 듯이 경쟁적으로 군사반란의 실상을 보도한다고 설쳐대는 꼴은 사실상 5공 때와 전혀 다름없는 '정권의 나팔수' 바로 그것이었다. 오로지 달라진 점이라면 '자발적(?)'인 충성의 대상이 전두환 씨에서 김영삼 대통령으로 바뀌었다는 것뿐이다."[56]

신한국당의 출범, 검찰의 자조

1995년 12월 5일 야권은 검찰의 노태우 비자금 수사결과 발표에 대해 '짜맞추기 수사'라고 일제히 비난하면서 김영삼의 대선자금 수사를 촉구했다. 특히 국민회의는 "김대중 총재가 노씨로부터 20억 원 이외에도 더 받았다는 민자당 강삼재 총장의 주장은 모략임이 드러났다"면서 강삼재의 사과를 요구했다.

김대중은 이날 서울 잠실 향군회관에서 열린 송파갑 지구당(위원장 김희완) 창당대회에서 "예상했지만 실망스럽고 한심한 결과"라고 지적하고 "노씨가 김영삼 대통령에게 준 대선자금을 전혀 밝히지 않은 검찰수사를 국민들은 믿지도 않고 받아들이지도 않을 것"이라고 강력히 비판했다. "검찰은 나에게 20억 원 이외에 더 주었다는 것을 조작하려했으나 내가 더 받은 사실이 없기 때문에 실패했다"며 "그동안 무책임하게 설을 조작

56) 변정수, 『상식으로 상식에 도전하기』(토마토, 1996), 28~29쪽.

해 제1야당의 총재를 음해하고 방자하게 몰아내려 한 민자당은 국민적 지탄을 받아 마땅하다"고 주장했다.

민주당 대변인 이규택은 "검찰이 노씨 비자금의 구체적인 사용처를 밝히지 않은 것은 앞으로 정치적으로 악용하려는 의도를 남긴 것"이라고 비난했다. 부대변인 김부겸도 "소문난 잔치에 먹을 것 없다던 속담과 같이 검찰 발표에 진상규명은 없었다"며 "진실을 밝히기보다는 권력과 금력에 아부만 하는 검찰에 더 이상 수사를 맡길 수 없다"고 말했다.[57]

12월 6일 민자당은 당무회의를 열어 세계화를 완성하겠다며 당 이름을 신한국당으로 바꾸기로 의결했다. 대변인 손학규는 이날 논평을 통해 "신한국당의 출범은 21세기 국민정당으로 태어나겠다는 역사와 국민에 대한 약속"이라고 밝혔다.[58]

『한겨레신문』 12월 18일자는 서울지검에 12·12 및 5·18 특별수사본부가 전격적으로 구성된 직후 한 검사가 자조적으로 "우리는 개다. 물라면 물고, 물지 말라면 안 문다"고 말했다고 보도했다.

그것뿐만이 아니었다. 노태우 비자금 사건도 이미 2년 전 검사 함승희가 수사한 동화은행 비자금 사건 때 밝혀진 것이었지만, 검찰 수뇌부는 함승희의 거듭된 수사 건의를 묵살하고 동화은행 비자금 사건은 물론 노태우 비자금 사건도 은폐했었다.[59]

12월 19일 정기국회 폐회 직전 신한국당과 국민회의, 민주당 등 3당은 자민련과 여권 일부 세력들의 반대 속에 5·18특별법 단일안에 합의하고 이를 통과시켰다.

---

57) 『한겨레신문』, 1995년 12월 6일, 6면.
58) 『한겨레신문』, 1995년 12월 7일, 1면.
59) 동아일보 특별취재팀, 『잃어버린 5년-칼국수에서 IMF까지: YS 문민정부 1,800일 비화 1』(동아일보사, 1999), 131~138쪽.

'모래시계' 열풍

1995년 1월부터 SBS-TV가 6주간 방송한 드라마 〈모래시계〉(극본 송지나, 연출 김종학)는 놀라운 선풍을 불러일으켰다. '모래시계'라는 제목을 권력의 유한성을 상징하는 의미로 사용한 이 드라마는 5·18광주민주화항쟁을 정면으로 다루면서도 조폭을 등장시켜 화끈한 폭력 장면을 선보였다. 역사의 격랑에 휘말려 죽마고우이면서도 검사(박상원)와 조폭(최민수)의 관계로 만난 데다, 박상원이 최민수에게 사형을 구형하고 최민수가 형장의 이슬로 사라지는 비극성이 더해져 시청자들의 심금을 울렸다. 이 드라마의 영향을 받아 일부 초등학교 어린이들은 장래희망이 조폭이 되는 것이라고 말하기도 했다.[가]

이세민은 "50여 분짜리 드라마가 24차례에 걸쳐 매주 월화수목에 방영한다는 사실, 그 소재가 70년대에서 90년대까지를 아우른다는 사실, 해방공간 따위의 먼 이야기가 아니라 그 아픔이 채 가시지도 않은 정치적 질곡을 다룬다는 사실들이 만들어 내는 파장은 참으로 거대하다"고 했다.[나]

전정희는 〈모래시계〉 방영 이후 "마치 폭풍이 휩쓸고 지나간 뒤끝인 듯 을씨년스러움만이 브라운관에 묻어난다"며 "시청자들은 일주일에 30여 개의 TV 드라마가 쏟아져 나오는데도 이를 외면하고 '무슨 낙으로 사냐'며 사는 재미를 못 느낀다. 영웅이 없는 시대에 〈모래시계〉라는 드라마는 신화를 만들어 주었던 것 같다"고 했다.[다]

이 드라마는 '호남 차별' 문제를 불러일으키기도 했다. 경남 진주시

가) 전정희, 『TV에 반(反)하다』(그린비, 1997), 35쪽.
나) 이세민, 〈모래가 있는 시간, 그러나 결코 다시 만들지 못하는 역사〉, 『오늘예감』, 제2호(1995년 2월), 83쪽.
다) 전정희, 위의 책, 78쪽.

1995년 1월부터 SBS-TV가 6주간 방송한 드라마 〈모래시계〉는 놀라운 선풍을 불러 일으켰다.

칠암동에 사는 이수민은 월간 『샘이깊은물』 95년 3월호에 기고한 글에서 "나는 이 사회의 체제가 — 또 그 중에서도 방송작가 송지나나 피디 김종학 같은 사람까지도 — 얼마나 이 남한 사회를 두 패로 갈라놓는지를, 그 광주사태를 포함하고 있다고 해서 '의식 있다'고들 평가받은 연속 텔레비전 드라마 〈모래시계〉를 보고 확인했다"고 말했다.

"고향이 서로 똑같다고 짐작하게 만든 위 드라마의 세 주인공 — 잘생기고 의로운 깡패, 성실하고 진지한 검사, 못생기고 교활하고 의리 없는 깡패 — 중에서 온 나라 여자들을 황홀케 했다 할 의로운 미남과 그 정의감으로 온 나라를 감격시킨 검사에게는 표준말을 시키고 하필 그 못된 자식에게만 특정 지역 사투리를 하게 하여, 그 맞아 죽어 시원했던 놈의 품성과 그 사투리 사이에 동일성 연상이 일게 했다. 왜 그 동일 고향의 두 좋은 사람에게는 같은 사투리를 시키지 않았을까? 또 왜 그 세 사람의 현대사를 그렇게 몰고 갔다 할 정치, 경제 체제의 인물들 — 이를테면, 그 고급 노름꾼 집단 사람들, 또 그 사람들에게서 돈 받아 쳐 먹은 고위층 놈들 — 에게는 그 누구에게도, 다들 알듯이 그때에 날고기고 하던 지역의 사투리를 시키지 않았을까? 이제라도 '아차' 하고 반성하는 경우라면, 식자층까지를 포함한 우리 국민의 이른바 '정서'라는 것이 얼마나 편견에 차 있는지를 확인하시기를 바란다."

정치인 김대중도 『신동아』 95년 9월호 인터뷰에서 "같은 지역 학교를 나왔다는 두 주인공이 멋있는 역은 표준말을 쓰고 저열하고 비굴하고 배신하는 악역은 호남 말씨를 쓰게 했습니다. 지역 차별이란 세 가지인데 하나는 인재 등용, 하나는 지역개발, 하나는 문화적 차별 등 세 가지로 볼 수 있습니다. 모래시계는 세 번째에 해당합니다. 5 · 16 이후에 지금까지 34년 동안 TV나 라디오 방송에 연속극부터 시작해서 모든 면에서 더럽고 거짓말하고 못나고 사기치는 것은 호남사람이나 그 액센트, 씩씩하고 잘났고 남자답고 정의로우면 다른 쪽 말씨를 하는 식으로 불신감을 키워왔습니다"라고 불만을 토로했다.

방송에서 그런 현실을 개선하려는 노력이 전혀 기울여지지 않은 이유는 95년 현재 KBS와 MBC 양 방송사의 임원진 19명 가운데 호남 출신은 단 한 명도 없다는 사실과 무관치 않았는지도 모를 일이었다.

드라마 속의 명장면 촬영 장소인 정동진은 관광 명소가 되었다. 여주인공 고현정이 경찰에 체포된 곳이었다. 서울에서 정동(正東) 방향이라서 정동진이라는 이름이 붙은 정동진역은 세계에서 바닷가로부터 가장 가깝게 있는 역이었는데, 드라마가 방영된 95년 1만 5,000명이 방문했다. 97년엔 70만 명, 98년엔 120만 명이 찾았다.[라]

98년 관광객이 크게 는 건 〈모래시계〉가 98년 1월에 재방영되었기 때문이다. 고길섶은 "재방영과 동시에 천리안의 SBS 홈페이지에 쏟아진 시청소감은 가히 폭발적인 기염들이었다. 겨우 2회 방영했는데도 불구하고 900명에 가까운 시청 네티즌들이 열광적으로 한마디씩 거들었다"고 말했다.

"〈모래시계〉 보려고 술도 안 마시고 일찌감치 귀가한다는 사람에서부터 매일 두 시간씩 방영해 달라고 요구하는 사람에 이르기까지, 중학교 때 기억을 더듬어 새로운 이미지로 시청한다는 사람에서부터 초방 당시에는 서울지역 정도만 방영되어 소문만 들을 뿐 시청소외를 받았으나 이제사 한을 풀게 되었다고 즐거워하는 지방사람들에 이르기까지, 거의 '뽕가는' 재미 그 자체로 장악되는 모양이다."[마]

라) 정승욱, 〈문화의 상품화는 영혼의 상품화이다〉, 『사회비평』, 2000년 봄, 111쪽.
마) 고길섶, 『문화비평과 미시정치』(문화과학사, 1998), 161~162쪽.

김건모와 박진영

김건모 3집 앨범(위)과 박진영(우)의 모습.

김연수는 "95년 봄에서 여름까지 한국 대중음악계는 상대적인 빈곤감에 시달려야 했다. 이름도 채 기억하지 못할 만큼 많은 댄스음악들이 하루가 멀다하고 차트를 오르내리는 동안, 십대를 제외한 일반인들이 구입할 만한 음반은 손으로 꼽을 정도만 발매되었을 뿐이다"고 말했다.[가]

그런 와중에서도 가수 김건모는 발매 45일 만에 단일 음반 200만 장을 소화함으로써 가요계 황제로 등극하였다. 한국이 음반판매의 공신력을 얻게 된 것도 95년 3월 10일 김건모가 발표한 3집 〈잘못된 만남〉이 200만 장을 돌파하면서부터였다.

"이 음반은 그 해 한국 기네스북에 최다 판매 앨범(연말 기준 256만

가) 김연수, 〈한국 레코드 비즈니스의 문제점〉, 『상상』, 1995년 가을, 117쪽.

장)으로 공식 인정받았다. 김건모는 1992년 〈잠 못 드는 밤 비는 내리고〉로 데뷔해 2집 레게풍의 〈핑계〉로 스타가 됐다. 3집 타이틀곡 〈잘못된 만남〉은 속도감 넘치는 댄스 비트와 김건모의 걸출한 가창력이 조화를 이루며 국민가요가 됐다."[나]

김건모의 〈잘못된 만남〉에 이어 혼성 댄스그룹 룰라의 〈날개 잃은 천사〉가 150여 만 장으로 2위를 차지했고, 서태지와 아이들의 4집 〈컴 백 홈(Come Back Home)〉은 100만 장 선으로 3위에 올랐다. 〈이 밤의 끝을 잡고〉로 R&B(리듬앤블루스) 붐을 일으킨 재미교포 남성트리오 솔리드는 90여 만 장으로 4위를 차지했다. 신인그룹 R.ef는 〈상심〉으로 무려 80만 장의 판매고를 올려 데뷔 첫 해에 일약 5위를 차지했고, 〈상상 속의 너〉의 노이즈는 70만 장 선으로 6위를 기록했다.[다]

95년 가요계는 김건모가 전부는 아니었다. 94년 10월 《Blue City》라는 음반을 발표하면서 가수로서 본격적인 활동을 시작한 박진영은 타이틀곡 〈날 떠나지마〉와 95년 가을에 발표한 2집 《딴따라》의 타이틀곡 〈청혼가〉를 통해 가요 팬들에게 강한 인상을 남겼다. 그는 각종 가요순위 차트 정상을 기록하는 인기를 누리는 동시에 자신의 철학과 소신을 갖춘 가수로서 자기 목소리를 내는 데에 주저하지 않았다.

박진영은 95년 여성잡지 『이브』의 요청으로 누드 사진을 게재했는데, 이게 화제가 돼 그 잡지는 재판까지 매진될 정도로 인기를 끌었다. 어느 TV 방송사 9시 뉴스는 박진영의 누드 사진을 비추면서 '성의 상품화'라고 보도했다. 온 가족이 저녁식사를 하던 중에 그 장면을 본 아버지가 화

나) "하지만 1990년대 후반 들어 음반 집계는 큰 의미가 없어졌다. MP3(음악 등 각종 오디오용 데이터를 저장한 컴퓨터 파일)로 음원을 담는 것이 일반화되면서 LP판과 CD의 판매는 급감했다. 요즘 가요계 관계자들은 '음반이 10만 장만 팔려도 대박'이라고 푸념할 정도다. 머잖아 음반이 사라질 것이라는 전망이 나오기도 한다. 수백 곡을 담을 수 있는 MP3 플레이어의 편리함 덕분에 LP와 CD는 사양길로 접어들었다." 황태훈, 〈마지막(?) 기록: 1995년 김건모 3집 200만장 돌파〉, 『동아일보』, 2006년 3월 10일, A28면.
다) 『조선일보』, 1995년 12월 20일, 22면.

를 냈고, 박진영은 일단 무조건 죄송하다고 빌 수밖에 없었다.

"나중에 그 기자한테 전화를 걸어서 뭐가 상품화냐고 항의를 했어요. 그랬더니 그 기자는 자기가 서울대 정치학과를 나왔는데 남자누드 찍은 게 성의 상품화가 아니고 뭐냐고 그러더라구요. 그래서 당신 여성학 강의 들어봤느냐고 물었죠. 물론 하나도 안 들었죠. 그래서 난 연대에서 여성학 강의를 세 과목이나 들었다, 성의 상품화가 뭔지 알고 싶으면 여성학 공부 좀 하고 보도하라고 그랬어요."[라]

박진영은 "왜 벗느냐가 중요하다고 본다"고 했다.

"언제나 여자는 벗고 남자는 본다는 사실에 의문을 제기하고 싶었다. 남자가 벗고 여자가 본다면 무엇이 잘못인가 생각해 보자는 거였다. 굳이 거창하게 얘기하면 성적 불평등에 대한 실천적 문제 제기라고나 할까. 다른 의도는 없었다. 내 행위가 사회적으로 파문을 일으켰다면 그것만으로도 의의가 있는 것 아닌가."[마]

박진영은 페미니스트 저널 『if』가 97년 여름 창간 1주년 기념호 특집으로 마련한 '이프 수다방이 뽑은 최고의 남자, 최악의 남자'에서 최고의 남자로 뽑혔다. 그 주요 이유는 "너무 섹시해. 그리고 '너의 노예가 되어도 좋아' 그러잖아. 남자가 그러기가 쉽나", "박진영은 여자의 즐거움을 위해 노력하는 가수야. 여자의 즐거움을 알고 노력하려는 태도가 됐다" 등이었다.[바]

라) 류숙렬, 〈'난 페미니스트의 노예가 되어도 좋아': 맛있는 남자 박진영〉, 『if』, 1998년 겨울, 148~149쪽.
마) 주철환·박진영 인터뷰, 〈시사 토크쇼 진행하고픈 '대중 공화국' 자유주의자〉, 『말』, 1999년 3월.
바) 류숙렬, 위의 글, 147쪽.

농구·나이키·신용카드 열풍

허재·문경은·우지원 오빠

미국 역사학자 월터 레이퍼버는 "1990년대에 10대들은 나이키의 에어 조던 운동화나 운동복을 얻으려 총을 쏘았고 때로는 살인을 저질렀다"며 "나이를 불문하고 손님들은 마이클 조던의 이름, 신발에 들인 막대한 광고 테크놀로지, 나이키의 유명한 심벌과 '저스트 두 잇(Just do it)' 이라는 모토를 둘러싼 거의 초자연적인 아우라로 인해 나이키에 기꺼이 막대한 이윤을 남겨주었다"고 말했다.[60]

살인까지 저지를 정도는 아니었지만, 농구 열풍은 한국에도 불었다. 95년 이동연은 "요즘 청소년들 사이에서 농구의 인기는 하늘 높은 줄 모른다. 웬만한 중고등학교 남학생이면 폼 나는 농구화와 펑퍼짐한 유니폼, 그리고 한 손에 농구공 하나쯤은 들고 있는 게 소위 그들만의 '인간

---

60) 월터 레이퍼버, 이정엽 옮김, 『마이클 조던, 나이키, 지구 자본주의』(문학과지성사, 2001).

농구 열풍은 한국에도 불었다. 농구경기장에서 '오빠'에 환호하는 여학생들.

에 대한 예의'가 돼 버렸다. 농구 만화 〈슬램덩크〉, 〈헝그리 베스트 5〉와 '마이클 조던', '샤킬 오닐' 등 NBA 스타들의 이야기가 담긴 잡지쯤은 섭렵하는 것이 이들의 관례가 되다시피 했다. 이들은 영어는 잘 못해도 NBA 스타들의 이름과 소속팀, 개인들의 장점 정도는 뜻도 모르는 농구 용어 섞어가면서 줄줄이 꿰고 있다"고 말했다

"우리 여학생들은 어떤가? 요즘 한창 열기를 더하고 있는 '농구대잔치'의 경기를 TV로 보신 점잖은 분들이라면 현장에서 생생하게 들려오는 이들의 광적인 응원에 질려 아마 '스포츠 망국병' 운운했을지도 모르겠다. 속칭 '오빠부대들'은 기아나 연세대 경기가 있는 날이면 좋아하는 선수 이름을 새긴 비닐코팅한 응원 피켓을 챙기고 새벽부터 장사진을 친다. 경기장 안에는 '허재 오빠', '문경은 오빠', '우지원 오빠'가 비명과 함께 호명되고, 이들의 경기 모습을 담으려는 카메라 플래시가 쉴새없이 터지고, 경기가 끝난 후 손 한번 잡아보려는, 사인 한번 받아보려는 여학

생들의 종종걸음이 안쓰럽기까지 하다."[61]

농구 붐은 다른 분야에도 파급효과를 가져왔다.

"농구를 소재로 한 미니시리즈 〈마지막 승부〉가 작년 인기리에 방영되었고, 그 드라마 삽입곡을 포함해서 대중가요에 농구 바람이 불고 관련된 스포츠 용품들이 불티나게 팔리고 있다. 요사이 TV 광고에는 스포츠 관련 상품뿐 아니라 다른 상품 광고에도 농구를 소재로 하는 내용들이 많이 발견된다. 이 밖에 연예인들이나 하던 상품 홍보를 위한 사인회에 신세대들에게 인기 많은 농구 선수들이나 대학팀이 자주 불려가고, 업자들은 이들을 얼굴받이로 이용해 짭짤한 재미를 본다."[62]

농구가 축구, 야구와 다른 점

이동연은 90년대 들어서 농구의 득세는 축구와 야구와는 다른 역사를 말해 준다며 "거칠게 말해 축구에서 야구로의 발전이 경제성장 드라이브 측면에서 산업자본주의에서 독점자본주의로의 이행을 읽게 해 준다면, 야구에서 농구로의 발전은 독점자본주의에서 후기자본주의(다국적, 소비, 문화자본주의)로의 이행을 읽게 해 준다. 실제로 한국 프로야구의 출범이 국내 독점 재벌들이 없었더라면 가능하지 않았을 것이고, 최근 농구의 상한가가 정보와 매체가 주도하는 다문화시대의 문화자본이란 호재가 아니었으면 그 유지가 가능하지 않았을 것이다"고 말했다.[63]

이동연은 개인의 정체성으로 보면 축구에서 야구로 야구에서 농구로 가는 과정은 집단주의에서 개인주의로 이행하는 과정을 명시적으로 보여 준다고 했다.

---

61) 이동연, 〈덩크슛의 기호학: 광경의 사회와 시대에 대하여〉, 『문화과학』, 1995년 봄, 250~251쪽.
62) 이동연, 위의 글, 255쪽.
63) 이동연, 위의 글, 253~254쪽.

"농구는 굳이 농구대나 상대할 친구가 없어도 혼자서 드리볼 숏 연습을 할 수 있다. 축구나 야구를 혼자 하기란 쉽지 않고 설사 그렇게 한다 해도 왠지 불쌍해 보일 것 같은데, 농구는 되레 멋있어 보이는 것은 농구라는 운동행위가 갖는 더 철저히 개인적이고 개성적인 적합성 때문이다."[64]

또 이동연은 "축구와 야구 선수들이 대체로 어린 시절부터 가난한 집안 환경에서 자라온 경우가 많은 반면, 농구 선수들은 대개가 중산층이나 부유한 집안 출신들이다. 당연히 그들의 건장한 체격 조건과 반듯한 외모는 그들의 성장기 경제적 조건에서 비롯되기가 쉽다. 가난의 역경을 이긴 국내 축구 선수나 야구 선수들의 입지전적 신화는 자주 들어봤어도, 농구 선수들에게서 이런 경우를 찾아보기는 힘들다"고 말했다.[65]

'나이키와 나이스'

잘 팔리는 대표적인 스포츠 용품은 나이키 운동화였다. 교육운동가 김진경은 〈나이키와 나이스〉라는 글에서 93년 자신의 집안에서 일어난 일을 소개했다. 중학교에 들어간 딸이 엄마가 사다준 나이스 운동화를 내던지며 "요새 누가 나이스 같은 가짜 상표 신발을 신고 다녀?"라고 항변하면서 닭똥 같은 눈물을 뚝뚝 흘리더라는 이야기다. 결국 엄마는 그 이른 아침에 나이키 대리점을 찾아 딸에게 나이키 운동화를 사 신긴 후에야 겨우 학교에 보낼 수 있었다는 것이다. 김진경은 타이어표 검정색 통고무신을 신던 시절을 회상하면서 요즘의 아이들은 자기 정체성을 머릿속에 들어있는 정신이 아니라 몸을 통해서 내세우고자 하며, 몸의 정

---

64) 이동연, 〈덩크숏의 기호학: 광경의 사회와 시대에 대하여〉, 『문화과학』, 1995년 봄, 254쪽.
65) 이동연, 위의 글, 254쪽.

나이키 광고.

체성은 어떤 브랜드를 소비하는가에 따라 결정된다고 말했다.[66]

유행 따라 사는 건 성인들도 마찬가지였다. 1995년 문학평론가 홍정선은 상품 생산자들은 도처에서 "당신의 아파트를 당신이 직접 개성 있게 꾸미세요"라는 식으로 개성을 운위하지만 사실 어디에서도 개성을 찾을 수 없다고 했다.

"똑같이 캐주얼 옷을 입고, 똑같이 라면을 먹고, 똑같이 꾸며진 아파트에 산다. 개성이란 유행의 다른 이름일 뿐이며 '나'란 존재는 조금도 '나' 자신이 아니다. 사람들이 입는 옷을 입고, 사람들이 칠한 루즈를 바르고, 사람들이 읽는 책을 읽으며 유행을 따라 살지 않는 '나'는 '나'를

66) 김진경, 『미래로부터의 반란: 김진경 교육에세이』(푸른숲, 2005), 12~14 · 43쪽.

잃어버린 것처럼 되어 버린 사회! 이 같은 경향은 문학 분야, 특히 상업주의 문학 분야에서도 마찬가지로 나타난다. 이 사실은 이를테면 지난해에 한 신문사의 1억 원 현상 공모에서 『새들은 제 이름을 부르며 운다』라는 제목의 소설이 당선된 이후 『새들은 무게만큼 나뭇가지를 흔든다』를 비롯해서 이런저런 종류의 유사한 제목을 단 소설들이 우후죽순처럼 쏟아져 나온 것에서 잘 알 수 있다."[67]

10대의 신용카드 선풍

소비주의 가치는 10대들의 삶에 더욱 깊이 파고들었다. 95년 10대들에겐 이른바 '삐삐(호출기 혹은 pager) 선풍'과 더불어 '신용카드 선풍'이 일고 있었다. 은행들은 앞면에 요염한 외국 모델을 등장시킨 현금카드까지 선보이며 10대 고객을 유혹했다. 이 현금카드의 고객 중 80%가 10대 후반에서 20대 초반의 이른바 X세대였다.

은행과 카드사가 10대 고객의 '구별짓기' 욕구를 부추기는 건 장기 경영전략의 일환이었다. 미국 마스터카드의 조사에 의하면 첫 카드를 발급받은 고객의 65%가 이 카드를 약 15년 이상 계속 사용하는 것으로 나타났다. 따라서 어린 학생들에게 자기 회사의 카드를 갖게 하면 당장의 매출 증대는 물론 15년 이상의 장기 고객을 확보하게 되는 셈이었다.

심지어 초등학생들을 대상으로 한 카드까지 선을 보였다. 그걸 보다 못한 한 독자는 신문독자투고를 통해 "기념품과 보너스 혜택을 주고 물건을 싸게 구입하게 해 준다는 업체들의 상술 때문에 아이들은 이걸 노리고 필요 이상의 소비를 하고 있다. 아이들에게 불필요한 소비욕과 사행심을 자극하고 있는 것이다. 더욱 큰 문제는 아이들에게 카드가 '상류

---

67) 홍정선, 〈문사(文士)적 전통의 소멸과 90년대 문학의 위기〉, 『문학과 사회』, 1995년 봄, 49~50쪽.

계층의 상징'처럼 여겨지고 있다는 점이다. 어떤 아이들은 부모의 신용 카드를 학교에 가져와 자랑하기도 한다"고 비판했다.[68]

케이블TV의 노른자위라 할 홈쇼핑도 소비주의 물결에 가세했다. 1995년 8월 1일 한국홈쇼핑(현 GS홈쇼핑)과 삼구홈쇼핑(현 CJ홈쇼핑)이 8시간짜리 첫 홈쇼핑 방송을 내보내면서 한국 TV 홈쇼핑의 역사는 시작되었다. TV 홈쇼핑은 2002년 전체 매출 4조 2,000억 원을 기록해 정점에 오르게 된다.[69]

아이뿐만 아니라 성인들도 점점 자기 정체성을 정신이 아니라 몸을 통해서 내세우고자 했으며, 몸의 정체성은 어떤 브랜드를 소비하는가에 따라 결정된다고 믿게 되었다.

68) 최재원, 〈어린이에 카드 발급 사행심부추길 우려〉, 『세계일보』, 1995년 9월 13일, 19면 독자한마당.
69) 신재연, 〈"T-커머스로 재도약": TV홈쇼핑 출범 10년〉, 『한국일보』, 2005년 7월 28일, 15면.

방송: '땡김 뉴스'의 등장

지역민방 출범, 방송계 사정

1995년엔 케이블TV 시대의 개막, 지역 민방의 출범, 한국 최초의 방송통신 복합위성인 무궁화 1호 발사와 위성시험방송, 방송광고 시간 증가 등 굵직한 사건들이 많았다.

케이블TV는 95년 3월 1일부터 시작했으며 5월부터 유료 방송을 실시했다. 94년에 지역민방 사업자로 선정된 부산의 한창기업(부산방송 PSB), 대구의 청구건설(대구방송 TBC), 광주의 대주건설(광주방송 KBC), 대전의 우성사료(대전방송 TJB)가 95년 5월 14일 오전 8시부터 방송을 시작했다. 이 방송들은 서울의 SBS와 가맹사 형태로 제휴하여 전국 네트워크를 이루었다.

95년 8월 5일에는 우리나라 최초의 방송통신 복합위성인 무궁화호 1호가 미국 플로리다주 케이프 커내버럴 공군 기지에서 발사됐다. 또 광고시장이 91년 100% 개방될 때부터 미국이 요구해 온 방송광고 시간의 증

1995년 케이블TV 시대가 개막되었다.

가도 이루어졌다. 94년 방송법 시행령 개정으로 프로그램의 100분의 8로 제한됐던 광고 시간이 100분의 10으로 늘어난 것이다.

95년 초 방송계엔 사정 태풍이 몰아쳤다. 지난 90년에 이어 5년 만에 다시 나타난 태풍이었다. 이번에도 그 태풍은 PD와 연예인 매니저들 사이에 저질러지는 비리를 향해 돌진했다. 유명 PD들이 줄줄이 걸려들었다.

방송 프로듀서 수뢰사건을 계기로 하여 방송사와 한국방송연기자협회가 본격적인 대결 국면에 접어들었다. 연기자협회는 94년 연말 청와대 비서실에 "방송사가 협회에 등록되지 않은 연기자를 대거 발탁함에 따라 금품거래 등 비리의 소지는 물론 협회 회원들의 생계에 막대한 지장을 받고 있다"는 내용의 진정서를 낸 바 있어, 방송사들은 방송계 사정이 그 진정서와 관련이 있는 게 아닌가 하는 의혹의 눈길을 보냈기 때문이다.

95년 1월 18일 연기자협회는 3개 방송사 및 종합유선방송 프로그램 공급사에 공문을 보내 3월 15일 이후 비회원과 공동 출연을 거부한다는 최후 통첩을 했다. 비회원들이 출연하는 드라마에 대해서는 협회 차원에서 출연을 거부하겠다는 것이었다. 방송사들은 연기자협회의 요구가 부당하다는 반응을 보였다.

한편 경찰은 청와대의 특명을 받아 사정을 하면서 피의 사실 공표와 혐의의 과장을 통해 대다수 프로듀서들의 인권과 명예를 부당하게 짓밟았다. 실질적으로 청와대에서 직접 임명한 방송사 사장들에게 아무런 책임을 묻지 않는 것도 이상한 일이었다. 이에 항의하여 MBC 프로듀서 248명은 집단사표를 내기까지 했다.

1995년 8월 우리나라 최초의 방송통신 복합 위성인 무궁화호 1호가 발사됐다.

" '땡김뉴스', 5공으로 회귀하나 "

『기자협회보』는 95년 3월 2일자 사설 〈'땡김뉴스', 5공으로 회귀하나: 다시 일그러지는 방송의 자화상〉에서 "5공이 낳은 용어 '땡전뉴스'가 최근 들어 '땡김뉴스'로 다시 되살아나고 있다는 비아냥까지 나오고 있다"고 비판했다.

"2월 초까지만 해도 뉴스 프로그램의 중간이나 뒤에 자리잡고 있던 김 대통령의 동정기사가 땡김뉴스화하기 시작했던 시기는 민자당 전당대회가 열리던 2월 7일, 전당대회 뉴스를 머리기사로 실으면서 김 대통령의 동정 뉴스는 거의 매일 뉴스 프로그램의 앞머리에 자리를 틀고 앉기 시작했다."

방송사 스스로 알아서 기는 면도 있었지만, '이렇게 해라 저렇게 해라'는 식의 간섭이 위에서부터 내려오는 건 과거와 전혀 달라지지 않았다. 그래서 방송가에선 누가 칭찬을 받았다느니 누가 꾸지람을 들었다느니 하는 소문이 하루도 끊일 날이 없었다. 『한겨레신문』은 그런 통제 메커니즘을 다음과 같이 설명했다.

"국회 문화체육공보위 소속 의원이 한 방송사 간부로부터 들은 말이다. '보도 내용 가운데 일부를 두고 아주 훌륭하다고 칭찬한다. 대부분 전화를 통해서다. 청와대 비서실 전화가 가장 많다.' 그러나 방송관계자들은 최근 들어 이런 방식이 좀 더 직접적인 쪽으로 뒤바뀌고 있다고 말한다. 이런 변화는 민자당이 지난 2월 전당대회를 치르고 본격적인 지자체 체제로 출범하면서 두드러졌다는 것이다. 실제로 지난 2월 8일 MBC가 김덕룡 민자당 사무총장 발탁 소식을 소홀하게 다뤄 여권 핵심으로부터 심한 질책을 받은 것으로 알려졌다. 정치뉴스를 줄이는 대신 생활뉴스를 발굴해 주가를 높인 KBS도 이때부터 '대통령 동정'을 중심으로 한 정치권 뉴스를 비중 있게 보도하기 시작했다."[70]

94년 10월 방송 3사 대표들이 단행한 전격적인 '자정 선언'에 이어 95년 4월엔 방송사들이 시청률 경쟁 포기 선언을 했다. 그런데 이런 선언은 꼭 방송 3사 대표들이 청와대에 불려간 이후에 나왔다. 『한겨레21』 95년 4월 27일자는 그 배경에 대해 다음과 같이 보도했다.

"그렇다면 왜 청와대에서 시시콜콜하다고 할 수 있는 시청률에까지 이렇게 깊은 관심을 나타낸 것일까. 사실은 청와대에서 제동을 걸고 싶은 것은 방송사 간 치열한 '뉴스 시청률' 경쟁이라는 것이다. …… 오는 6월 지방자치단체장 선거를 앞두고 있는 정부로서는 양사의 뉴스 시청률 경쟁이 달가울 리 없었을 것이라는 얘기다. 그렇게 되면 아무래도 정부 비판 기사가 많이 나올 개연성이 높게 되기 때문이라는 분석이다."

---

70) 『한겨레신문』, 1995년 5월 4일.

그러나 방송사의 정치 보도는 이미 충분히 불공정했다. 전 국회의장 박준규는 95년 2월 초 신당 '자유민주연합' 측의 창당준비위원장 내정자로서 신당 창당과 관련한 방해공작에 대해 하소연하며 방송보도 태도를 비판했다. "한 시간을 인터뷰해도 나가는 것은 3초밖에 안 된다"는 것이었다.

방송의 충성 경쟁

1995년 4월 7일 밤 KBS가 〈뉴스라인〉 시간에 방영한 여야 대변인 초청 대담 내용 가운데 정부와 대통령을 비판한 야당 대변인 발언의 일부를 삭제한 것도 논란을 불러일으켰다. '알아서 기기'의 전형이었다.

95년 7월 11일 MBC 국제부 야근 기자는 연합통신을 받아 편집부에 "한국의 김영삼 대통령이 이끄는 문민정부가 권위주의를 아직 완전히 떨쳐 버리지 못한 채 민주주의의 기로에 서 있다고 미국 『뉴욕타임스』가 오늘 보도했습니다"라는 내용의 기사를 넘겼다. 이 기사는 보도되지 않았다.

그러나 이틀 뒤인 95년 7월 13일 MBC 〈뉴스데스크〉의 4번째 아이템은 "호주의 일간 신문인 『오스트레일리안』지는 오늘 김영삼 대통령과의 회견 기사를 통해 김 대통령은 취임 이래 민주주의의 법제화와 …… 을 위해 노력해 왔다고 평가"했다는 내용이었다.

또 나흘 뒤인 95년 7월 17일 MBC 〈뉴스데스크〉는 4번째 아이템으로 "호주의 『오스트레일리안』지는 어제 날짜 신문에서 한국은 현재 권위주의 체제를 민주주의로 전환시키는 중대한 경험을 하고 있으며 이는 민주주의자인 김영삼 대통령이 한국민에게 남겨줄 가장 위대한 유산이라고 보도했습니다"라는 내용을 보도했다.

미국 언론보다는 호주 언론이 더 대접을 받는 진기한 사례였다.

이건희: "정치는 4류, 행정은 3류, 기업은 2류"

애니콜 화형식

1995년 3월 9일 삼성전자 구미사업장 운동장엔 2,000여 명의 직원이 '품질확보'라는 머리띠를 두른 비장한 모습으로 집결했다. 현수막엔 "품질은 나의 인격이요. 자존심!"이라고 쓰여 있었다. 현장 근로자 10명의 손에는 큰 망치가 들려 있었다. 휴대전화, 무선전화 등 15만 대의 제품들을 운동장 한복판에 산더미처럼 쌓아놓고 망치질을 해 댔으며, 그러고 나서 다시 화형식을 거행했다. 모두 500억 원어치였다. 이는 "시중에 나간 제품을 모조리 회수해 공장 사람들이 모두 보는 앞에서 태워 없애라고 하시오"라는 이건희의 단호한 명령에 따른 것이었다.[71]

이건희가 외친 '질(質) 경영'에 따라붙는 건 '선택과 집중'이었다. 쳐

---

71) 이채윤, 『삼성CEO 경영어록: 삼성의 CEO들은 무엇이 다른가?』(열매출판사, 2005), 30쪽; 김영한·김영안, 『삼성처럼 회의하라』(청년정신, 2004), 46쪽.

낼 것은 과감히 쳐내고, 살릴 것은 모든 역량을 집중해 살린다는 것이었다.[72] 이건희의 '질 경영'은 작업 현장에선 "불량은 암이다"라는 구호로 나타났다. 이를 위해 이건희는 매우 드라마틱한 의식(儀式)을 선보였으니 그게 바로 위와 같은 '애니콜 화형식'이었다. 휴대폰 불량제품을 공개화형에 처한 것이다.

흥미로운 건 당시 대우 회장 김우중의 대조적인 모습이었다. '애니콜 화형식'이 거행된 지 4개월 후인 95년 7월 김우중은 외교안보연구원 특강에서 "자동차는 하이테크가 아니라 미들테크다. 우리는 미들테크 분야에서의 경쟁이라면 결코 뒤지지 않는다. 싼 차를 만들어 판매량을 늘린 이후 서서히 질을 높여가는 것이 유리하다"고 말했다.[73]

반면 이건희는 "질이 나쁘면 수십만 대라도 쓰레기통에 버려라"고 말했으니, 이 차이는 '자동차'와 '휴대폰'의 차이에서 비롯된 것이었을까? 김우중이 틀렸다고 말할 순 없지만, 이건희가 옳았다는 건 훗날 결과로 입증되었다.[74]

정치에 대한 불신과 혐오

이건희는 1995년 4월 13일 북경에서 한국 특파원들과 만나 "정치는 4류, 행정은 3류, 기업은 2류"라는 명언을 해 나라를 떠들썩하게 만들었다. 그는 "반도체 공장 하나를 짓는 데도 정부로부터 무려 1,000개의 도장을 받아야 한다"며 다음과 같이 개탄했다.

"우리의 기업 환경은 엉망이다. 지금 정부에서 세계화 운운하고 있는

---

72) 홍하상, 「세계를 움직이는 삼성의 스타 CEO」(비전코리아, 2005), 120쪽.
73) 최홍섭, 〈1인 중심 vs 시스템 중심…워크홀릭 vs 여가활용: 김우중과 이건희의 경영 스타일〉, 「주간조선」, 2005년 6월 27일, 85면.
74) 한국경제신문 특별취재팀, 「삼성전자 왜 강한가」(한국경제신문, 2002), 221쪽.

데 나라꼴이 이대로 가다가는 다음 세기 국제전쟁에서 지금의 위치를 유지하기는커녕 3류국으로 밀려날 것이 뻔하다. 국가 장래가 심히 걱정스럽다. 눈물이 날 정도가 아니라 울분과 통탄을 금치 못할 상황이다."

이 발언은 김영삼의 분노를 사 이후 4개월간 이건희와 삼성에 적잖은 시련을 안겨 주긴 했지만,[75] 대(對)국민 이미지엔 큰 기여를 했다. 당시 이 '정치는 4류' 주장에 감동받은 사람들이 많았기 때문이다.

그러나 한국 정치가 4류가 된 건 역대 군사독재정권 때문이었다. 정치를 희생으로 하여 경제가 큰 것이다. 우리는 그 부작용과 후유증을 겪고 있다. 이건희도 94년 5월 홍콩의 시사주간지 『아시아위크』와 가진 인터뷰에서 정확히 밝혔듯이, "군사문화로 인해 우리는 함께 생각하고 해결책을 찾는 것보다 명령을 받는 데 익숙해졌다."[76] 그런데 재벌은 바로 그 군사문화의 그늘에서 비대해진 것이었다.

실제로 외국인들이 볼 때엔 한국의 정권이나 재벌의 차이점이 무엇인지 이해하기 어려웠을 것이다. 예컨대, 95년 9월 영국의 『파이낸셜타임스』는 한국의 재벌은 군사기구를 방불케 한다고 주장했다. 유교적 가치관을 반영하고 있으며, 지배적 인물 중심으로 엄격한 위계질서가 강조되고 있다는 것이다. 이 신문은 따라서 재벌회장의 지시는 절대적이며, 아래의 제안이 위로 전달돼 합의가 도출되는 의사결정과정은 한국 기업에서 거의 찾아볼 수 없다고 지적했다. 신문은 또 한국의 재벌은 창업 가족들이 여전히 지배하고 있으며, 주요 임원진은 전문경영인이 아니라 가족이라고 덧붙였다. 이 신문은 특히 이건희 회장은 생산성 향상을 위해 직원들에게 취침시간까지 가르치지 않고는 견딜 수 없었다면서 구습이 좀처럼 사라지지 않는다고 비아냥댔다.[77]

---

75) 동아일보 특별취재팀, 『잃어버린 5년—칼국수에서 IMF까지: YS 문민정부 1,800일 비화 2』(동아일보사, 1999), 168~173쪽.
76) 정선섭, 〈삼성 이건희 회장 군사문화 비판〉, 『경향신문』, 1994년 6월 4일, 9면.
77) 신고산, 〈신고산의 뒤집어보는 경제 이야기〉, 『사회평론 길』, 1995년 11월, 80쪽.

이 기사에 내포된 오리엔탈리즘의 문제를 지적할 수도 있겠지만, 한국 재벌이 정치에 대해 큰소리칠 입장이 아니라는 건 분명했다. 『파이낸셜타임스』의 기자가 한 가지 놓친 게 있었는데, 그건 18만 명의 삼성인 가운데 직원들의 취침시간까지 가르칠 정도로 삼성의 미래에 대해 열정을 갖고 이야기할 수 있는 사람은 이건희 한 사람밖엔 없다고 하는 사실이었다. 바로 여기에 한 가지 딜레마가 존재했다.

이건희에겐 자신의 말 한마디에 겉으로나마 일사불란하게 움직이는 사람들을 거느리면서 '황태자' 아니 '황제' 로 군림하고자 하는 욕구가 있었다. 그는 93년 7월 17일 오사카 동남아 주재원과의 간담회에서 개혁의 배경이 뭐냐는 한 주재원의 질문에 대해서도 마치 '황제' 처럼 답했다. "여러분이 불쌍해서다. 안 도와주면 죽을 것 같아서다. 나 자신을 위한 게 아니다. 나는 전 재산의 '이자의 이자의 이자' 만 갖고도 3~5대까지 먹고살 수 있다. 나 하나 위해 이 야단이 아니다."[78] 그러면서 동시에 그는 삼성을 자기처럼 끔찍이 아끼면서 비전과 능력을 갖춘 그런 사람들이 많이 나오기를 원했다.

그 두 가지 욕구는 동시에 충족되기 어려웠다. 사람들은 정치판에서 3김씨가 사람을 키우지 않았다고 그들을 비판하곤 했지만, 사람을 키우게 되면 그들의 영향력은 침범당할 수밖에 없었다. 이건희도 그런 상황에 놓여 있다고 볼 수 있었다. 삼성에 카리스마를 가진 인물은 오직 이건희 한 사람뿐이었다. 그는 자기 외에 그 어떤 인물도 삼성에서 카리스마를 갖는 걸 원치 않았다. 그래서 그는 더욱 고독했다. 모든 걸 혼자서 해결해야 하고 혼자서 떠들어야 했으니까 말이다. 그게 바로 '고독한 황태자' 의 운명이 아니고 무엇이었으랴.

---

78) 박원배, 『마누라 자식 빼고 다 바꿔라: 삼성 이건희 회장의 신경영어록』(청맥, 1994), 114쪽.

'이건희 신드롬'과 언론통제

'이건희 신드롬'은 1995년까지 계속되었다. 취업 전문지인 『리크루트』가 95년 상반기 대졸 채용 응시자 1,500여 명을 대상으로 조사한 바에 따르면, 이건희는 가장 호감 가는 재벌 회장으로 선정됐으며 국제적 영향력과 앞선 경영 등 4개 부문에서 1등을 차지했다.

심지어 재벌에 대해 매우 비판적인 『말』지까지도 95년 10월호에선 기사를 누가 썼는지 그걸 밝히지도 않은 채 이건희의 새로운 시도에 대해 매우 긍정적인 평가를 내리는 기사를 게재했다. 그 기사 제목은 〈"인간미와 도덕성 없으면 1조 원 이익도 반갑지 않다"〉였다.[79]

그런데 문제는 이건희에게 그런 '멋있는' 말을 할 자격이 있느냐 하는 것이었다. 삼성의 매너는 결코 깨끗하지 않았다. 95년 6월 삼성중공업 상용차 사업본부 마케팅팀 직원 3명이 기아자동차 광명시 소하리공장 내 신형 봉고차 등을 사진촬영하다 붙잡힌 사건이 일어났다. 이와 관련, 『미디어오늘』 95년 6월 28일자는 "삼성이 자사에 불리한 사건에 대해 언론의 입을 막는 과정은 매우 집요하고 조직적이라는 게 대다수 경제부 기자들의 얘기"라며 다음과 같이 말했다.

"삼성은 자사에 불리한 사건이 기사화될 조짐을 보이면 그룹비서실 산하의 전략홍보팀, 제일기획 소속 그룹홍보팀 등 가동 가능한 라인을 총동원, 로비를 벌인다는 것이다. 심지어 해당 기자나 편집 간부들과 지연, 학연이 있는 그룹 산하 임원들을 동원, 집요한 로비를 해 오고 있다는 게 기자들의 전언이다. 이번에 터져 나온 기아자동차 공장 산업스파이 의혹 사건 관련 보도 과정도 이 같은 삼성식 '대언론 로비'의 실체를 그대로 보여 주는 것이라고 기자들은 입을 모으고 있다."

언론은 이건희와 삼성의 '순한 양'이라는 말까지 나오게 되었다. 방

---

79) 〈인간미와 도덕성 없으면 1조원 이익도 반갑지 않다〉, 『말』, 1995년 10월, 86~89쪽.

송매체도 이건희와 삼성의 굴레로부터 자유롭지 못한 건 마찬가지였다. KBS 노동조합의 95년 9월 23일자 성명서 〈KBS가 삼성재벌 총수 이건희의 홍보부대인가!〉는 "공영방송에 참으로 해괴한 일들이 자행되고 있다"며 다음과 같이 말했다.

"지난 21일 9시 뉴스는 '대기업 지방 경영'이란 그럴 듯한 제목의 보도를 내보냈다. 그러나 보도의 실질적인 내용은 삼성그룹 총수 이건희의 지방 나들이를 일방적으로 홍보하는 것이었다. 앵커 멘트는 '지방자치시대를 맞아 지방사업장을 찾는 재벌총수들이 부쩍 늘고 있다'며 제법 명분을 내세웠지만 실제 보도된 내용은 온통 이건희의 부산 공장 나들이에 대한 기사와 그림으로 다 채웠고 뉴스가치가 있는 내용은 전혀 없었다. 이에 대해 보도본부장도 사실을 인정했다. 이 해괴한 보도의 뒷이야기는 이렇다. KBS가 마라도나 축구팀을 유치하는 데 (삼성이) 5억 원을 협찬했고 그 대가로 이 뉴스가치 없는 홍보 기사가 급조됐다는 것이다. 이런 식의 행태가 광고를 조건으로 홍보기사를 게재하는 일부 상업언론과 무엇이 다른가. 돈을 받고 뉴스를 팔아 넘기는 일이 과연 공영방송 KBS의 떳떳한 모습인가."

『일요신문』 95년 11월 12일자는 "삼성은 기무사의 '존안카드' 같은 인물 자료를 데이터베이스화해서 활용하고 있다. 여기에는 정계 인사는 물론 사무관급 이상의 중앙부처 공무원과 과장급 이상의 지방 공무원, 언론인 등이 들어 있다"며 다음과 같이 보도했다.

"또 이들과 관련 있는 사내 인사들의 친분 정도가 ABC 등급으로 매겨져 '유사시' 언제라도 동원될 수 있도록 정리돼 있다. 또 삼성의 정보 입수는 빠르다. 어떤 때는 정부보다도 빠르다. 지난해 김일성이 죽었을 때에도 이건희 회장이 통일원장관보다 먼저 알고 있었다는 게 정설이다."[80]

---

80) 김진녕, 〈국가기관 뺨쳐…거미줄 쳐놓고 시시콜콜 수집: 재벌들 정보능력 어디까지 왔나〉, 『일요신문』, 1995년 11월 12일, 30~31면.

『나는 빠리의 택시운전사』

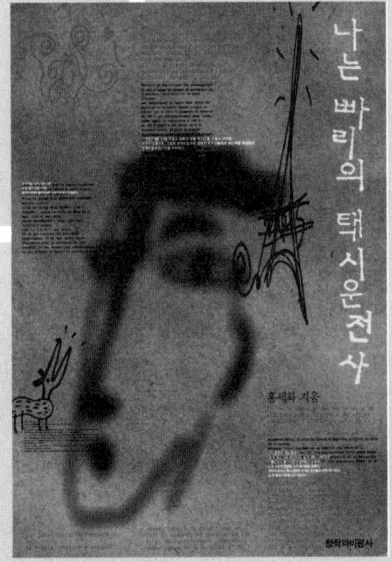

한국 독자에게 '톨레랑스(관용)'라는 화두를 던졌던 『나는 빠리의 택시운전사』 책 표지.

1995년 베스트셀러 중 하나는 홍세화의 『나는 빠리의 택시운전사』였다.

김재명은 이 책을 언급하면서 "그 무렵부터 한국 사회의 담론 속에는 톨레랑스가 일종의 키워드가 됐다. 민주적 합의 절차와 토론은 구석에 팽개치고 멱살잡이와 고함이 전면에 배치되는 저급한 정치문화를 꼬집을 때도 '톨레랑스가 아쉽다'는 지적이 나왔고, 노동자들의 파업으로 국가적으로 막대한 손실이 생겨나는 사태를 어찌 볼 것인가 입씨름이 벌어질 때에도 저마다 톨레랑스라는 용어를 들이밀었다"고 평가했다.[가]

장정일은 "오랜만에 감동이라는 말로 독후감을 적을 수 있는 책을 만났다. 독자는 애써 감추려 하지만 뻔히 드러나는 저자의 고통스러운 망명 생활을 보게 되는데, 그 훔쳐봄은 송구스럽기까지 하다. 스스로는 남민전의 전사라고 자랑스레 밝히고 있지만, 이 책은 전사의 투쟁기라기보다는 투병기라고 해야 한다"고 했다.[나]

가) 김재명, 〈마이너 '분노의 불길' 번진다: "프랑스 '톨레랑스'의 위선 노출…세계 도시 빈민촌 모두 위기감"〉 『월간중앙』, 2006년 1월, 176쪽.
나) 장정일, 『장정일의 독서일기 2: 1994.11~1995.11』(미학사, 1995), 199쪽.

홍세화는 1947년 서울에서 태어나 경기중·고를 졸업했다. 66년에 서울대 금속공학과에 입학했으나 이듬해 그만두고 69년에 서울대 외교학과에 재입학했다. 그러나 그는 오로지 외무고시 하나에 전념하는 과동기생들과는 달리 점점 전공과목에 흥미를 잃어 갔다. 그는 '민주수호선언문' 사건으로 제적되는 등 순탄치 않은 대학생활을 하다가 77년 졸업했다.

졸업 후 '대봉'이라는 무역회사에서 일하던 홍세화는 박석률의 권유로 1978년 남민전(남조선민족해방전선)에 가입했다. 그가 거기에서 한 일은 삐라를 뿌리는 일이었다. 이것만 해도 징역 5년을 각오해야 하는 일이었고, 남조선이라는 말도 5년 감은 족히 되었다. 활동하던 중 이듬해 3월 무역회사 프랑스 지사로 파견되어 고국을 떠났다. 반년 남짓 지난 79년 10월 한국의 신문들은 굵은 글씨로 '대남적화테러단'의 명단을 공개했다. 그 명단 속에 홍세화의 이름이 들어 있었고, 그 후 그는 세계 어느 나라든 갈 수 있으나 '꼬레'에만은 들어 올 수 없는 망명자가 되었다.

홍세화는 남민전 사건으로 회사에서 나온 뒤 처음엔 관광가이드로 망명생활을 시작했다. 그리고 3년 동안 택시운전사를 하다가 친구가 하는 무역업을 도와주기도 했다. 또 한동안은 한국 의상실에서 관리일을 보기도 했으나 IMF 타격으로 의상실이 문을 닫는 바람에 프랑스 정부에서 나오는 실업수당과 그동안 들어왔던 인세, 서울에서 요청을 받아 쓰는 기고료 등으로 살아갔다.

한국 독자에게 '똘레랑스(관용)'라는 화두를 던졌던 『나는 빠리의 택시운전사』는 많은 호평을 받았고, 97년에는 『코리언 드라이버는 파리에서 잠자지 않는다』라는 제목의 일본어 번역판도 나왔다. 98년 1월엔 임진택의 연출로 연극 무대에 올려지기도 했다.

99년 6월 14일 홍세화는 20년 동안 '갈 수 없는 나라'였던 '꼬레'에 발을 내디뎠다. 2년 전 고국 땅을 넘어 방문했던 일본에서 식당에 들어

1997년 21년 만에 만난 남민전 동지 홍세화(좌)와 박석률(우).

가기 위해 신발끈을 풀면서 고국의 식당이 떠올라 콧등이 시큰해졌다는 그가 그토록 꿈에 그리던 산하와 사랑하는 사람들을 만나게 된 것이었다.

그가 프랑스와 견주어 본 한국 사회는, '나'의 개성은 죽어 존재하지 않고 건강한 토론문화는 말살되었으며, 사람들의 관대함과 관용 그리고 우리의 문화와 글을 소중히 여기는 자기긍지를 빼앗겼으며, 온통 극우반공주의와 권위주의, 지역주의, 낙후한 문화적 천민성 등으로 가득 차 있는 것이었다. 그리고 그는 이러한 한국 사회의 우울한 모습은 50여 년 동안 이어져온 '분단'에서 비롯된 것이며, 그러한 분단구조에 기생하여 이를 유지하고자 권력층이 만들어 온 억압적 제도에서 비롯된 것이라고 말했다. 홍세화의 눈에 비친 한국 사회는 '고향은 어디지?', '어느 학교를 나왔소?', '가문은 어떻게 되시오', '그대는 고작 힘없는 암컷이로구먼'이라고 따지고 구분하며 편가르기를 일상사로 삼고 있었다. 다)

다) 홍세화, 『쎄느강은 좌우를 나누고 한강은 남북을 가른다』(한겨레신문사, 1999).

1996년

제7장
한총련 · 서태지 · 날라리

- 제15대 총선
- 한총련 사태
- OECD 가입과 날치기
- '언론재벌'과 '재벌언론'의 전쟁
- '서울대 공화국'과 '서울대 폐교론'
- 서태지: '시대유감'과 은퇴 파동
- 음반 사전심의제도 철폐
- 영화: 대기업 참여와 사전검열 위헌 판결
- '몸'·'불륜'·'섹스'의 재발견
- '업그레이드'·'채팅' 열풍
- 독도 사태와 월드컵 열풍

제15대 총선

이수성·박찬종·이회창·이홍구 영입

대통령 김영삼은 95년 12월 15일 직선 총장 임기를 아직 1년도 채우지 않은 서울대 총장 이수성을 국무총리로 임명한 데 이어, 96년 1월 16일 전 의원 박찬종을 신한국당에 영입함으로써 4·11 총선 채비를 갖추기 시작했다. 이어 1월 22일엔 전 국무총리 이회창을 영입했다. 이회창은 문민정부 출범과 함께 초대 감사원장으로 임명된 뒤 93년 12월 국무총리에 임명됐으며, 94년 4월 23일 김영삼과 불화를 빚으면서 국무총리를 사퇴했었다.

이회창은 22일 오전 청와대에서 김영삼과 단독면담한 뒤 자신의 변호사 사무실에서 기자회견을 갖고 "문민정부 발족 초기부터 감사원장과 총리로 참여한 사람으로서 어려운 시기에 정국안정을 바라는 김영삼 대통령의 간절한 소망을 외면하기 어려웠다"고 신한국당 입당을 밝혔다.[1]

---

1) 「한겨레신문」, 1996년 1월 23일, 1면.

1996년 1월 30일 저녁 KBS와 MBC 9시 뉴스는 고급 공무원을 대상으로 한 대통령의 '특강'을 보도했다. 그 자리에서 대통령은 공무원들이 '개혁의 전도사'가 되어 줄 것을 당부했다. 그날 TV뉴스는 뒤이어 대통령처럼 고급 공무원들을 대상으로 한 공보처장관 오인환의 '특강'도 보도했고, 또 이회창의 고려대 노동대학원 '특강'도 보도했다. 하루 저녁에 3건의 '특강'이 TV뉴스를 통해 보도된 것이다.

2월 13일엔 전 국무총리 이홍구가 신한국당에 입당했다. 이홍구는 입당 기자회견에서 자신의 역할을 선거대책위 고문으로 총선을 지원하는 것과 함께 "통일·외교·안보정책 전문가로서 정부 재직시의 경험을 바탕으로 당의 정책 고문 역할을 하는 것"이라고 밝혔다.

이와 관련, 『한겨레신문』 2월 14일자는 "이 전 총리의 입당은 외부 거물급 인사 영입을 통해 총선 전의 기선을 제압하려는 신한국당의 전략이 일정 부분 매듭지어졌음을 의미한다는 게 당 관계자들의 설명이다. 앞서 입당한 이회창·박찬종 씨가 각각 개혁노선과 세대교체를 대표한다면 보수층과도 그리 거리가 멀지 않은 이씨는 화합을 상징한다는 것이다"고 보도했다.

96년 2월 22일 경제정의실천시민연합은 집권 3돌을 맞이한 김영삼 정부의 공과를 평가하는 토론회를 주최했다. 대체적으로 부정적인 평가가 주류를 이뤘다. 경제 분야 주제 발표에 나선 고려대 교수 이필상은 "'문민정부'가 최대의 공적으로 자랑하는 금융실명제와 부동산실명제, 공직재산공개 등 일련의 경제 개혁 조처들은 폭넓은 예외조항을 인정함으로써 사실상 유명무실해졌다"며 "이런 개혁의 변질이 최근에는 노골적인 친재벌 정책으로 드러나, 모든 경제활동이 재벌에 휘둘리는 '온 국민의 머슴화' 현상이 나타나고 있다"는 평가를 내렸다. 정치 분야 주제 발표에 나선 강원대 교수 김선종은 "대통령과 그 측근 세력 일부가 국가의 중대한 정책을 결정하는 밀실 정치와 권력의 독과점 현상이 심화되고 있다"며 "그 결과 온 국민을 개혁에 동참시키지 못하고 붕당 정치의 폐해를 드러내고 있다"는 평가를 내렸다.

장학로 비리 사건

1996년 3월 21일 오전 8시 서울 여의도 새정치국민회의 당사에서 선거대책위원회 공동의장 정희경은 기자들이 운집한 가운데 청와대 제1부속실장 장학로의 비리에 대한 발표문을 읽어내려 갔다.

"지난 2월 초 장 실장의 여성편력과 부정축재 혐의에 대한 진정을 받고 조사한 결과 장 실장이 91년부터 동거하고 있는 김모 여인과 그 오빠, 동생들 명의로 93년 이후 거액을 보험에 가입하고 부동산을 매입했으며 돈세탁을 거쳐 은행에 넣는 등 37억 원 상당의 부정축재를 한 사실을 확인했습니다."[2]

3월 23일 서울지검 특수1부(황성진 부장검사)는 장학로가 15대 국회의원 후보공천에서 유리한 위치를 차지하게 해 달라는 청탁과 경제 관련 공무원 등에게 영향력을 행사해 달라는 부탁 등을 받고 3개 중소기업 대표들로부터 1억 4,000만 원을 받은 사실을 밝혀내고 특정범죄가중처벌법위반(알선수재) 혐의로 구속했다. 검찰은 "장씨가 93년 2월 청와대에서 근무하기 시작한 직후부터 최근까지 기업인 등에게서 수백만 원씩을 수시로 받았으며 그 자금만 해도 수억 원대에 달하는 규모"지만, 이 자금은 직무와 관련된 뇌물보다는 인사치레성 '떡값'에 가까워 사법처리 대상에서 제외하고 개인적으로 이권에 개입해 챙긴 목돈성 자금만 처벌키로 했다고 밝혔다.[3]

---

2) 동아일보 특별취재팀, 『잃어버린 5년-칼국수에서 IMF까지: YS 문민정부 1,800일 비화 1』(동아일보사, 1999), 171쪽.
3) 『한국일보』, 1996년 3월 24일, 1면.

장학로 전 청와대 제1부속실장이 서울 지검에 출두하고 있다.

장학로는 14개 기업으로부터 6억 2,000여만 원을 받은 혐의로 기소되었는데, 그는 1977년부터 20년 가까이 상도동과 청와대에서 김영삼 집안의 대소사를 챙겨온 오랜 가신 출신이었기에 사회적 충격이 컸다.[4]

장학로 사건의 진짜 문제는 '권력 전문가' 일 것 같은 김영삼이 의외로 권력의 속성에 무지했다는 사실이었다. 장학로 사건을 보고받은 김영삼은 "아니, 우째 그 어린아이에게 돈을 주노? 그 아이가 무슨 힘이 잇다꼬

---

4) 장학로는 1996년 9월 2심에서 징역 4년에 추징금 7억 200만 원을 선고받고 항고를 포기해 형이 확정됐다. 96년 11월 25일 서울지검 특수1부(박주선 부장검사)는 장학로에 대해 형집행행정지를 결정, 이날자로 석방했다. 검찰은 "장전실장이 앓고 있는 근육소실증(진행성 근이영양증)이 악화해 체중이 8kg이나 빠지는 등 수형생활이 불가능하다고 판단돼 형집행정지결정을 내렸다"고 밝혔다. 『동아일보』, 1996년 11월 26일, 47면.

…… 허참, 차라리 학로가 자살이라도 하면 좋겠다"며 어이없어했다. 이에 김성수는 "김영삼 대통령에게 장학로 씨는 여전히 어린아이로 여겨졌고, 힘없는 청와대 부속실장으로밖에 생각되지 않았다. 최고 권력자를 늘 가까이 모시는 사람은 직책과 지위에 상관없이 권류가 흐르고 힘이 붙는다는 사실을 모르는 듯했다"고 말했다.[5] 김 정권 말기를 비참하게 만들 김현철 사건도 바로 이런 의식의 연장선상에서 일어난 것이었다.

" '경장히' 길었던 한밤의 6분 코미디 "

제15대 총선을 보름 앞둔 3월 28일 새벽 올림픽 축구 한일전이 열렸다.『조선일보』96년 3월 30일자에 따르면, "신한국당 당직자들은 올림픽 축구 한일전이 열리기 한참 전부터 '이겨야 할 텐데……' 라는 말을 해 왔다. 선거를 앞두고 국민적 정서를 고무시키는 그런 일이야말로 여당의 선거에는 절대적으로 유리하게 작용하기 때문이었다. 그러나 28일 새벽 정작 한일전이 한국의 압승으로 끝난 뒤 신한국당 분위기는 그렇지 않다. 당직자들은 '뜻밖'의 여론에 부딪혀 곤혹스러워하고 있다. 바로 경기 직후 김영삼 대통령의 축하 전화 사진이 TV 화면에 등장, 시상식 장면을 거의 가려버린 데 대한 비판 여론이 적지 않기 때문이다. 당 민원실과 당직자 방에는 29일까지도 항의 전화가 계속 이어졌다는 것이다."

신문들에도 독자들의 항의 투고가 빗발쳤다. 왜 그런 어이없는 일이 벌어졌을까? 경기 시작 전 각 방송사는 청와대로부터 "한국이 우승할 경우 대통령의 축전을 보낼 것이니 보도하라"는 사전 지침을 받고 대통령의 전화 모습이 담긴 화면을 사전에 준비했었다. 그런 지시를 무조건 따른 방송사들도 한심했지만, 그렇다고 그걸 6분간이나 내보낸 방송사의

---

5) 김성수,『젊은 세대에게 보내는 김성수 기자의 대통령 이야기』(천지, 2001), 179~180쪽.

강심장(?)엔 혀를 끌끌 차는 사람들이 많았다. 혹 사사건건 간섭하는 청와대에 보복을 하기 위해 그랬던 건 아니었을까? 그런 의문이 들 정도로 그건 어이없는 해프닝이었다.

국민회의 선거기획단장 이해찬은 '오늘의 상'을 발표한다며 '페널티킥'을 '코너킥'이라고 용어까지 바꾼 김영삼에게 '코너킥상'을 수여한다고 꼬집었다. 『미디어오늘』은 이 해프닝을 보도하면서 선수들에게 "경장히(?) 잘 싸웠다"는 김 대통령의 말을 빗대 "'경장히' 길었던 한밤의 6분 코미디"라는 제목을 달았다. 그 '코미디'는 그간 김영삼이 범해온 '과잉 이미지 플레이'를 상징적으로 드러내 보인 사건이었다.[6]

북한의 비무장지대 무장병력 투입 사건

1996년 4월 4일 오후 북한은 중앙방송과 평양방송을 통해 '조선인민군 판문점 대표부' 대변인 담화를 발표, "조선인민군은 정전협정에 규정된 군사분계선과 비무장지대의 유지 및 관리와 관련한 임무를 포기한다"고 선언했다. 북한은 이 담화에서 또 "조선인민군은 판문점 공동경비구역과 비무장지대에 출입하는 인원들과 차량들로 하여금 제정된 모든 식별표지를 착용하지 않도록 할 것"이라고 밝혔다.

정부는 4월 4일 저녁 권오기 통일부총리 등이 참석한 긴급 통일안보정책조정회의를 열고 이날 오후 북한 측이 비무장지대 내 의무 포기를 선언한 데 대한 대책을 논의, 북한 측의 이번 선언은 한반도 휴전협정 체제에 대한 중대한 도전이라고 규정하고 이의 철회와 휴전협정 준수를 북한 측에 강력히 요구했다.[7]

---

6) 『미디어오늘』, 1996년 4월 10일.
7) 김창기·유용원, 〈북, 'DMZ규정' 준수 거부/"군사분계선 임무조항도 포기" 일방선언〉, 『조선일보』, 1996년 4월 5일, 1면.

미국 『워싱턴포스트』 4월 8일자는 북한의 비무장지대 무장병력 투입은 총선을 앞둔 한국에 긴장을 유례 없이 고조시키고 있으며, 북한이 예상하지 못했던 결과를 초래할지 모른다고 보도했다. 이 신문은 이날 1면에 게재된 서울발 기사를 통해 한국 국민들은 수십 년 동안 북한의 남침 위협에 익숙해져 왔지만, 북한군이 연일 비무장지대에서 무장 시위를 벌이는 상황에 크게 놀라고 있다고 전했다. 또 이 신문은 총선을 앞두고 하락세를 보이던 한국 집권 여당의 지지도가 유권자들이 안보위기를 느끼면서 다시 반등하고 있는 것으로 보인다면서, 지난달 중국의 미사일 시위가 이등휘 대만 총통의 선거 압승을 가져다 주었던 것과 같은 현상이 한국에서도 재현될지 모른다고 말했다.[8]

선거를 사흘 앞둔 4월 8일, 지난 95년 효산종합개발의 경기도 콘도 특혜허가 사건을 감사했던 감사원 2국 5과 현준희 감사주사(6급)는 양심선언을 통해 "당시 콘도 허가가 잘못됐다는 사실을 밝혀내고 청와대 등 고위층의 압력 여부 등에 대해 감사를 벌이려다 감사원 상부의 지시로 감사를 중단했다"고 폭로했다. 현준희는 서울 서초동 '민주사회를 위한 변호사모임(회장 고영구)' 사무실에서 기자회견을 열고 "대통령 직속기관인 감사원의 감사를 중단시킬 기관은 청와대밖에 없다"고 말해 감사 중단 배후에 청와대가 개입했을 가능성을 강하게 제기했다.[9] 이 타격을 상쇄하려는 듯, 다음날인 4월 9일 재정경제원은 '무역수지 5,000만 달러 흑자' 예측을 발표했다. 그러나 이는 급조된 엉터리였다.[10]

8) 김창균, 〈"북 도발 안보위기감 집권당 지지도 반등"〉, 『조선일보』, 1996년 4월 9일, 9면.
9) 『한겨레신문』, 1996년 4월 9일, 1면.
10) 그로부터 20일 후에 나온 한국은행 발표는 '무역수지 1억 1,000만 달러 적자'였다.

'가면(假面) 선거'?

63.9%의 투표율을 기록한 4·11 총선 결과 △신한국당은 139석(지역구 121석, 전국구 18석) △국민회의는 79석(지역구 66석, 전국구 13석) △자민련은 50석(지역구 41석, 전국구 9석) △민주당은 15석(지역구 9석, 전국구 6석)을 얻었다. 무소속은 전체 유효득표의 11.8%를 획득하며 16명이 원내에 진출했다. 정당별 득표수에 의한 전국구 의석배분에 따라 국민회의의 김대중 총재와 신한국당의 박찬종 수도권선대위원장의 원내진출은 좌절됐다.

신한국당은 과반의석 확보에는 실패했으나 부산의 21개 선거구를 완전히 석권했으며 전통적으로 야세가 강했던 서울지역에서 47석 중 27석, 경기도에서 38석 중 18석을 획득하는 등 선전했다.

자민련은 대전의 7개 선거구를 석권했으며 충남의 13개 중 12개, 대구의 13개 중 8개를 휩쓰는 저력을 보였다. 반면 국민회의는 광주, 전남북 등 호남권의 37개 중 전북 군산을 빼놓고 36개 선거구에서 당선됐으나 서울지역 전체 의석 47석 중 38%인 18석을 확보하는 데 그쳤다. 민주당은 김원기 공동대표, 이기택 상임고문, 홍성우 선대위원장, 이철 원내총무 등 당 지도부가 몰락하는 등 참패해 원내교섭단체구성에 실패했다.

4·11 총선 전체 당선자 중 △30대는 지난 14대 때와 같은 8명이었고 △40대는 70명에서 60명, 50대는 179명에서 158명으로 줄어들었으며 △60세 이상은 14대 때보다 31명 늘어난 73명이었다. 4·11 총선에서는 또 여성후보 2명이 지역구에서 당선되고 7명이 전국구로 원내에 진출, 지난 14대 때보다 3배 많이 진출했다.[11]

4·11 총선에서 가장 관심을 모은 지역구는 노무현, 이명박, 이종찬이

---

11) 「동아일보」, 1996년 4월 13일, 1면.

1995년 6·27 지방선거에서 부산시장 후보로 나섰다 낙선한 노무현은 4·11 총선에서 또 패배를 맛보았다.

격돌한 서울 종로구였다. 신한국당 후보 이명박이 득표율 40.9%로 당선되었고, 국민회의 후보 이종찬 33.1%, 민주당 후보 노무현 17.4%, 자민련 후보 김을동 6.6% 등이었다. 95년 6·27 지방선거에서 부산시장 후보로 나섰다 낙선한 노무현은 또 한번 패배를 맛보았다.

극우잡지 『한국논단』의 대표적 논객인 김정강은 『한국논단』 96년 6월호에 쓴 글에서 "4·11 총선에서 신한국당 승리에 결정적인 요소로 작용한 인민군의 남침 위협은 그 동기가 참으로 아리송하다"고 말했다.

유성식은 신한국당의 선전 이유를 '가면(假面) 선거'로 보았다. 그는 "96년 1월까지만 해도 집권당인 신한국당이 얻을 수 있는 의석은 110석 안팎에 불과할 것이란 전망이 지배적이었다"며 "당시 대중 지지도 1, 2위를 달리던 이회창, 박찬종 씨에다 맹형규, 홍준표, 안상수 등 새 인물을 대거 입당시켜 그들의 이미지로 정권과 당을 가렸고, 대중은 거기에

잠시 혹했다"고 말했다.[12]

신한국당의 '당선자 빼가기'

5월 20일 신한국당은 4·11 총선 이후 40일 만에 국회 의석수의 과반수를 확보했다. 신한국당은 총선에서 승리했다고 자체 평가를 내려놓고도 총선이 끝나기가 무섭게 '당선자 빼가기'라는 기상천외한 수법을 동원해 여소야대 구도를 뒤집었다. 당선이 되더라도 신한국당엔 '죽어도' 또는 '절대로' 안 들어가겠다고 그토록 굳은 맹세를 했던 사람들이 대거 신한국당에 입당한 덕분이었다. 그들은 선거 중엔 다음과 같이 주장했었다.

"신한국당은 부산, 경남의 지역당이다. 신한국당 입당은 어불성설이다(김일윤)", "선거 후 신한국당은 해체될 것이다. 해체될 정당에 들어 갈 이유 없다(김재천)", "나는 지난해 영주시장 선거 때 신한국당 후보로 나왔으나 이번엔 그 당에 회의를 느껴 무소속으로 나왔다. 당선돼도 신한국당에는 절대 안 간다(박시균)", "당선되면 절대 여당에는 안 가겠다. 대구의 자존심으로 김영삼 정권에 대항하는 대구의 양심이 되겠다(백승홍)", "신한국당은 깨져서 없어질 정당이다. 썩은 정당에는 죽어도 안 들어간다(원유철)", "총선이 끝난 뒤 지금의 신한국당과 어떤 형태의 야합도 상상할 수 없음을 거듭 확인한다. 신한국당은 곧 침몰할 난파선이다(이규택)", "팽을 당한 내가 다시 신한국당에 들어간다는 것은 말이 안 된다. 전국 여성의원은 주가가 올라 갈 것이다(임진출)", "지역 구민의 대체적인 의견은 어렵게 당선된 만큼 민주당을 살려야 한다는 것이다. 젊은 사람이 이 당 저 당 왔다 갔다 하는 모습을 보이는 것은 바람직하지 않다(최욱철)", "나는 이 나라 민주화의 주역인 민주당에서 생활해 왔다. 어떤

---

12) 유성식, 〈반성 없는 가면(假面) 선거〉, 『한국일보』, 2006년 4월 19일, 30면.

후보는 이 말 저 말 갈아타지만 나는 앞으로도 계속 민주당을 지키겠다. 신한국당에는 가지 않는다(황규선)", "신한국 공천을 신청했으나 두 번 탈락했다. 두 번이나 버린 정당에 당선돼도 죽어도 안 들어간다(황성균)"

야당은 5월 20일을 "헌정 파괴가 이루어진 중대한 날"이라고 했다. 야당은 "비민주적 폭거", "군사독재정권식 공작정치" 등의 비난을 퍼부으면서, 부정선거를 규탄하는 자동차용 스티커 제작 및 배포, 부정선거 사례 전시회, 당보 가두배포 등 1단계 장외투쟁에 나섰다.

신한국당의 '당선자 빼가기'는 이미 4·11 총선 기간 중 신한국당 인사들의 유세 발언에서 예견된 것이었다. 당시 이회창, 박찬종 등은 여당이 승리하지 못하면 개혁도 끝장이고 북한의 위협에도 대처하기 어렵다는 식의 '협박'을 일삼았었다.

훗날 밝혀진 사실이지만, 김영삼은 92년 대선에서 쓰고 남은 정치자금 1,197억 원을 안기부 계좌에 예치했다가 15대 총선 당시 측근이자 사무총장인 강삼재를 통해 신한국당에 지원했다. 1,197억 원 중 533억 원이 정치인 203명에게 제공됐는데, 5억 원 이상을 지원받은 정치인이 8명, 4억 원대 40명, 3억 원대 29명, 2억 원대 74명, 1억 원대 14명, 1억 원 미만 38명인 것으로 나타났다. 이렇게 안기부 예산을 지원받은 정치인은 대부분 15대 국회의원 선거에 신한국당 공천을 받아 출마한 후보였지만, 8명은 신한국당 출신이 아닌 것으로 나타났다.[13] 훗날 재판 과정에서 그 돈이 안기부 예산이 아니라 김영삼의 돈임을 밝힌 강삼재는 "김영삼 이름 밝히는 게 고통스러워 고향의 자살바위에 네 번 올라갔다"고 토로했다.[14]

---

13) 『한겨레』, 2003년 9월 24일, 14면.

14) 강삼재와 안기부 운영차장 김기섭은 2003년 9월 1심에서 각각 징역 4년과 5년의 실형을 선고받았으나, 2심 (2004년 7월)과 3심(2005년 10월)에서 무죄 판결을 받았다. 송승호, 〈"김영삼 이름 밝히는 게 고통스러워 고향의 자살바위에 네 번 올라갔다": '안풍사건'으로 정계은퇴했던 강삼재의 4시간 격정 토로〉, 『월간조선』, 2005년 12월, 130~153쪽.

한총련 사태

연세대 범청학련 통일대축전 사건

1996년 8월 14일 하오 경찰은 연세대에 대규모 병력과 헬기를 투입, 범청학련 통일대축전에 참가 중인 한국대학생총연합(한총련) 소속 대학생 3,000여 명을 강제해산시켰다. 경찰이 학생시위 진압에 헬기를 동원한 것은 86년 건국대 사태와 94년 서울대에서 열린 범민족대회 이후 세 번째였다.

경찰은 하오 2시 45분께 학생들이 남북학생연석회의를 강행하자 전경 51개 중대 6,000여 명과 헬기 11대를 동원, 다연발최루탄을 쏘고 공중에서 최루액을 뿌리며 정문과 북문, 동문 등을 통해 진입을 시도했다. 학생들은 경찰이 진입하자 폐타이어, 의자 등으로 쳐놓은 바리케이드에 불을 지르고 화염병과 쇠파이프를 휘두르며 격렬히 저항했다.

경찰은 진압작전에 나선 지 40분 만인 하오 3시 20분께 포클레인 등 중장비와 소방차 등을 동원, 바리케이드를 제거하고 행사장인 노천극장

한총련 대학생들과 경찰 병력이 거리에서 공방전을 벌이고 있다.

과 이공대 대강당 등에서 해산작전을 폈다. 경찰은 이미 압수수색 영장
을 발부받은 학생회관 대강당 등에 대한 수색을 벌인 뒤 하오 4시 17분
께 철수했다.

이에 반발한 학생 5,000여 명은 하오 5시 20분께부터 신촌로터리 주
변에 모여 차도 300여m를 완전 점거하고 화염병 시위를 벌이는 등 도심
곳곳에서 밤늦게까지 격렬한 시위를 벌였다. 이 중 2,000여 명은 다시
연세대로 돌아가는 등 학생 6,000여 명이 시내 6개 대학에 분산, 밤샘농
성을 벌였다. 이 때문에 신촌 일대는 물론 마포, 광화문 등 서울 강북 전
지역의 교통이 거의 마비돼 퇴근길 시민들이 큰 불편을 겪었다.[15]

---

15) 「한국일보」, 1996년 8월 15일, 1면.

8월 16일 청와대는 김광일 비서실상 주재로 수석비서관회의를 열어 폭력행위자 등을 전원 구속해 엄중히 사법처리한다는 방침을 재확인했다. 이날 고위당직자회의에서 내무장관 김우석은 "한총련이 5·18 관련자의 최고형선고, 국가보안법철폐, 북·미평화협정 등을 이슈로 불법폭력시위를 벌일 것으로 예상된다"며 "수배자를 조기에 전부 검거, 지도부를 와해시키겠다"고 밝혔다. 김우석은 "앞으로 이적행위자와 불법폭력시위자는 전원 검거해 의법조치하겠다"고 말하고 "입체진압기술을 개발, 폭력시위에 대한 진압능력을 높이겠다"고 보고했다.[16]

한총련 와해 작전

『조선일보』 논설주간 류근일은 8월 17일자 칼럼에서 "선진 강대국이란 나라에서 평화적인 시위자가 다치는 일도 없지만 단 한 사람이라도 전경이 쇠파이프에 얻어터지는 꼴 봤는가. 그랬다가는 온몸이 벌집처럼 돼도 옆에서 감히 찍소리 한마디 못 지르는 것이 선진국이다"고 주장했다.[17]

8월 17일 최병국 대검공안부장은 기자회견을 갖고 "한총련이 그동안 계속해 온 친북, 이적활동이 국가안전과 사회질서 유지 차원에서 용인할 수 있는 한계를 넘어섰다"며 "이번 사태를 주도한 한총련의 핵심간부들을 모두 사법처리, 한총련 조직을 와해시킬 방침"이라고 밝혔다. 그동안 학생들의 과격폭력시위 때마다 주동자 검거와 배후세력 차단을 위한 강경한 방침들이 있었지만 학생조직 자체의 무력화를 목표로 사법처리 방침이 결정된 전례는 없었다.

---

16) 『한국일보』, 1996년 8월 17일, 1면.
17) 류근일, 〈이번만은 책임져야〉, 『조선일보』, 1996년 8월 17일, 5면.

8월 18일까지 검·경은 54명을 구속하고 시위가담자 1,700여 명을 연행, 시위 가담정도를 분류했다. 연행자 숫자로도 86년 10월 건국대 사태 당시 1,526명 기록을 넘어섰다. 검찰은 한총련의장 정명기(24·전남대 총학생회장) 등 지난달 말 사전구속영장이 발부된 한총련 간부 36명을 조속히 검거하기 위해 전담 검거반을 보강키로 하는 등 한총련을 와해시키겠다는 의지를 분명히 했다.[18]

8월 20일 상오 5시 43분께 경찰은 연세대 종합관에 16개 중대 2,000여 명의 병력을 투입했다. 경찰 진압작전이 시작되자 종합관에 있던 학생들은 화염병과 돌, 의자 등을 던지고 바리케이드에 불을 지르는 등 격렬히 저항했다. 경찰은 2시간 만인 상오 7시 40분께 건물 전체를 장악해 농성 학생 2,193명 전원을 연행했다. 그러나 이과대 건물(과학관)에서 농성하던 학생 2,000여 명은 상오 10시께 한총련 기자회견을 틈타 건물 뒷산을 타고 달아났다. 경찰은 이 중 1,043명을 연희동 주택가 등에서 검거했다. 검찰과 경찰은 연행학생 3,236명을 시내 각 경찰서에 분산, 철야 조사를 폈다.

경찰은 이번 시위와 관련, 12일 이후 이날까지 5,715명을 연행해 94명을 구속하고 264명을 불구속입건했다고 밝혔다. 또 381명을 즉심에 넘기고 1,740명을 훈방했다. 이로써 한총련 소속 대학생들의 연세대 농성사태가 9일 만에 종결됐다.[19]

8월 21일 검·경은 연세대에서 연행한 농성자 3,499명 중 369명을 국가보안법, 집회 및 시위에 관한 법률위반, 화염병 사용 등의 처벌에 관한 법률위반 등 혐의로 구속했다고 밝혔다. 이로써 이번 사태로 모두 5,848명이 연행돼 462명이 구속되고 3,341명이 불구속입건됐으며 373명

---

18) 『한국일보』, 1996년 8월 19일, 3면.
19) 『한국일보』, 1996년 8월 21일, 1면.

이 즉심에 회부되고 1,672명이 훈방조치된 것으로 집계됐다.[20]

'광복절의 비극'·'세금을 내야 하나'

고려대 교수 강만길은 『경향신문』 96년 8월 22일자에 쓴 〈광복절의 비극〉이라는 글에서 "환희의 날 광복절이 언제부터인가 최루탄이 난무하고 부상자가 속출하며 많은 학생이 감옥으로 가는 비극의 날이 되었다. 이런 일이 없더라도 해방을 직접 경험한 기성세대에게는 8·15가 분명 기쁨의 날이지만 그것을 체험하지 못하고 민족분단의 고통을 겪는 젊은 세대에게는 기쁨의 날이라기보다 분단의 비극을 잉태한 불행한 날로 인식될 만하다"며 다음과 같이 말했다.

"이 점에서도 기성세대의 이해가 필요하다. 젊은세대가 기성세대보다 민족의 불행을 해결해야 할 책임감을 더 무겁게 가지는 일은 장려할지언정 위험시하거나 탄압할 일이 아니다. 서투르고 거칠고 잘못된 부분이 있다 해도 타이르고 바로잡아서 그 열정을 살려나가는 것에 민족의 장래가 있게 마련이다. 열정을 짓밟힌 젊은이들이 패배주의나 퇴폐주의로 빠지는 경우 민족의 장래성을 어디에서 구하겠는가. 결코 처벌만이 능사가 아니다."[21]

반면 『조선일보』 주필 김대중은 96년 8월 24일자에 쓴 〈세금을 내야 하나〉라는 제목의 칼럼에서 한총련 사태에 단호히 대응하지 못한 정부를 격렬하게 비판했다. 그는 김영삼 대통령, 이홍구 신한국당 대표, 이수성 총리 등을 싸잡아 비판한 뒤, 전 안기부 간부의 입을 빌어 '문민정부의 정치적 흥정으로 없어진 국가보안법 7조(고무 찬양 등)가 회복' 되어야

---

20) 『한국일보』, 1996년 8월 23일, 1면.
21) 강만길, 〈광복절의 비극〉, 『경향신문』, 1996년 8월 22일, 5면.

한다고 주장했다. 또 시위 진압을 위해 총기 사용도 불사하겠다는 의지를 밝힌 경찰 수뇌에 대해서까지 한 경찰 간부의 입을 빌어 '현직 경찰청장은 말년에 무리할 것이 없다는 생각이다. 정보도 없고 뿌리뽑겠다는 의지도 박약하다'고 공격했다. 이 칼럼의 첫 부분과 끝 부분은 다음과 같았다.

"만각이지만 이제사 북한 당국이 왜 남한 당국과 대화조차 하지 않는지 알 것 같다. 원래 깔보는 측과는 대화를 하지 않게 마련이다. 북한은 남한을 우습게 보고 있는 것이 분명하다. 이번 한총련의 폭력 시위를 통해 우리는 그것을 확인할 수 있었다. …… 그 나라의 지도층들이 인기에 영합하고 상황에 따라 생각을 뒤집으며 자기줏대 없이 양비론에 안주하는 나라에는 그야말로 미래가 없다. 그런 지도층을 보면서 왜 내가 세금을 내야 하느냐는 자괴에 빠진다."

북한 잠수함 침투사건

북한은 늘 어떤 식으로건 국내 정치에 개입했다. 남한에서 민주주의를 요구하는 목소리가 높을 때 북한이 도발의 징후를 보이면 그 목소리는 '국가안보'에 압도되곤 했는데, 북한은 96년에도 그런 '정치행위'를 저질렀으니 그게 바로 잠수함 침투사건이었다. 한총련에 대한 대응을 더욱 강하게 하라는 뜻이었을까?

1996년 9월 18일 강원도 강릉 근처 해안에 침투한 전장 34m인 북한 잠수함이 발견됐다. 바위가 많은 해안에서 잠수함이 자초하자 승무원들이 잠수함을 버리고 달아난 것으로 추정되었다. 그날 오후 상륙지점에서 5km 떨어진 청학산 부근에서 집단자살한 북한 공작원 11명의 시신이 발견되었다. 국방부는 4만 명의 군인들을 동원해 2주일에 걸친 수색작전에서 13명의 간첩들을 추가로 발견해 총격전을 벌였다. 생존자는 단 1명

1996년 9월 18일 강원도 강릉 근처 해안에서 침투한 북한 잠수함이 발견됐다.

이었다. 수색과정에서 14명(민간인 4명, 군인 8명, 경찰 2명)이 희생되었다. 김영삼은 "이번 잠수함 사건은 단순한 간첩 남파가 아니라 무력도발 행위"라고 연일 비난하면서 또다시 도발을 시도할 경우엔 "실전을 각오해야 할 것"이라고 경고했다.[22]

한총련 여학생 성추행 사건

한총련 사태 당시 경찰이 여학생들을 연행, 조사하는 과정에서 성추행을 자행했다는 주장이 국정감사장에서 제기돼 파문이 일었다.

---

22) 12월 29일 북한은 잠수함 사건에 대해 '깊은 유감'을 표시하고 "그와 같은 사건이 다시는 발생하지 않도록" 하겠다는 약속을 담은 성명을 발표했으며, 그간 끈질긴 제의를 받았던 4자 회담을 위한 한미 합동 설명회에 참석하는 데에 동의했다. 돈 오버더퍼, 이종길 옮김, 『두개의 한국』(길산, 2002), 560~563·568쪽.

10월 9일 국민회의 의원 추미애는 서울경찰청에 대한 국회 내무위 국감에서 "성적으로 피해를 당한 여학생들의 진술을 담은 녹음 테이프를 갖고 있다"며 진상규명과 관련자 처벌을 요구했다. 추미애는 "피해 여학생들은 면담을 통해 입에 담을 수 없는 성추행과 성적 모욕을 당했다고 밝혔다"면서 학생들이 주장한 경찰의 '성폭언' 및 성추행 사례들을 구체적으로 공개했다.[23]

　　10월 10일 신한국당과 국민회의는 전날 국회 내무위의 서울경찰청 국감에서 추미애가 제기한 '경찰의 한총련 여학생 성추행 의혹발언'을 둘러싸고 공방전을 벌였다.

　　신한국당은 이날 이홍구 대표 주재로 열린 고위당직자회의에서 "추의원의 발언은 친북폭력시위로 경찰이 사상한 한총련 사태에 대한 국민 인식을 흐리게 한다는 점에서 균형을 잃었다"며 "전형적인 친북분자들의 사법투쟁으로 이용당할 수 있다"고 주장했다. 신한국당은 또 "모든 것을 떠나 적나라하게 질문하는 것은 품위에도 문제가 있다"고 주장했다.

　　반면 국민회의 부대변인 박선숙은 성명을 통해 "품위, 폭로주의를 운운하며 진상보다 사실을 은폐하려는 여당이 우리 당을 비난하는 것은 적반하장"이라며 "여당은 피해 여학생의 인권보다 품위와 체면이 더 중요하냐"고 따졌다. 박선숙은 이어 "여당이 경찰의 명예를 지키려면 당장 조사소위에 응해야 할 것"이라고 요구했다. 한편 한국여성단체연합도 이날 국민회의에 진상을 문의한 뒤 내무위에 진상규명과 책임자 처벌 등을 요구하는 공개서한을 보냈다.[24]

　　10월 15일 내무위의 경찰청에 대한 감사에서 국민회의의 추미애, 유

---

23) 『한국일보』, 1996년 10월 10일, 2면.
24) 『한국일보』, 1996년 10월 11일, 5면.

경찰이 한총련 소속 학생들의 농성 장소인 연세대 종합관에서 진압작전을 끝낸 뒤 옥상에 남아 있던 학생들의 고개를 모두 숙이게 한 뒤 한 줄로 세워 연행하고 있다.

선호, 이기문, 정균환 의원 등은 서울경찰청 감사에 이어 연세대 시위 진압 및 수사과정에서의 인권유린 사례를 다시 집중 거론했다. 그러나 이에 맞서 강성재 의원을 비롯한 신한국당 의원들은 추미애의 서울경찰청 감사장 발언에 대해 의원의 품위 문제 등을 거론하며 야당의 공세에 맞섰다.

추미애는 경찰청장 박일룡에게 "연행과정에서 성추행을 목격한 기자가 경찰관을 붙들고 소속이 어디냐고 따지는 등 항의를 했다"는 기사가 실린 『기자협회보』를 내보이며 "그때 경찰청장으로서 경고를 하거나 주의환기만 시켰더라도 성추행 사태가 없었을 텐데 그런 경고나 주의환기시킨 사실이 있느냐"고 추궁했다.

유선호는 "인권운동사랑방에서 연행자 108명을 상대로 조사한 결과 △폭행 86건 △폭언 36건 △성추행 41건 △성폭행 36건 △고문 및 허위자백 4건 등 모두 290건의 인권침해 사례가 있었다"고 소개했다.

정균환도 "구속된 남관우 씨 등은 '경찰이 키 크고 덩치 큰 학생 7명을 골라 태우고 길바닥에 있던 쇠파이프 7개를 실은 뒤 서부서에서 억지로 쇠파이프를 들게 하고 채증사진을 찍었다' 고 주장하고 있다"며 진상을 밝힐 것을 촉구했다.

그러나 신한국당 의원 이재오는 "어제 평양방송에서 남조선 일부 야당의원들이 의로운 투쟁을 한 한총련 학생들을 칼질하는 것도 모자라 정조까지 유린하고 있는 사실을 주장했다고 보도했다"며 "일부 정치권이 한총련 사태를 왜곡시키고 공권력을 약화시켜 이적세력을 도와주고 있다"고 주장했다. 그는 "(성추행과 같은) 비본질적인 논의로 북한을 이롭게 하지 말라"고 주장해 여성계의 큰 반발을 샀다. 이날 경찰청 앞에서는 한국여성운동단체연합 등 여성단체 회원 20여 명이 성추행의 진상을 밝힐 것을 요구하며 시위를 벌였다.[25]

한총련 학생 51명 실형 선고

1996년 10월 29일, 한총련의 연세대 시위에 참가했다 구속 기소된

---

25) 『한겨레』, 1996년 10월 16일, 6면.

444명 가운데 110명에 대한 첫 선고공판이 열려 이 가운데 51명에게 징역 3년~8월의 실형이 선고됐다. 혐의가 비교적 가벼운 59명은 집행유예 선고를 받았다. 재판부는 판결문에서 "검찰의 공소 내용은 심리 결과 모두 사실로 인정된다"며 "공권력이 적(북한)을 이롭게 할 수 있다는 판단에 따라 불허했다면 그에 순응해야 마땅한데도 폭력시위를 강행한 피고인들의 행동은 국가 · 사회질서 유지 차원에서 도저히 묵과할 수 없다"고 밝혔다.[26]

12월 서울시 교육청은 고교 교사와 학생들에게 북한 실상 비디오테이프와 한총련 집회의 폭력성 등을 주제로 한 비디오테이프 등을 시청케 하고 감상문을 제출토록 요구하였다.

---

26) 『한겨레』, 1996년 10월 30일, 27면.

OECD 가입과 날치기

나라를 거덜 낸 OECD 가입?

1995년 수출이 1,000억 달러를 넘어섰다. 94년 900억 달러에서 30.3% 증가한 1,250억 달러를 기록한 것이다. 이 해의 수출을 자축한 제32회 '무역의 날'은 축제 분위기였다. 수출신장이 경제성장을 주도해 국민 1인 당 소득도 1만 달러를 넘어섰다.[27]

1996년 10월 11일 경제협력개발기구(OECD)는 프랑스 파리의 본부에서 도널드 존스턴 사무총장과 회원국 대표들이 참석한 가운데 이사회를 열어 한국의 가입신청(95년 3월)을 심의, 한국이 적합한 자격을 갖췄다는 결론과 함께 양측간에 협의작성된 가입협정안을 승인, 한국의 회원국 초청안을 만장일치로 채택했다. 이로써 한국은 세계경제를 주도하는 선

---

27) 신국환, 〈IMF 외환위기를 수출로 돌파…수출은 한국경제의 희망이다〉, 『2006년 한국의 실력』(월간조선 2006년 1월호 별책부록), 98쪽.

진국클럽인 OECD에 29번째 회원국으로 가입하게 됐다.[28]

10월 18일 부총리 겸 재정경제원장관 한승수는 국회 국정감사에서 야당의원들의 OECD 가입 연기주장에 대해 "국내외적인 상황으로 보아 연기는 곤란하다"고 답변했다. 그는 "어머니가 딸의 결혼을 반대했다 하더라도 딸이 결혼식을 올리는 마당에 식장에 참석하는 것이 좋지 않겠느냐"며 국가신뢰도 하락 등의 이유를 들어 '연기 불가론'을 주장했다.[29]

10월 25일 외무장관 공노명과 OECD 사무총장 도널드 존스턴은 파리 OECD 본부사무국에서 양측 관계자들이 지켜보는 가운데 한국의 OECD 가입협정문에 서명하는 조인식을 가졌다.

OECD 가입은 80년대 말부터 가입 여부 논란이 벌어졌으나 "잃을 것이 더 많다"는 이해득실 판단 때문에 미뤄져 온 것이었는데, 김영삼 정권은 왜 가입을 추진했던 걸까? OECD 가입은 김영삼의 대선공약이었다. 당시 김영삼 선거 캠프에 참여했던 한 인사는 "대통령 당선이 급선무였기 때문에 OECD 가입이 국내 경제에 미칠 여파에 대해서는 논의가 거의 없었습니다. OECD 가입 공약이 표를 얻는 데 어느 정도 기여한 것은 사실입니다"라고 말했다.[30]

그런 대선 분위기는 집권 후에도 그대로 지속되었고, 결국 OECD에 가입하기 위한 조건을 충족시키기 위해 시장을 개방하고 자본 자유화를 추진하기 시작했다. 95년 말부터 재정경제원에서 금융 파트를 담당했던 인사는 "당시 사회 각 부문이 OECD 환상에 사로잡히면서 규제는 악이고 자율은 최선이라는 식의 논리가 판을 쳤습니다. 96년 8월에 2차로 이루어진 종금사 무더기 인허가도 OECD 분위기의 연장선상에서 이루어졌습니다. 그러나 이들의 무리한 외화 차입 등에 대한 건전성 감독은 뒷

---

28) 『한국일보』, 1996년 10월 12일, 1면.
29) 『한국일보』, 1996년 10월 19일, 9면.
30) 한국일보 특별취재팀, 『대통령과 아들: 실록 청와대-문민정부 5년』(한국문원, 1999), 265쪽.

1996년 10월 25일 OECD 가입 협정서 서명식 모습.

전으로 밀려났습니다"라고 말했다.[31]

　OECD 가입을 추진한 1994년부터 가입이 실현된 1996년까지 2년 사이에 총 외채는 520억 달러에서 1,080억 달러로 급증하였다. 경상수지 적자도 94년 38억 달러에서 95년 85억 달러, 96년에는 230억 달러로 급증했다. 여행수지 적자도 93년 5억 7,000만 달러에서 95년 11억 9,000만 달러, 96년 26억 달러로 폭증했다.[32]

　손호철은 훗날 OECD 가입을 "자신의 임기 중에 한국 경제를 선진국 반열에 올려놓았다는 평가를 받기 위한 한건주의와 업적주의"로 규정하면서 "그 결과 외채총액이 3년 동안 3배 반이나 폭증했고 결국 외환 위기를 자초하고 말았다. 실력이 뒷받침되지 않은 무비판적인 개방과 공세

31) 한국일보 특별취재팀, 『대통령과 아들: 실록 청와대―문민정부 5년』(한국문원, 1999), 268쪽.
32) 한국일보 특별취재팀, 위의 책, 267쪽; 강내희, 『신자유주의와 문화: 노동사회에서 문화사회로』(문화과학사, 2000), 106쪽.

적인 세계화 전략이 한건주의와 결합해 나라를 거덜 내고 만 것이다"고
주장했다.[33]

안기부법·노동법 날치기 통과

어찌됐건 김영삼 정권은 OECD 가입을 '선진화'의 증거로 자축했지
만, 정치는 후진하고 있었다. 이를 잘 보여 준 것이 96년 12월 26일 새벽
국회에서 신한국당이 안기부법과 노동법을 날치기 통과시킨 사건이었다.

여당의 안기부법 개정안은 북한에 대한 고무찬양죄와 불고지죄에 대
해 안기부에 수사권을 부여하는 것이었는데, 이는 93년 말 여야합의에
의한 법개정 이후 이적단체 찬양고무죄와 불고지죄에 대한 수사권이 박
탈된 뒤 3년 만에 수사권이 원상회복되는 것이어서 입안 당시부터 큰 반
발을 불러일으켰다.

12월 17일 국민회의는 긴급 간부회의와 의원총회를 잇따라 열었는데,
간부회의에서 부총재 김근태는 "유신전야와 비슷한 상황"이라고 했고,
정책위의장 이해찬은 "안기부 예산을 대선자금으로 유용할 수 있다"고
우려했다. 총재 김대중은 "고무찬양죄와 불고지죄에 대한 수사권을 안기
부에 주려는 목적은 대선에서 이를 악용하겠다는 것"이라며 "안기부법
개정을 저지하지 못하고 대선을 겪고 난 뒤 후회하면 늦으니 한 사람도
빠지지 말고, 뒤로 물러서지 말고 싸워달라"며 '비상대기령'을 내렸다.[34]

노동법 개정안은 복수노조 허용, 정리해고제·변형근로제 등 새로운
근로관행의 도입, 파업기간 중 무노동 무임금 원칙 적용, 동일 사업장 내
대체근로와 신규하도급 허용 등을 주요 내용으로 하는 것이어서 노동계

---

33) 손호철, 〈김영삼과 노무현〉, 『한국일보』, 2006년 4월 17일, 30면.
34) 『동아일보』, 1996년 12월 18일, 7면.

국민회의는 신한국당의 노동관계법 및 안기부법 개정안 기습처리를 비난하는 현수막을 여의도 중앙당사에 내걸었다.

가 강력 반발하고 나섰다. 한국노총(위원장 박인상)과 민주노총(위원장 권영길) 측은 일제히 노조활동을 위축시키고 교섭력을 약화시키는 개악이라며 총파업 등 반대투쟁을 선언하고 나섰다.

그런 투쟁 분위기가 무르익은 가운데 두 법안이 날치기 통과된 것이어서 전국이 요동치기 시작했다. 전국민주노동조합총연맹(민주노총)은 즉각 무기한 총파업하고 한국노총도 창립이래 첫 총파업을 선언했다. 민주노총의 즉각파업 선언에 따라 현대자동차 등 자동차제조 4사 사업장 등 전국 100개 사업장에서 15만여 명이 파업, 조업이 전면 중단됐다. 민주노총 위원장 권영길은 "정부가 노동법 무효를 선언하고 대화를 제의하지 않으면 총파업투쟁을 내년 봄 임금·단체협상투쟁, 연말 대선투쟁까지 이끌어 갈 계획"이라며 "공권력으로 파업을 진압할 경우 정권퇴진투쟁을 벌일 것"이라고 말했다.[35]

'식물정권' 이 된 김영삼 정권?

국민회의 총재 김대중과 자민련 총재 김종필은 회동을 갖고 여당 측의 날치기 처리를 '김영삼 쿠데타' 로 규정했다. 이들은 "안기부법과 노동관계법의 처리는 원천 무효"라고 선언한 뒤 "오늘의 폭거를 묵과할 수 없기 때문에 원상회복을 위해 강력한 대여투쟁을 벌여나가기로 했다"고 밝혔다.[36]

민주적 노사관계와 사회 개혁을 위한 범국민대책위원회(공동대표 김상곤 한신대 교수 등)는 성명에서 "개악된 노동법안을 날치기로 통과시킨 것은 쿠데타적 폭거"라고 비난하고 "폭거를 자행한 김영삼 정권은 사태를 책임지고 즉각 퇴진하라"고 주장했다.

천주교정의구현전국사제단은 "인류 구원의 기쁜 소식이 울려 퍼지는 성탄절 다음날 새벽, 우리는 이 땅의 민주화를 위한 노력이 한순간에 무너지는 아픔과 충격을 겪어야 했습니다. 문민정부의 조종의 소리가 울려

---

35) 「한국일보」, 1996년 12월 27일, 1면.
36) 「한국일보」, 1996년 12월 27일, 4면.

퍼진 것입니다"라는 성명을 발표했다.

김동완 한국기독교교회협의회 총무 등 목회자정의평화실천협의회 소속 목회자 30여 명은 26일 오후 7시부터 서울기독교회관에서 두 법의 무효화를 주장하며 무기한 밤샘농성에 들어갔다.

민주주의민족통일전국연합과 참여연대, 민변, 민교협 등 10개 재야·시민단체로 구성된 안기부법·노동법 개악 반대 대책위(공동대표 이창복) 회원 250여 명은 26일 낮 12시 서울 여의도 장기신용은행 앞에서 규탄집회를 열고 신한국당 당사 앞으로 몰려가 항의시위를 벌였다.

언론노련, 경실련, 5·18 완전해결과 정의실현 등을 위한 과거청산국민위원회, 민주화를 위한 전국교수협의회, 통일시대민주주의국민회의, 한국민주청년단체협의회, 건강사회를 위한 보건의료단체 대표자회의, 전국교직원노동조합, 민예총 등도 각각 날치기 통과를 비난하는 성명을 발표했다.[37]

12월 26일부터 시작된 총파업투쟁은 97년 1월 18일까지 23일간이나 지속되었다. 모두 528개 노조 40만 3,000여 명이 한 번 이상 파업에 참가했다. 또 전국적으로 20개 이상의 지역에서 집회가 연일 개최되고 집회 참여 총인원은 100만 명이 넘었다.[38]

미국 『뉴욕타임스』지는 "김영삼 대통령의 지시에 따라 감행한 '다수의 폭력'은 회생했던 한국의 민주주의에 치명타를 가했다"고 논평했다. 훗날 한 언론인은 이 파동 이후 "김영삼 정권은 뒤뚱거리는 오리(레임덕) 정도가 아니라 숨 쉬는 일밖에 할 수 없는 식물정권이 돼 버렸다"고 주장했다.[39]

---

37) 『한겨레』, 1996년 12월 27일, 27면.
38) 김태현, 〈노동자 총파업투쟁과 이후의 정치적 과제〉, 『창작과 비평』, 제96호(1997년 여름), 220쪽.
39) 김창균, 〈"Again 2003" 회춘 꿈꾸는 정권〉, 『조선일보』, 2006년 4월 5일, A34면.

'언론재벌'과 '재벌언론'의 전쟁

'언론계 전두환 장학생'

1996년 2월 이른바 '언론계 전두환 장학생' 사건과 관련하여 신문들 사이에 신경전을 벌이는 일이 벌어졌다. 이 사건은 전두환이 지난 88년 11월 백담사에 '유배' 되기 직전 여론 무마용으로 언론계 인사 등에게 150억 원을 뿌렸다는 진술을 검찰에서 한 것으로 알려지면서 비롯되었다.

『한겨레신문』 96년 2월 7일자는 "언론계에서는 돈을 받은 언론인이 누구인지, 과연 검찰이 그 인물을 밝혀낼 수 있을지에 온 관심이 쏠리고 있다"며 "그러나 검찰이 자금 수수 혐의자 명단 등 구체적인 수사 자료를 바로 제시하지 못하자 일부 신문은 비자금 수사 발표의 정치적 배경에 의혹을 나타내며 검찰에 공격을 퍼붓기 시작했다"고 보도했다.

"이에 대해 언론계 일각에서는 언론들이 5·6공 '부역 언론인' 들을 추적해 단죄하기는커녕 검찰의 섣부른 수사 발표를 공격함으로써 자신들의 과거 군사정권 협력 행위에 대한 면죄부를 받으려는 속셈이 아닌지 의심의 눈초리를 보내고 있다. 전씨는 지난해 설에도 세배를 온 언론인들에게 100만 원씩 준 것으로 알려져 있는 등 전씨의 언론인 관리는 88년 퇴임 이후 계속돼 온 것으로 전해지고 있다. 이에 따라 전씨의 '언론장학생'들이 그동안 어떤 기사를 쓰고 어떤 프로그램을 제작했는지를 들춰내 언론 현장에서 물러나게 하는 일이야말로 언론들이 스스로 '집단 명예'를 회복하는 일이다."

원래 이 문제를 특종 보도한 『동아일보』는 2월 4일자 〈전씨 돈 받은 사람은 누군가〉라는 제목의 사설에서 "12·12 군사반란 및 5·18 내란으로부터 신군부가 집권하고 있던 전 기간을 통해 강압과 불법으로 언론을 통폐합하고 언론자유를 말살한 장본인인 전씨가 협조를 부탁하며 준 돈을 언론인이 받았다는 것이 사실이라면 이만저만 불미스러운 일이 아니다"라고 논평했다.

그런가 하면 『세계일보』는 "언론계의 전두환 장학생을 기필코 찾아내야 한다"며 "이들을 그대로 두고 언론정화는 백년하청이다. 썩은 언론의 공해는 다른 모든 공해를 합친 그것보다 몇백 배 고약하다"고 역설했다.

흥미로운 건 『조선일보』의 반응이었다. 『조선일보』는 2월 6일자 사설 〈언론계 집단명예의 문제〉에서 검찰을 비판하였다. 또 검찰 출입기자가 쓴 〈고의냐 실수냐 석연찮은 검찰〉이라는 제목의 박스 기사도 검찰의 공개 배경과 총선을 앞둔 정치적 의도 여부에 대해 강한 의구심을 나타냈다.

『조선일보』 사설은 "검찰의 발표는 언론계 내부에서도 심상치 않은 기류를 몰아오고 있다"며 "전·노시대에 주도적으로 언론활동을 했던 기자와 그 이후 세대 기자 간의 불신이 일 가능성이 있고 언론사 간의 보이지 않는 손가락질과 알력을 부채질할 징조가 엿보이고 있다"고 했다.

"따라서 이것은 언론계 전체의 명예에 관한 것이며 사활의 문제가 되기도 한다. 검찰은 전씨 증언을 얼마나 믿으며, 믿을 만한 근거는 무엇인가. 또 근거나 자료도 없이, 그리고 밝혀낼 의지나 자신도 없이 어느 피고인이 말한 것을 그대로 옮겨 '누가 그러더라' 라고 발표하는 것이 검찰이 이제까지 일해 온 관행인지 묻고 싶다. 만약에 그것을 밝혀낼 수 없으면서 그저 '카더라 방송'을 한 것이라면 검찰은 언론계 전체에 대해 '집단명예훼손' 행위를 저지르고 있는 것이며 이것이 총선을 앞두고 행해지고 있다는 사실 또한 검찰이 권력의 전위대로서 정치적 게임을 대행하고 있다는 비난을 감수해야 할 것이다. 따라서 후속 조치가 없다면 우리는 언론계 명예를 위해서도 이것을 그냥 넘길 수 없음을 밝혀둔다. …… 우리는 이 같은 문제 제기를 단순한 주장 차원에서 하는 것이 아니라 언론계와 각 언론매체의 집단적 명예의 보존을 위해 강도 높게 그리고 끝까지 추구할 것임을 밝혀둔다."

'부끄러운 신문 일백돌'

1996년 4월 7일 한국 언론계는 『독립신문』 창간 100돌, 즉 한국 언론 100년을 기념하는 대대적인 행사를 벌였다. 거의 모든 신문에 자화자찬형 기사들이 난무했다. 그러나 『한겨레신문』은 4월 7일자 사설 〈부끄러운 신문 일백돌〉을 통해 "역사를 살피는 것이 현재를 반성하기 위한 것이라면, 오늘의 우리 언론은 너무 남부끄럽다"며 "양적으로는 세계 8위에 이르는 1,500만 부의 발행부수를 자랑하지만, 그 내용은 너무 가난하고 조잡하다"고 개탄했다.

"거대 신문일수록 족벌경영 치하에서 신음하고, 전반적으로는 상업주의의 마술에 걸려 신문의 기능을 저버리고 있다. 그들은 언제나 권력의 눈치보기에 전전긍긍하여 신문의 본질적 기능인 권력 감시나 불편부당의 금과옥조를 팽개친 지 오래다. 이러한 상황에서 신문이 우리의 삶을 풍요하게 하기는커녕, 엄밀히 말해 그 삶을 뒤틀리게 하고 불행하게 만든다는 지적도 있다. 가장 비극적인 것은 언론이 사회개혁 대상의 첫손가락에 꼽히고 있는 현실이다. 30년 넘는 군사독재의 가장 우호적인 동반자는 언론이었다. 그 과정에서 숱한 양심적인 기자들이 언론자유를 외친 죄로 해직당했다. 그럼에도 이제껏 언론은 아무런 반성 없이 돈벌이로는 더욱 승승장구하고, 많은 해직기자들은 원상회복이 되지 않고 있다. 이처럼 뒤집힌 언론 현실, 이것을 바로잡고 언론 본연의 기능을 회복하는 것이 신문 100돌을 맞아 다시 다짐할 일이다.”

『미디어오늘』 96년 5월 15일자는 “한 조간신문 경제부 기자는 삼성전자에 대한 비판성 기사를 쓰려고 취재하는 과정에서 한 이사로부터 '당신이 기사를 쓴다고 문제가 해결되는 게 아니다. 당신네 회사에 주는 광고가 얼마인지 아느냐'는 말을 듣기도 했다”며 다음과 같이 보도했다.

“삼성, 현대, 대우, LG 등 4대 그룹의 경우 중앙 일간지 한 곳에 주는 연간 광고물량만 200~300억 원에 이르는 것으로 알려졌다. 하루에 1억 원 꼴을 주는 것이다. 그걸 며칠만 끊으면 경영진은 속이 탈 수 밖에 없다. '약발'은 그렇게 먹혀들어간다. 여기에 협찬, 취재경비 지원이 곁들여진다. 방송의 경우 프로그램 제작 단계에서 이미 기업의 협찬을 전제로 한다. 협찬을 얼마 받을 것인지를 미리 상정하고 제작계획을 짜는 게 관행이다. 재벌그룹이 설립한 언론재단 등을 통한 연수도 한몫을 거든다. 그렇게 쏟아 부은 돈이 결정적인 순간 위력을 발휘하는 것이다.”

이어 이 기사는 “지난해 한 신문사는 적자를 이유로 기자들에게 광고 유치 차원에서 '기업 비리나 비판적인 기사는 쓰지 말라'고 했다”며 “간부회의에서 그렇게 하기로 했고 기자들에게 이를 '지침'처럼 전달했다”고 말했다.

“비자금 수사 때 일부 재벌 계열 언론사는 기자들을 직접 로비에 동원하기도 했다. 이런 현실이 재벌총수 이름을 쓰는 기자의 손길을 머뭇거리게 하고 있다. 시끄러울 게 뻔한 기업 비판 기사는 아예 쓰지 않는다. 취재할 생각조차 안 한다는 게 보다 정확한 표현일 것이다. 그 이상기류 속에서 언론은 재벌과의 협조, 밀착이라는 단계를 넘어 '재벌 우위'의 어두운 터널로 빨려 들어가고 있다.”

CBS 기자 변상욱은 96년 7월에 출간한 『언론가면 벗기기』(동이)라는 책에서 “'우리는 객관적이다', '우리는 세상을 있는 그대로 보도한다', '언론의 자유는 무한하다' 고 스스로 주장하는 언론사와 언론인들의 허위의식에 도전하고 싶었다”면서 “'현직' 권력엔 약하고 '전직' 권력엔 대든다. 그것도 '현직' 이 쫓아 물어도 좋다고 눈짓을 한 뒤의 얘기다. 이처럼 절대권력이 '성역' 으로 남아 있고, 언론의 기회주의가 살아 있는 한 '검은 돈' 은 숨을 곳이 있다. 그리고는 누군가가 우리를 일컬어 '개' 라 할 것이다”라고 언론을 비판했다.

신문사 지국장 피살사건

신문들의 치열한 증면 경쟁과 그에 따른 보급 경쟁은 96년 7월 12일 고양시 남원당 『조선일보』 지국장 피살 사건으로 최고조에 달했다. 처음에 『조선일보』와 『중앙일보』의 싸움으로 시작된 이 사건은 『조선일보』 측에 같은 '언론재벌' 인 『동아일보』와 『한국일보』가 가세함으로써 '언론재벌' 대 '재벌언론' 간의 뜨거운 공방이 이루어졌다.

이 싸움을 통해 신문사들 상호 비리가 많이 폭로되었으므로 언론개혁을 위해선 이 싸움이 계속 진행되는 것이 바람직했다. 그러나 경실련과 환경운동연합 등 43개 사회단체로 구성된 한국시민단체협의회는 『중앙일보』와 『조선일보』가 비난전을 중단할 것을 촉구하는 성명서를 발표하였다.[40]

---

40) 정혜승, 〈신문비난전 중단촉구〉, 『문화일보』, 1996년 7월 24일, 31면.

각 신문사들은 신문사 간 과다경쟁으로 경품을 제공하고 있다. 사진은 각 신문사들의 경품을 진열해 놓은 모습이다.

『조선일보』주필 김대중은 96년 7월 27일자에 쓴 〈반(反) '재벌+신문' 론〉이라는 제목의 칼럼에서 "『중앙일보』판매요원의 『조선일보』판매요원 살해사건에서 야기된 『조선일보』의 대삼성 비판 기사를 놓고 『조선일보』를 비난하는 견해가 있다"며 "'특정 목적을 위해 특정 기업을 질타하는 행위', '무소불위의 능력과 권한을 가진 듯 착각하는 언론' 또는 '신문전쟁', '자사이기주의' 등등의 비판이 그것이다. 우리는 이런 비판들이 『조선일보』의 진정한 의도가 잘못 전달된 때문이라는 것을 밝히면서 『조선일보』의 본뜻은 '재벌과 언론의 분리'에 있다는 것을 분명히 못박아두고자 한다"고 말했다.

이어 김대중은 "『조선일보』가 그런 질문을 던지는 과정에서 다소 흥분된 편집이라든가 지나친 지면 배당 등 세련되지 못한 점이 노출된 면이 있었다. 그러나 그런 세련되지 못한 실수로 우리의 본래의 물음이 이기주의로 비치고 아무 가치 없는 것이 되고 마는 상황은 올바른 것이 아니라고 본다"고 말했다. 그는 "혹자는 '재벌언론'과 '언론재벌'의 싸움으로 보려한다. 외형 거래액이 우리나라 중간 기업에 불과한 『조선일보』가 언론재벌이라면 재벌인 삼성이 웃을 일이다"고 주장했다.

그러나 당시 상황에선 언론재벌이 재벌언론보다 낫다고 이야기할 수 있는 근거는 박약했다. 예컨대, 노사관계에 있어서 『조선일보』는 평소 재벌을 비호하는 데에 앞장섰으며 다른 신문들이 『조선일보』 논조를 따라갔다. 『기자협회보』 96년 7월 6일자는 〈노동기사 '조선 따라가기' 너나없이 재계 입장 대변〉이라는 제목의 기사에서 "각 신문사들이 『조선일보』의 보도를 뒤좇고 있다는 분석이 제기되고 있다"고 했다.

"『조선일보』 경제과학부의 한 기자는 일련의 보도에 대해 '『조선일보』는 경총의 입장을 대변하는 것이 아니라 자사의 입장을 개진하고 있는 것'이라며 '타사에서 팩트보다는 가치판단의 문제를 수용하는 것 아니냐'고 말했다. 실제로 조간지의 한 경제부 기자는 '취재기자의 판단과 달리 데스크의 요구에 의해 기사를 쓰는 경우가 있었다'고 밝혔다. 『조선일보』의 의제 설정에 다른 신문들이 속속 '합류' 한 꼴이라는 분석이다."

범보수 세력의 내분을 염려한 전국경제인연합회의 주선으로 이른바 '신문 전쟁'은 휴전되었고 신문협회 차원에선 판촉물 제공 금지 등을 골자로 한 공정거래 규약을 제정하면서 이 사건은 간신히 '봉합' 되었지만 처음에 사건의 발단이 되었던 치열한 판촉 경쟁은 조금도 개선되지 않았다.[41]

---

41) 신문협회 산하 공정경쟁심의위원회가 97년 3월부터 11월까지 접수한 강제투입, 경품제공 등 위반 사례는 모두 2,523건으로 이 가운데 『중앙일보』(24.1%), 『동아일보』(23.1%), 『조선일보』(20.1%) 등 3개지의 위반 사례 비율이 63.7%에 이르는 것으로 나타났다. 박미영, 〈공정경쟁 위반 동아·조선·중앙 67.3%〉, 『미디어오늘』, 1998년 1월 7일, 11면.

'서울대 공화국'과 '서울대 폐교론'

서울대 출신의 엘리트 독식

대학입시전쟁은 수험생들만의 전쟁은 아니었다. 그 전쟁은 부모와 자식(수험생) 간의 전쟁이기도 했다. 부모의 언어 폭력 사례를 보자.

"내가 너보다 더 속이 탄다", "내가 어쩌다 너를 낳아서 이 고생인지", "내가 무슨 낙을 보자고 이러는지 모르겠다", "넌 왜 00처럼 못하니! 00의 반만 따라 해 봐라", "어쩌 잠시 말썽 없이 잘한다 싶더니…… 네가 하는 짓이 다 그렇지 뭐", "공부해라, 공부해서 남 주니?"[42]

이러한 '폭력'은 부모 · 자식 간의 관계를 넘어 '부모 · 학생 · 교사 · 학교 · 언론'이라고 하는 5대 주체가 벌이는 공동 게임이었다. 언론과 학교는 폭력 분위기를 조성하는 데에 앞장서고, 그 분위기에 자극받은 부모와 교사들은 주마가편(走馬加鞭)을 통해 모두 다 함께 미쳐 돌아가는

---

42) 조혜정, 『학교를 거부하는 아이 아이를 거부하는 사회』(또하나의문화, 1996), 14쪽.

굿판을 벌였다. 사회학자 조혜정은 다음과 같이 말했다.

"아이들은 아이들대로 '입시 전선 우방 없다', '졸면 죽는다', '사당오락(四當五落)' 등의 문구를 책상머리에 붙여 놓고 살벌하게 공부한다. 부모들은 '대학에 들어가는 것이 효도'라고 누누이 강조한다. '인생은 성적순'이고, '남을 제치고 이겨야 산다'는 생각을 아이들은 일찍부터 뼈아프게 터득하게 된다. 어머니, 교사, 아이들이 어우러져 만들어 내고 있는 이 입시극에서 행복한 사람은 하나도 없으나 과장과 신화에 싸인 이 연극이 최대의 관객을 끌고 있는 것은 외면하지 못할 비극적 현실인 것이다."[43]

그러나 그 '비극적 현실'의 이면엔 명문대 출신의 엘리트 독식이 도사리고 있었다. 생존경쟁의 관점에서 보자면, 그런 입시전쟁은 합리적이었던 것이다.

1995년 12월 20일에 출범한 이수성 내각에서 서울대 출신 독식 현상은 더욱 심화됐다. 당시 새로 임명된 장관은 12명이었는데, 그 가운데 서울대 출신이 9명으로 75%를 차지했다. 이로써 서울대 출신의 전체 비율은 69.6%에 이르렀다. 서울대 출신은 양 부총리와 내로라 하는 요직은 모두 독식했으며, 경제부총리와 경제수석을 포함한 경제팀 10명 중 9명이 서울대 출신으로 경제장관회의는 '축소판 서울대 동문회'가 되고 말았다.

월간 『말』 96년 3월호는 "안병영 교육부장관이 급작스럽게 기용된 배경에도 말들이 많다. 방우영 연세대 총동창회장이 김영삼 대통령에게 전화를 걸어 '연세대 출신이 한 사람도 없다'고 항의한 것이 인선에 영향을 미쳤다는 소문이 돌았다"고 보도했다.

김영삼 정부 3년간의 통계를 살펴보면, 3년간 임명된 81명의 장관 중

---

43) 조혜정, 『학교를 거부하는 아이 아이를 거부하는 사회』(또하나의문화, 1996), 31쪽.

서울대 출신은 54명으로 전체의 66%를 차지했다. 비서실장을 포함한 26명의 청와대 수석 중 서울대 출신은 19명으로 전체의 73.1%였다.

'다음 대통령, 서울대 출신은 안 된다'

언론에서 여당의 대통령 후보로 거론하는 사람은 이회창, 이수성, 이홍구, 박찬종, 이인제, 김윤환, 이한동, 최형우, 김덕룡 등 9명이었는데, 그 중 7명이 서울대 출신이었다. 비율로 따지면 77.8%였다. 이와 관련, 『시사저널』 96년 5월 9일자는 "요즘 서울대 동문들 간의 술자리에서는 '다음 대통령은 법대에서 나와야 하느냐, 아니면 상대에서 나와야 하느냐'는 갑론을박이 벌어진다고 한다"고 했다.

"차기 대통령은 일단 서울대 출신이 차지한다는 것을 전제로 오가는 말들이다. 동문들끼리 술자리에서 하는 얘기라고 하더라도, 대통령선거가 동창회장 뽑는 절차가 아닌 다음에야 듣기에 민망한 말이 아닐 수 없다. 그러나 이것이 바로 한국 정치의 엄연한 현실이다. 현재 정치권에서 차기 대권 후보 물망에 오르는 인물들 거개가 서울대 출신이다."

15대 총선 당선자는 어떠했던가? 총 299명 중 서울대 출신은 112명으로 37.5%였다(고려대 37명, 연세대·중앙대·육사가 각기 12명, 성균관대 9명, 동국대·경희대·부산대가 각기 8명). 그러나 서울대 동문회는 서울대 출신이 112명이 아니라 164명이라고 주장했다. 전문대학원까지 포함해서 그렇다는 것인데, 그럴 경우 서울대 출신 비율은 54.8%에 이르렀다.

외무부는 어떠했던가? 외무부 외시 출신 외교직 730여 명 가운데 서울대 출신은 60%였다(외대 12%, 연대 11%, 고대 9%). 장관과 본부 최고 위급인 이른바 G7(차관, 외교안보연구원장, 제1차관보, 제2차관보, 기획관리실장, 외정실장, 의전장)은 모두 서울대 출신이었다.[44]

사법부와 검찰은 어떠했던가. 사법연수원 제1기에서 제26기까지의 연수생 5,067명 중 서울대 출신은 2,691명으로 53.1%에 이르렀다(고려대 14.2%, 연대·한양대·성균관대가 각각 5.3%·5%·4.6%). 서울대 출신의 점유 비율은 사법부 고위직으로 올라갈수록 높아졌는데, 대법관의 경우엔 서울대 출신이 전체의 78.6%였다. 서울대 출신 검사는 전체의 70%지만, 95년 9월 현재 검사장급 이상 검찰 간부 40명 가운데 서울대 출신은 87.5%였다. 검찰엔 서울 법대 출신이 압도적으로 많다 보니 대학 중심의 학맥은 별 의미가 없고 출신 고교별로 인맥이 형성되었다.

'한국 경제정책'의 산실로 일컬어진 KDI, 즉 한국개발연구원은 TK와 경기고 출신 인맥이 중추를 이루었으며 박사급 연구진 가운데 서울대 출신이 90%였다. KDI 출신 대학교수가 100명이 넘거니와 다른 국내 경제 분야 연구기관도 KDI 출신 인사가 독식했다.[45]

1996년 한국생산성본부가 발행하는 경영전문지 월간 『기업경영』이 조사한 30대 그룹 대표이사 프로필 분석에 따르면, 30대 그룹 계열사 사장의 출신 대학 현황은 서울대가 256명으로 전체의 42.8%를 차지했고, 다음이 연세대 71명, 고려대 62명, 한양대 54명 등으로 나타났다.[46]

이 정도인데도 대한민국을 '서울대 공화국'이라고 부르지 않을 수 있었겠는가? 『말』지 기자 정지환은 96년 3월호에 〈다음 대통령, 서울대 출신은 안 된다〉는 제목의 글을 썼다. 오죽하면 그런 주장이 나왔겠는가?

한국경제신문사가 발행하는 『한경비즈니스』 96년 4월 9일자는 여론조사 전문기관인 코리아리서치센터에 의뢰해 한국의 관·재계에서 활약하는 500명의 여론선도층을 대상으로 조사한 결과에 따르면, 사회생활을 하는 데 있어서 특정 대학 출신이란 학연이 중요하다는 견해가 전체의 85%를 차지했다.

---

44) 『원』, 1995년 10월.
45) 『원』, 1995년 12월.
46) 고교 출신별로는 경기고(82명), 경복고(35명), 서울고(34명), 경남고(26명), 경북고(22명) 등 5개 고교의 출신자가 199명으로 전체의 33.3%에 달했다.

'대학입시 광기(狂氣)'

중앙 정부의 일류대 출신 중심의 인사 정책은 '중앙' 과 '정상' 에 도달하기 위한 소용돌이 물결의 속도를 더욱 빠르게 하는 효과를 낳았다. 삶의 질은 더욱 피폐해졌다.

한국교육개발원에 따르면 우리나라의 연간 사교육비는 94년 현재 17조 4,640억 원으로 16조 7,578억 원의 공교육비를 능가했다. 정부 예산의 3분의 1에 해당되는 액수였다. 이 중 과외비로 지출된 것만도 5조 8,447억 원에 달했다. 감사원의 과외 실태조사(94년 9월)에 의하면 전국의 중고생 중 69.2%가 과외를 받고 있으며, 고교생의 경우 과외비로 월평균 35만 5,000원을 지출한 것으로 나타났다.

대학에 진학하려는 자녀가 있는 집안에서는 가계비의 50~60%가 사교육비로 지출되었다. 쥐어짤 돈이 있건 없건 학부모들은 늘 불안했다. 그런 심리를 이용해 사설 입시기관들은 모의고사 장사로 한몫을 보기도 했다. 1년에 여섯 차례 모의고사를 보는 비용이 32만 원이나 되었다. 일부 사설 입시기관은 모의고사를 본답시고 일선 고교의 시설과 감독 교사까지 돈을 주고 '차용' 하는 판국이었다. 일부 지역에선 교육청이 대입예상문제집을 발간해 학교에 배포하기도 했다.

한국 사회를 휩쓴 '대학입시 광기(狂氣)' 엔 빈부의 격차가 없었다. 살림이 어려운 사람들은 바로 그 이유 때문에 자녀의 대학 진학에 더 큰 의미를 부여하고 그 어떤 희생도 마다하지 않았다. 과외에 비해 비교적 적은 돈이 소요되는 각종 학습지만 해도 연간 시장 규모가 1조 원이 넘었다.

모두가 '속전속결주의' 에 미쳐 돌아갔다. 모든 신문에 하루도 거르지 않고 나타나는 입시 관련 광고들엔 "한 달 만에 모든 성적이 쑤욱쑤욱!" 하는 따위의 선전 문구가 난무했다. "상상도 못했어요! 성적이 이만큼 올라 갈 줄은", "하버드대학 특별연구팀이 만든 경이로운 사고력개발 프로

한국 사회를 휩쓴 '대학입시 광기(狂氣)'엔 빈부의 격차가 없었다. 사진은 입시설명회에 참석하려는 수험생과 학부모들이 줄지어 서 있는 모습이다.

그램", "놀면서도 1등을!! 그 비결은 최면술의 정신 집중에 있습니다", "신비의 최면술!! 기적의 최면 학습법" 등과 같은 광고 문구는 대학입시가 마치 '최면술 경연대회'가 아닌가 하는 착각을 갖게 하기에 충분했다.

최면술보다는 더욱 과학적이라는 걸 보여 주고 싶어서였을까. "성적을 올리고 싶다! 지금, 독일 뇌파 연구진에 의해 개발된 최첨단 학습 프로그램을 직접 체험해 보십시오"라는 따위의 광고 문구는 우리 시대의 입시 경쟁이 드디어 뇌파 조절까지 동원하는 '최첨단'의 경지에 도달했음을 말해 주었다.

인간의 뇌파를 알파 상태로 만들어 두뇌 기능을 촉진하고 스트레스를 해소시켜준다는 전자 장치인 이른바 '뇌파조절기'는 이미 수험생들 사이에 큰 인기를 끌었다. 외국 수입품에서 국내 발명품에 이르기까지 그 종류만 해도 10여 가지가 넘는다. 노박, 알파큐, 아이큐투터, 인노퀘스트, 메모닉스, 수퍼아이큐 등은 낯익은 이름이었다. 가격은 최하 20만 원에서 최고 100만 원이 넘는 것도 있었다.

대학입시가 가정파탄을 부른다

경제적 부담만 문제되는 게 아니었다. 한국사회학회 소속인 가족 · 문화학회는 92년 8월부터 수도권지역의 수험생과 학부모 각 1,000여 명을 대상으로 조사분석한 보고서인 『대학입시와 한국 가족』을 96년 1월에 펴냈다.

이 보고서에 따르면, 대학입시로 인해 수험생을 둔 대부분의 가정이 휘청거리고 있는 것으로 나타났다. 아예 가정파탄의 위기로까지 내몰리는 경우도 적지 않았다. 집안에 수험생이 있으면 온 가족이 비상사태로 돌입했으며, 가정엔 극도의 긴장감이 감돌 뿐, 단란함도 안식도 찾을 수 없었다. "입시 준비는 고행이므로 수험생 자녀의 비위를 거슬러서는 안 된다"는 철칙이 작동했다. 다른 가족들이 TV 시청이나 여행, 오락, 손님 초대 등을 억제하는 것 정도는 기본이었다. 부부간의 성생활까지 자제한다는 학부모가 40%에 달했다. 대다수의 수험생 어머니가 정신신경성 이상 증세를 호소하였다. 스트레스로 인한 신경성 소화장애나 두통, 무기력증이 많았는데 심지어 이명(耳鳴) 증세까지 보이는 경우도 40%에 달했다. 수험생 뒷바라지를 하던 어머니가 정신이상 증세로 전문가를 찾아가 상담, 치료를 받은 경우도 11.6%나 되었다.[47]

---

47) 『뉴스플러스』, 1996년 2월 15일.

수험생 가족 문제를 조사 연구한 이화여대 교수 이동원은 "수험생 뒷바라지를 하던 어머니가 앓아 눕게 되자 대신 아버지가 마룻바닥을 닦으려고 의자 밑을 훔치는데 두 자녀는 그냥 의자에 앉아 텔레비전을 보면서 히히덕거리고 있을 정도로 최소한의 예의도 배우지 못한 경우들이 조사 도중 발견돼 놀랐다"며 "수험생이라고 주위에서 너무 위해주기만 하다보니 자기중심적이 돼 버려 남에게 요구만 하지 타인의 입장은 전혀 생각할 줄 모르는 사람으로 사회에 배출되고 있어 심각한 문제"라고 지적했다.[48]

경북대 교수 이정우는 『한겨레21』 96년 6월 6일자에 기고한 칼럼에서 "야간자습 망국론"을 제기했다. 인간의 한계를 넘는 장시간 수업을 통해 창의력과 사고력이 길러질 리 만무하니, 야간자습이야말로 나라를 망치는 게 아니고 무엇이겠느냐는 주장이었다.

한국의 대학입시 전쟁은 국제경쟁이라고 하는 본선에 진출하기도 전에 내부의 '밥그릇 싸움'만 하다가 모두가 기진맥진하여 드러눕는 미련하기 짝이 없는 짓이었지만, 그 '밥그릇'을 차지하는 게 절체절명의 과제였기 때문에 기존 체제를 바꾼다는 건 거의 불가능한 일이었다.

문제는 한국 사회의 학력 피라미드 구조에서 최정상을 차지하고 있는 서울대에 있었다. 대학입시 관련 광고의 헤드라인은 한결같이 서울대 몇 명 합격 따위의 문구를 내세우고 있었다. 학원들은 무슨 무슨 연구소 간판을 내걸고 학생을 서울대에 많이 보낸 고등학교 순위와 학과별 커트라인에 다음을 위한 예상 커트라인까지 '과학적으로' 작성했다. 언론사는 허겁지겁 그 먹이를 받아 그걸 크게 보도했다. 그런 게임에서 서울대라고 하는 스타 플레이어가 사라지면 얼마나 허전할까? 무슨 재미로 그런 게임을 할까?

---

48) 『뉴스플러스』, 1996년 2월 15일.

서울대 학생들도 피해자였다. 서울대 재학생의 3분의 1이 전공학과가 자신에게 부적합하다고 느끼는 것으로 나타났다. 또 인문계 학생의 50%, 상경계 학생의 30% 이상이 재학 중은 물론 졸업 후에도 고시준비를 업으로 삼는 걸로 나타났다.

서울대의 결속과 로비

그러나 서울대는 기존 엘리트 독식으로도 만족하지 못해 공격적인 자세로 동문회 결속까지 부르짖고 나섰다. 서울대가 95년 11월 7일에 발간한 '세계화, 개방화에 대비한 홍보전략 연구' 보고서는 대정부 홍보전략으로 ① 국립대 예산 배정에 영향을 끼치는 청와대 정책수석실과 재경원 예산실과의 지속적인 관계 유지, ② 총장 등 보직 교수들이 국회의원들과의 수시 접촉을 통한 인간관계 형성, 정부 부처에 포진한 동문들의 적극적인 활용 등을 제시했다. 이미 정치권에서 서울대 출신의 결속력은 과도한 수준이었는데도 말이다.

서울대 출신 의원들의 모임인 '관악회'는 1986년에 결성되어 여야를 막론하고 개각이나 국회 상임위원장 교체가 있을 때마다 승진·입각자를 위한 축하 모임을 개최해 왔다. 예컨대, 신문의 유명 인사 동정란엔 다음과 같은 기사가 수시로 실린다. "서울대 법대 출신 국회의원 37명이 10일 낮 전경련회관에서 동창회 겸 오찬 모임을 가졌다."[49]

그간 서울대 총동창회의 활약도 눈부셨다. 다음과 같은 언론 보도가 그걸 잘 말해 주었다.

"김재순 전 국회의장(현 서울대 총동창회장)이 전국 160개 4년제 대학 중 동창회가 있는 96개 대학의 총동창회 모임인 '한국대학동창회협의

---

49) 『한국일보』, 1994년 11월 11일.

서울대 출신들의 결속력은 이미 과도한 수준까지 올랐다. 사진은 서울대 정문 모습이다.

회' 초대 회장으로 지난 4월 24일 선출됐다. …… 창립 총회 직후 김 회장을 비롯한 신임 임원들은 청와대를 방문해 김영삼 대통령과 오찬을 함께 했다."(뉴스메이커, 1995년 5월 4일)

"서울대 동창회가 본격적인 '세몰이'에 나섰다. 우리 사회의 최대 인맥을 형성하고 있는 서울대 출신들은 그간 명성에 비해 동문들의 결속력은 약했다는 게 중평. 김재순 서울대 동창회장은 기존의 이런 통념을 불식시키고 동창의 결속 강화와 함께 해외 동창회망을 확고히 다지기 위해 미국, 중국 등지의 동창회 신규 조직 결성과 기존 조직 확대를 위해 팔을 걷어붙이고 나섰다."(주간조선, 1995년 7월 27일)

"서울대 총동창회는 11일 하오 6시 30분 서울 하얏트호텔 리젠시룸에서 95 송년모임을 열었다. 동창회 상임이사회와 관악회이사회를 겸한 이날 행사에서는 내년으로 개교 50주년을 맞는 모교를 지원하는 방안이 폭넓게 논의됐다."(한국일보, 1995년 12월 12일)

"서울대 선우중호 총장, 최송화 부총장 취임 축하연이 5일 하오 7시 서울 라마다르네상스호텔 3층 다이아몬드홀에서 정, 관, 재계 등 각계에서 활동하고 있는 동문과 학교 관계자 300여 명이 참석한 가운데 열렸다. 총동창회(회장 김재순 샘터사 이사장) 주최로 열린 이날 축하연에서 선우총장은 인사말을 통해 '개교 50주년을 맞은 서울대가 명실상부하게 학문의 대학, 민족의 대학, 세계의 대학으로 발전하도록 최선을 다하겠다'고 말했다."(서울신문, 1996년 3월 6일)

"서울대 총동창회 96년 정기총회가 23일 오후 2시 서울 신라호텔 다이너스티홀에서 열렸다. 이날 행사는 김재순 총동창회장과 선우중호 총장을 비롯한 각계 동문 700여 명이 참석한 가운데 동창회 지표인 '참여, 협력, 영광' 등 각 3부로 나뉘어 진행됐다."(경향신문, 1996년 3월 24일)

96년 4월 22일에는 제15대 총선에 당선된 서울대 동문들을 축하하는 모임이 서울대 총동창회(회장 김재순) 주최로 한국프레스센터 20층 국제회의장에서 열렸다. 이날 행사에는 국회의원 당선자 100여 명을 비롯, 각계에서 활동하는 동문 200여 명이 참석했는데, 여기에서 총동창회 측이 서울대 동문 국회지부 결성을 제안했다.

서울대 총장 선우중호는 격려사를 통해 "서울대를 세계 일류 대학으로 키우기 위해 올해 개교 50주년을 맞아 서울대학교법 제정을 제안하게 됐다"며 동문들의 아낌없는 협조를 당부해, 이 자리가 단순한 '축하' 성격이 아니라는 점을 시사했다. 행사를 주최한 동창회 측 관계자도 "이번 모임은 동문 당선자를 축하하기 위한 것이지만 사실상 서울대 특별법 제정 추진을 앞두고 동문들의 적극적인 협조를 당부하고 나아가 동문회 국회지부를 결성하기 위한 것"이라고 설명했다.[50]

---

50) 「국민일보」, 1996년 4월 23일.

'서울대 특별법' 논쟁

1996년 뜨거운 사회적 이슈가 되었던 '서울대 특별법' 논쟁은 바로 그런 배경에서 비롯된 것이었다. 서울대 특별법이 본격 거론된 건 95년부터였다. 1995년 서울대는 '서울대학교 2000년대 미래상'이라는 장기 발전 계획을 내놓았는데, 그 주요 내용은 "획일적 기준에 따른 국립대학 운영은 하향 평준화를 초래하므로 특별법을 만들어 서울대를 특수 법인체로 전환해 발전시킬 필요성이 있다"는 것이었다.

서울대가 원하는 서울대 특별법안은 서울대에 대한 뜨거운 논란을 불러일으켰다.

96년 2월 28일 전국의 국립대학 총장들로 구성된 국립대총장협의회는 서울대 총장이 불참한 가운데 열린 회의에서 '국립대학교 설치법' 제정을 요청하는 결의안을 채택했다. "서울대 특별법이 제정될 경우 다른 국립대학의 위상이 상대적으로 심각한 타격을 받게 될 것이 분명하므로 대학 교육의 정상화 차원에서 국립대 설치법을 제정해야 한다"는 내용이었다.

『한겨레신문』 논설위원 김종철은 96년 2월 9일자 칼럼에 '서울대 폐교론'를 쓴 데 이어 『한겨레21』 96년 3월 14일자에 다시 쓴 〈'서울대 폐교론' 공청회 열자〉라는 제목의 글에서 이렇게 말했다.

"서울대라는 실체와 이름이 우리 사회의 건강한 교육을 목 조르고 허황한 엘리트주의와 학문적 자폐증을 부채질하는 현실을 혁파하지 않으면 교육을 살릴 수도 없고 사회를 민주화하기도 어렵다고 본다면, 서울대를 없애라고 주장해야 한다는 것이 나의 믿음이다. 그러나 서울대 폐지론 앞에 놓인 장벽이 높고, 짧은 기간에 서울대를 없애는 일이 불가능하다면, 대학원 대학으로 개편하는 것이 좋은 방법이라고 생각한다. 이것은 서울대 폐교론의 대안에 머물지 않고, 우수한 인적 자원을 길러내는 다른 대학들의 서울대 콤플렉스를 덜어주는 데도 크게 도움이 될 것이라고 본다."

건국대 경제학과 교수 정영섭도 중앙일보사가 발행하는 월간 『윈』 96년 2월호에 기고한 글에서 '서울대 폐교론'을 제기하였다. 그는 서울대가 국립대로서 경제학의 관점에서 볼 때에 구축효과, 타성의 원리, 관성의 원리, 비대화 원리의 지배를 받고 있다고 지적했다.

구축 효과는 국립대가 일방적 국고 지원, 조세 특혜, 등록금 덤핑 등에 힘입어 사립대를 억압, 구축하는 효과를 의미한다. 이로 인해 사립대가 마비되지만 국립 서울대 역시 경쟁우위의 자리가 거저 주어지는 까닭에 타성으로 인해 절대 효율적일 수 없게 된다. 정영섭은 이걸 가리켜 '타성의 원리'라고 불렀다.

또 국립대는 정치적 결정에 의해 설치되는 공기업으로 한번 설치되면 그 존속이 당연시되고 스스로도 사회제도인 양 존속하려는 관성의 원리에 빠지게 되며, 대부분 공기업이 그렇듯 처음부터 '불사의 공룡'으로 태어나고 활동 분야의 확대와 함께 조직이 점점 더 비대해지는 비대화 성향이 있다는 게 정영섭의 주장이었다.

그 밖에도 많은 이들이 서울대 비판에 가세하였는데, 서울대 사람들은 이런 비판을 '하향 평준화', '사회주의적 발상', '시기와 질투' 등으로 폄하하기에 바빴다. 어쩌면 그들은 서울대가 주도하고 있는 '정글의 법칙'이 한국인 다수에 의해 인정되고 있는 현실을 간파하고 그런 오만한 대응을 했던 건지도 모를 일이었다.

"영어를 공용어로 쓰자"

한국의 영어 교육열은 상식을 초월한다. 대학생들뿐만 아니라 초중고생들까지 방학 땐 해외 어학연수길에 오른다.

1995년 2월 23일 정부는 97학년도부터 초등학교 3~6학년생에게도 영어를 주당 2시간씩 정규 교과목으로 가르치기로 했다고 발표했다. 이 발표에 자극받아 어린이 영어학원이 급증하는 등 96년 전국 방방곡곡에서 치열한 '영어 전쟁'이 벌어졌다. 이미 95년 한국에서 영어 사교육에 들어간 비용은 2조 원이 넘었지만, 이제 영어 조기교육까지 가세해 그 규모는 폭증하기 시작했다.

96년 현재 영어 과외를 받고 있는 초등학생은 53만여 명에 달하며 이에 드는 과외비는 연간 3,550억 원인 것으로 추산되었다. 어린이 영어 전문 체인점은 500여 개에 이르며 일반 영어학원에서 '유치원 반'을 개설한 학원까지 합하면 1,000여 개 이상이었다. 조기 영어 교육에 투자되는 돈은 교재 시장까지 합하면 6,000억 원대에 이르렀다.

영어 교육열은 상식을 초월했다. 2살 갓 넘은 어린아이들에게 모든 수업을 영어로 하는 학원까지 생겨났는가 하면 이젠 대학생들뿐만 아니라 어린이들까지 해외 어학연수길에 올랐다. 일부 지역교육청에선 미취학아동의 영어 교육을 자제하도록 행정지도를 하기도 했지만, 영어 광풍(狂風)을 막아내기엔 역부족이었다.

영어 능력 평가시험도 대목을 만났다. 95년 토익시험에 응시했던 수험자는 42만 명에 이르며 토익 점수를 사원 선발과 인사 고과에 반영하는 기업체의 수는 500곳 이상이었다. 그리하여 '족집게 토익 과외'마저 생겨났다. 영어 실력보다는 영어 시험치는 요령을 가르치는 것이다. 이런 문제점을 들어 하이텔 여론광장엔 '토익 망국론'까지 등장했다.

그런 현실을 더 이상 방치할 수 없다고 생각했던 걸까? 작가 복거일은 『뉴스위크』 한국판 96년 11월 20일자에 쓴 〈영어를 공용어로 채택 한국어와 공존케 하자〉는 제목의 칼럼을 통해 영어를 공용어로 쓰자고 제안했다. 영어를 배우는 데 들어가는 엄청난 비용을 생각하면 그 투자의 효율을 높이는 첩경이 영어의 공용어화라는 주장이었다.

훗날 복거일은 당시 인터넷을 통한 찬반 토론에서 영어 공용화에 찬성하는 사람들은 약 45%였고 반대하는 사람들은 약 55%였다며, 자신에 대한 비난은 예상했지만 "예상치 못했던 것은 영어 공용화를 지지하는 사람들이 생각보다 훨씬 많았다는 사실이었다"고 했다.[가]

96년 당시 논쟁은 뜨겁게 일어나지 않았으며, 본격적인 논쟁은 복거일이 1998년 6월에 『국제어 시대의 민족어』라는 책을 내면서 다시 일어

가) 복거일, 〈영어문제의 본질과 대책〉, 『사회비평』, 2001년 여름, 150쪽.

나게 된다.[나] 나중에 김영명은 이런 반론을 내놓았다.

"복거일은 자신의 이런 주장이 '열린 민족주의'라고 주장한다. ……
복거일의 영어 공용어론은 민족주의이기는커녕 오히려 사대주의의 전형
이다. 사대주의를 통해서도 국가 이익은 추구될 수 있다. 이렇게 보면 일
부에서 말하는 열린 민족주의는 실제로 민족주의가 아니라 열린 '사대주
의'라는 것을 알게 될 것이다."[다]

그러나 96년 이후 한국 사회는 무섭다고 해도 좋을 정도의 '영어 배
우기 광풍(狂風)'에 휩싸이게 된다. 그래서 민족주의는 약화되었는가?
오히려 정반대였다. 그렇기 때문에 오히려 더욱 '정념적 민족주의'는 위
력을 발휘하게 되었다.

나) 복거일, 『국제어 시대의 민족어』(문학과지성사, 1998).
다) 김영명, 『우리 눈으로 본 세계화와 민족주의』(오름, 2002), 108~109쪽.

서태지: '시대유감'과 은퇴 파동

음반 사전심의 갈등

95년 서태지와 아이들의 4집 음반에 수록될 예정이던 〈시대유감〉의 가사내용을 놓고 공연윤리위원회 측과 서태지 측이 맞서면서 사전심의 제도가 여론의 도마에 올랐다

공륜은 4집 〈시대유감〉 가사 변경 요구 이후, 발표 내용이 심의 때와 다르다고 서태지를 검찰에 고발 조치했다. 이에 대해 서태지는 "공륜은 〈필승〉 가운데 '빌어먹을'이 첨가된 것, '내 앞은 캄캄해졌어'가 '내 생활은 칙칙해졌어'로, '너의 의미를 없앨 거야'를 '널 죽일 거야'로 바뀐 것과 〈1996 그들이 세상을 지배했을 때〉에 '살인'이란 단어를 삽입한 것을 문제삼고 있다"며 다음과 같이 말했다.

"그러나 노래를 제작하다보면 공륜의 심의 후에도 어떤 부분에 대한 보완의 필요성을 느끼게 된다. 다른 가수들의 음반도 심의 후에 많은 부분을 고치고 있다. 그러나 유독 우리 음반만 크게 문제삼는 것에 대해 이

해가 가지 않는다. 무엇보다 사전심의가 필요한 것인가를 되묻고 싶다. 어떤 경우에도 표현의 자유는 보장돼야 한다고 생각한다. 특히 이번 4집에 대한 공륜의 태도는 우리로 인해 자신들의 위상이 실추된 것으로 판단하고 보복 조치를 하는 것이라고밖에 볼 수 없다."[51]

서태지는 "가수 정태춘 씨는 사전심의를 아예 거부하고 있는데"라는 질문에 대해 "우리가 그렇게 하지 못하는 것에 대해 정태춘 씨에겐 부끄러운 마음이 있다. 그러나 우리는 대중적 토대를 떠날 수 없다. 또 그렇게 하는 것은 결과적으로 우리를 사랑해 주는 팬들을 외면하는 것이 된다"고 답했다.[52]

공연윤리위원회는 서태지의 4집 음반 노랫말 중 "정직한 사람들의 시대는 갔어", "모두를 뒤집어 새로운 세상이 오기를 바라네"와 같은 표현이 지나치게 자극적인데다 부정적이고 현실 전복적이라는 이유로 심의 불가판정을 내리고 수정을 요구해 논란을 빚었는데,[53] 전혀 다른 이유로 이런 가사에 대해 거부감을 느끼는 사람들도 있었다.

신은희는 "요즘 특히 우리나라에서 음악을 듣네 하고 자처하는 사람들 중에는 장르에 대한 편견이 심한 사람이 대부분이다. 차트에서 1~2위를 하는 댄스 음악은 쓰레기이고 열이면 아홉은 잘 모르는 언더그라운드 록 그룹의 음악이야말로 진정한 음악이라고 생각하는 사람들이 그런 사람들이다. 특히 내가 역겨워하는 것은 '컴 온 베이비 투나잇' 같은 가사가 있으면 저질이고 '잘난 사람들의 시대는 갔어' 같은 가사가 나오면 영웅 취급을 하는 그런 태도들이다"고 말했다.[54]

---

51) 서태지 · 백승권, 〈인터뷰: 서태지와 아이들〉, 『미디어오늘』, 1995년 11월 15일, 8면.
52) 서태지 · 백승권, 위의 글.
53) 이승재, 〈신세대가 열광하는 가요 들여다보기〉, 『신동아』, 2006년 4월, 315쪽.
54) 신은희, 〈무엇이 고급음악인가〉, 『상상』, 1996년 가을, 119~120쪽.

서태지와 아이들의 은퇴 기자회견 모습.

서태지 은퇴 파동

"X세대 '집단 히스테리' 증상", "'난장판' 서태지 집 앞", "오빠부대 '집단 히스테리' 증상" 심지어 "자살도 불사하겠다", "서태지의 결혼·은퇴에 대비해 300여 명 자살 클럽 결성설."

1996년 1월 31일 서태지와 아이들의 은퇴시 각 신문의 사회면을 장식했던 기사 제목들이었다. '오빠부대' 보다 신문들이 더 흥분한 감이 없지 않았지만, 서태지와 아이들의 은퇴는 그렇게 떠들썩했다.

"우리가 시도할 수 있는 것은 모두 보여 주었다"는 은퇴의 변이 그들보다 나이를 더 먹은 사람들을 기가 막히게 만들었지만, 서태지와 아이들의 팬들은 그래서 더욱 그들의 은퇴에 대해 비통해했다.

지난 92년 세상에 모습을 드러낸 이후 3년 10개월간 활동하면서 4장의 정규 앨범을 발표한 서태지와 아이들. 그것만으로 보아선 별로 대단치 않은 기록이지만 판매된 음반이 모두 600만 장이 넘는다. 어디 그뿐인가. 그들은 10대의 우상으로서 수많은 유행을 만들어 냈고 모든 언론 매체까지 끌어들이는 이슈를 만들어 냈다. 그들의 무엇이 이른바 '서태지 신드롬'으로 불릴 만큼 그렇게 세상을 떠들썩하게 만들었던 걸까?

그들이 은퇴한 지 1년이 지나서도 그들의 신화는 계속되었으며, 특히 서태지는 그 신화의 한복판에 서 있었다. 다른 멤버인 양현석과 이주노는 각자 새로운 모습으로 가요계에 재등장해 활동했지만, 서태지를 둘러싼 소문은 끊이질 않았다. 그 1년 동안 '미국 유학설', '결혼설', '컴백설'이 꼬리를 물고 이어졌으며 신문과 잡지는 그걸 보도하는 데에 결코 게으르지 않았다. 특히 서태지의 컴백은 언론의 단골 메뉴가 되었다. 심지어 한 역술인이 예언서에서 서태지가 97년 초에 컴백한다고 예언했다는 보도마저 나왔다.[55]

'서태지와 아이들 기념사업회'

1996년 3월엔 서태지와 아이들 기념사업회(서기회)라는 단체가 발족되었다. 전국적으로 1만 3,000여 명의 회원을 둔 서기회의 회장 강민경은 서기회가 팬클럽이 아니라 서태지의 뜻을 이어받은 문화단체라면서 "맹목적인 열광이 아닙니다. 서기회 회원들은 모두 '태지보이스 팬답게 행동하자'는 말을 잊지 않습니다"라고 말했다.

노동법, 안기부법 날치기 정국시 강민경은 "날치기 뒤 '잘못된 것은 잘못됐다고 얘기하는 것이 서태지와 아이들의 저항 정신'이라며 한 이용자가 블랙 리본 내걸기를 제안했다"며 "사회문제란인 '시대유감'과 토론

---

55) 이상연, 〈'서태지 내년 초 컴백' 역술가 오재학씨 예언서 눈길〉, 『경향신문』, 1996년 3월 23일, 26면.

방인 '왜 바꾸지 않고 남이 바꾸기를 바라는가'에는 10대 후반에서 20대 초반 회원이 파업을 지지한다는 글을 많이 보내왔다"고 말했다.[56]

또 나우누리의 서태지와 아이들 팬클럽은 "태지보이스가 그렇게 부르짖던 자유와 도전은 민주주의 아래서만 가능한 겁입니다. 이에 우리는 비민주적이고, 국민을 기만한 노동법·안기부법 개악을 개탄하며 민주주의의 죽음을 진심으로 애도하는 바입니다"라는 글과 함께 '근조 민주주의'라고 쓰인 검은 리본을 내걸었다.[57]

96년 7월 30일 국민회의 총재 김대중은 당사 총재실에서 '서태지와 아이들 기념사업회'가 준비중인 영상 콘서트 축하 메시지를 녹화하면서 "서태지와 아이들은 좋은 의미에서 우리나라 신세대의 대표적 존재로 보며 소중히 생각한다"며 "서태지와 아이들은 은퇴했지만 예술인이란 대중의 사람이므로 대중이 원하면 하루속히 복귀하는 게 좋지 않은가 생각한다"고 말했다. 그는 특히 서태지와 아이들의 노래 중 〈발해를 꿈꾸며〉의 "언제나 우리 작은 땅의 경계선이 갈라질까, 갈라진 땅의 친구들을 만날 수 있을까"라는 가사를 직접 외우며, "이런 가사는 정말 감동적"이라고 평가했다.[58]

〈김현주의 음악살롱〉 연출자인 MBC 조정선 PD는 서태지에 대해 긍정적인 평가를 내리면서도 그가 지나간 자리는 오히려 황폐해졌다고 주장했다.

"흑인 랩 댄스가 붐을 이루면서 가요계는 걷잡을 수 없는 소음 공해에 빠져들었다. 필자는 지난 가을에 우연히 텔레비전의 가요 순위 프로그램을 보고 무척 놀랐다. 출연자들이 한결같이 집단으로 몰려나와 같은 패턴의 음악(격렬한 전주와 춤, 랩 그리고 후렴부의 노래)을 선보였던 것이

56) 박형영, 〈인터뷰: 강민경 서태지와 아이들 기념사업회장〉, 「내일신문」, 1996년 12월 4일, 48면.
57) 송현순, 〈'근조 민주주의' 검은 리본 달기 확산〉, 「한겨레」, 1997년 1월 10일, 27면.
58) 〈DJ '서태지와 아이들' 컴백 희망〉, 「전라매일」, 1996년 7월 31일, 3면.

다. 서태지의 음악이 과연 그 자신만의 음악이 아닌, 대중음악의 다양성에 기여를 했는지 다시 한 번 생각해 봐야 할 것이다."[59]

김광석 자살, H.O.T. 등장

1월 6일 33세 가수 김광석의 자살도 1996년 가요계의 큰 사건이었다. 김광석은 '노래를 찾는 사람들' 등 이른바 민중가요 노래패와 그룹 '동물원'을 거쳐 솔로로 전향했는데, 95년 서울 동숭동 소극장에서 1,000회의 라이브 기록을 세운 '라이브의 제왕'이었다. 인기 전성기에 유서 한 장 남기지 않고 자신의 집에서 목을 맨 채 자살해 그가 자살하지 않았을 거라는 의혹마저 제기되기도 했다.

박준흠은 "80년대 우리의 정서와 90년대 개인을 바라보는 시선이 김광석의 노래엔 모두 있다"고 했고, 서정민갑은 "386세대에게 민중가요가 채워주지 못한 개인적인 위안과 공감을 줬다"고 했다. 임진모는 "대중음악의 문법이 획기적으로 바뀌는 시점에서 김광석은 이전의 문법을 지탱해 준 인물"이라며 "전면적 변화에 대한 두려움을 김광석의 노래로 덜 수 있었을 것"이라고 해석했다. 또 임진모는 "민주화 투쟁을 했던 세대의 고단함, 세상을 보는 실망감이 김광석 노래에 전반적으로 퍼져 있다"고 평가했다.[60]

김광석이 죽은 지 몇 시간도 안 돼 거리의 레코드 가게들은 일제히 그의 노래를 계속해서 틀어댔고, 그의 음반들이 도매상에 대량 주문되었다. 그의 죽음이 이벤트화되었다는 비판의 목소리도 나왔다.[61]

1996년엔 유난히 하이틴 유명 가수들이 많이 배출되었다. 그 대표주

---

59) 조정선, 〈'서태지와 아이들'을 추억하며〉, 『MBC 가이드』, 1997년 3월, 84쪽.
60) 김소민, 〈새달 6일 10주기 김광석 아릿한 떨림, 끝나지 않은…〉, 『한겨레』, 2005년 12월 29일, 29면.
61) 노염화, 〈내 죽음을 헛되이말라〉, 『오늘예감』, 제5호(1996년 봄), 77~81쪽.

김광석의 자살은 1996년 가요계의 큰 사건이었다.

자는 96년 9월 첫선을 보인 H.O.T.로 강타, 문희준, 토니 안, 장우혁, 이재원 등 멤버 5명이 모두 남자 고등학생이었다. 이들이 인기의 정상에 선 97년 MBC 가요 PD 이홍우는 다음과 같이 말했다.

"H.O.T.는 10대들의 승리(High-Five of Teenager)라는 이름 그대로 1996년 후반기부터 1997년 이후를 관통한 그리고 이후도 지속될 것 같은 10대 또래 문화의 상징이자, 정서적 비상구일 것이다. 서태지가 비워 놓고 간 빈 의자에 잠시 앉은."[62]

96~97년은 고등학생 가수들의 전성시대였다. H.O.T. 외에도 인기를 누린 영틱스, 이지훈, 김수근 등이 모두 고등학생들이었다. 68년생인 팝 칼럼니스트 신은희는 97년 봄 "이제 그만 10대에 아부하자!"고 호소

62) 이홍우, 『첼로와 삼겹살: 대중음악으로 세상 깨는 이야기』(계몽사, 1997), 47쪽.

하고 나섰다.

"H.O.T., 영턱스, 김수근, 이지훈 같은 가수들은 아침부터 저녁까지 방송에 얼굴을 내민다. 여기를 돌려도 저기를 돌려도 온통 그들뿐이고 그들 팬들의 함성뿐이다. 하여 스물을 넘긴 사람들은 쇼 프로그램을 보기가 고역스럽다. 괜스레 세대차이를 실감하면서 TV를 끌 수밖에 없다. 바로 10대에 아부하는 음반제작자 방송제작자들 때문이다."[63]

그러나 10대는 자신이 좋아하는 노래에 돈을 아낌없이 쓰는 최상의 고객이었으니, 음반제작자들이 그들을 외면하긴 어려운 일이었다. 이수만이 이끄는 SM기획의 H.O.T. 성공에 자극받은 대성기획은 97년 초 H.O.T.와 동일한 컨셉의 젝스키스를 기획하여 성공시킴으로써 이후 대형 기획사의 전성시대를 열게 된다. SM기획이 97년 12월 SES를 성공적으로 시장에 진입시키자 대성기획은 98년 6월 핑클을 데뷔시켜 90년대 말 댄스가요 붐을 일게 했다.[64]

63) 신은희, 〈이제 그만 10대에 아부하자!〉, 『상상』, 제15호(1997년 봄), 80쪽.
64) 이혜숙 · 손우석, 『한국대중음악사: 통키타에서 하드코어까지』(리즈앤북, 2003), 392쪽.

음반 사전심의제도 철폐

정태춘의 고독한 투쟁

1996년 6월 7일 헌법재판소의 위헌 결정으로 음반 사전심의가 폐지되었다. 일률심의는 전면 폐지되고 공연윤리위원회 직권에 의한 사후 선별심의만 상징적으로 남게 된 것이다. 음반 사전 검열은 1933년 조선총독부 경무부가 음악을 통해 조선인들의 정서를 통제할 목적으로 실시했던 것인데, 그걸 없애는 데에 63년이 걸린 것이다.

사전심의 폐지는 대중음악인들에게 저절로 굴러 떨어진 건 아니었다. 부단한 투쟁이 있었으며, 그 투쟁을 도맡아 한 사람이 있었다. 한 록가수는 "그동안 사전심의 앞에서 파블로프의 개처럼 살아왔다"고 고백했는데, '파블로프의 개'가 되기를 거부한 인물이 있었던 것이다. 그 인물이 바로 가수 정태춘이었다.

대중음악평론가 강헌은 정태춘의 6년여에 걸친 고독한 투쟁이 성과를 거두어 가요 사전심의가 폐지되자 "서태지와 강산에를 비롯, 많은 인

기 가수들이 말도 안 되는 시대착오적인 법의 희생자였지만 오늘의 승리
는 정태춘이라는 단독 흑기사가 처절한 희생을 했기 때문에 가능했다"고
평했다. [65]

'시인의 마을' 개작 사건

정태춘이 사전심의 철폐운동을 벌이게 된 중요한 계기가 하나 있었
다. 이른바 '시인의 마을' 사건이었다. 정태춘의 78년 데뷔곡이었던 〈시
인의 마을〉은 그저 아름다운 발라드 곡이었다. 그런데 공륜은 그것도 용
납하지 못하겠다는 것이었다. 방황·고독 등을 내세우는 등 세상에 대한
'부정적인 인식'이 지나치다며 전면 개작 지시를 내린 것이다. 하소연도
하고 항의도 했지만 공륜은 막무가내였다. 어쩔 수 없이 개작된 부분을
보면 어이가 없었다. 괄호 속의 말이 수정된 부분이었다.

> 창문을 열고 내다봐요/ 저 높은 곳에 우뚝 걸린 깃발 펄럭이며(저
> 높은 곳에 푸른 하늘 구름 흘러가며)/ 당신의 텅 빈 가슴으로(부푼
> 가슴으로) 불어오는/ 더운 열기의 세찬 바람(맑은 한줄기 산들바람)
> 살며시 눈감고 들어봐요/ 먼 대지 위를 달리는 사나운 말처럼/ 당
> 신의 고요한 가슴으로 닥쳐오는/ 숨가쁜 벗들의 말발굽 소리(숨가
> 쁜 생명의 자연의 소리)
> 누가 내게 손수건 한장 던져주리오(누가 내게 따뜻한 사랑 건네주
> 리오)/ 내 작은 가슴에 얹어 주리오(내 작은 가슴 들려주리오)/ 누
> 가 내게 탈춤의 장단을(생명의 장단을) 쳐주리오/ 그 장단에 춤추
> 게 하리오

---

65) 정태춘·강헌, 〈인터뷰: 정태춘, 우리 대중음악의 마지막 독립군〉, 「리뷰」, 제7호(1996년 여름), 110~139쪽.

1996년 6월 7일 헌법재판소의 위헌 결정으로 음반 사전심의제도가 폐지되었다. 사전심의제의 폐지는 정태춘의 부단한 투쟁의 결과였다.

나는 고독의 친구 방황의 친구(자연의 친구 생명의 친구)/ 상념 끊기지 않는 번민의 시인이라도(사색의 시인이라면) 좋겠소/ 나는 일몰의 고갯길을 넘어가는/ 고행의 수도승처럼/ 하늘에 비낀 노을 바라보며/ 시인의 마을에 밤이 오는 소릴 들을테요
우산을 접고 비 맞아봐요/ 하늘은 더욱 가까운 곳으로 다가와서/ 당신의 그늘진(울적한) 마음에 비뿌리는/ 젖은 대기의 애틋한 우수
누가 내게 다가와서 말 건네주리오/ 내 작은 손 잡아주리오/ 누가 내 운명의 길동무(누가 내 마음의 위안) 돼주리오/ 어린 시인의 벗 돼주리오

나는 고독의 친구 방황의 친구/ 상념 끊기지 않는 번민의 시인이
라도 좋겠소/ 나는 일몰의 고갯길을 넘어가는/ 고행의 수도승처
럼/ 하늘에 비낀 노을 바라보며/ 시인의 마을에 밤이 오는 소릴
들을테요

〈시인의 마을〉에 대한 이 어처구니없는 '가위질'을 그대로 실은 계간
『리뷰』지 96년 여름호는 "수정 가사의 저 순수주의에 저주를! 하지만 84년
에 지구레코드에서 본래 가사로 심의를 냈으나 이때는 문제없이 통과되
어 본래 가사로 음반에 실을 수 있게 된다. 그 이유는 정확히 밝혀지진
않았으나 이미 발표된 노래라 가사가 바뀐 사실을 확인하지 않은 공륜의
사무착오였다고 알려지고 있다"는 주석을 달았다.

'아, 대한민국'과 '길보드'

정태춘과 그의 아내이자 투쟁 동지인 박은옥은 사전심의 폐지로 그들
의 《아, 대한민국》(1990년), 《92년 장마, 종로에서》(1993년) 등 두 앨범을
'불법' 딱지를 떼고 일반인에게 선을 보일 수 있었다. 두 음반은 불법 딱
지를 달았다 뿐이지 노동단체와 대학가 등에서 이미 20여만 개나 팔렸
다. 『한겨레신문』 기자 김규원은 〈아, 대한민국〉을 가리켜 "정수라의 〈아!
대한민국〉으로 대표되는 시대의 위선과 치부를 신랄한 직설로 남김없이
폭로한 역작"으로 평가했다.[66] 정태춘의 〈아, 대한민국〉의 가사는 다음
과 같았다.

---

66) 김규원, 〈'아 대한민국', '92년 장마…' 정태춘 두 앨범 햇빛 본다〉, 『한겨레신문』, 1996년 6월 7일, 15면.
1983년 40만 장이 팔려나간 정수라의 〈아, 대한민국〉은 사회정화위원회가 만들어 보급한 관제 가요였다.
이충길, 〈'아, 대한민국'과 정수라〉, 박관용·이충길 외, 『공직에는 마침표가 없다: 장·차관들이 남기고
싶은 이야기』(명솔출판, 2001), 389~398쪽.

"우린 여기 함께 살고 있지 않나/ 거짓 민주, 자유의 구호가 넘쳐흐르는 이 땅/ 고단한 민중의 역사 허리 잘려 찢겨진 상처로 아직도 우는데/ 군림하는 자들의 배부른 노래와 피의 채찍 아래 마른 무릎을 꺾고/ 우린 너무도 질기게 참고 살아왔지/ 우린 너무 오래 참고 살아왔어/ 아, 대한민국, 아, 저들의 공화국!/ 아, 대한민국, 아, 대한민국"

순전히 상업적인 목적으로 불법 복제음반을 판매하는 리어카 상인들도 많았는데, 96년 서울에만 2,000여 개의 리어카가 있었다. 이 상인들 또는 이들이 파는 불법 복제음반 음악을 가리켜 '길보드'라고 했다. 한국영상음반협회의 조사에 따르면 음반시장 전체 규모 3,000억 원 중 불법 음반시장의 규모가 연간 600억 원에서 1,000억 원 규모였다. 100만 장의 음반이 팔리면 길보드 판매량까지 합해서 실제 판매량은 200만 장이라는 게 대중음악계의 통설이었다.[67]

---

67) 노염화, 『키치소년, 문화의 바다에 빠지다』(토마토, 1997), 70쪽.

영화: 대기업 참여와 사전검열 위헌 판결

대기업의 영화사업 참여

1995년 12월 15일 삼성그룹 내 영상 관련 계열사들을 모두 통합하는 '삼성영상사업단(95년 4월 1일 출범)'의 사업 일정이 공표되었다. 김인수는 이를 문화산업을 둘러싼 본격적인 전쟁의 시작으로 보았다.

"일찍이 삼성과 함께 영상산업에 뛰어든 대우의 종합영상사업단 체제로의 출범은 정해진 수순이었으며 그동안 틈틈이 기회를 노려온 SKC, 〈모래시계〉의 김종학 감독을 내세운 제일제당의 제이콤, 그리고 드디어 이 대열에 힘차게 끼어든 현대에 이르기까지 모든 관련 기업들이 수면 위로 급부상하기 시작했다. 게다가 일신창투, 장은, 동양 등 모험자본들까지 〈은행나무 침대〉, 〈본투킬〉의 제작비 지원을 시작으로 이 판에 가세함에 따라 문화산업은 이제 더 이상 물러설 수 없는 최후의 격전지가 될 것임을 확실하게 드러내게 된 것이다."[68]

대기업들은 외화 수입과 전국 주요 도시에 극장을 건립하는 데 진력

했는데, 96년 상반기에만 선경, 대우, 삼성이 나란히 외화수입편수 1, 2, 3위를 차지했을 뿐만 아니라 그 가격도 지나치게 높았다.

『문화일보』 96년 11월 29일자는 "〈롱키스 굿나잇〉 450만 달러, 〈슬리퍼스〉 300만 달러, 〈컷스로트 아일랜드〉 500만 달러. 대우시네마, SKC, 삼성영상사업단 등 대기업이 들여온 외화의 수입가격이다. 할리우드의 웬만한 스타가 출연하면 으레 판권료가 30억 원대에 이르고 40억 원을 넘는 사례까지 속출하고 있다. 그러나 문체부에 신고된 수입가는 이보다 턱없이 낮고, 수입 신청사 이름엔 대기업이 없다. 삼성은 '오스카 픽처스' · '서우영화사', 대우는 '서울필름', SKC는 '미도영화사'란 이름의 영화사를 통해 한 편에 수백만 달러짜리 할리우드 흥행작들을 들여오기 때문이다"고 지적하면서 다음과 같이 말했다.

"최근 미국영화수출협회가 작성해 '할리우드 리포터'에 게재한 '국가별 수출가격 가이드'는 시사하는 바가 크다. 놀랍게도 한국은 독일에 이어 세계에서 두 번째로 영화를 비싸게 팔아야 하는 나라로 되어 있다. 한국에 대한 기준가는 프랑스의 2배, 호주 · 뉴질랜드의 3배, 대만의 8배, 말레이시아 · 태국의 17배. 국가별 인구 및 영화관람료와 비교해 볼 때 한국은 해외필름 마켓의 '봉'인 셈이다. 이런 실정임에도 대기업은 물량 공세의 고삐를 늦추지 않을 추세다. 일차적으로 경쟁사에 흥행작을 뺏기지 않으려는 전략이겠지만, 중소영화사들을 고사시켜 장차 국내 영화산업을 장악하겠다는 포석도 깔려 있다. 대기업이 서울을 비롯, 지방 곳곳에 영화를 직접 배급할 극장을 짓고 있다는 것도 이를 입증한다."[69]

그 내실이야 어찌됐건 대기업의 과열된 영화 사업 참여는 "충무로 감독 지망생 중 1~2년 안에 감독으로 데뷔하지 못하면 병신"이라는 말이

---

68) 김인수, 〈한국 영화 1996년도 대차대조표〉, 『리뷰』, 1996년 겨울, 211쪽.
69) 오정국, 〈대기업 외화수입가 올리기 경쟁〉, 『문화일보』, 1996년 11월 29일, 19면.

나돌 정도로 신인 감독들에게 많은 기회를 제공했다.[70] 그러나 대기업이 제공한 손쉬운 데뷔 기회는 대부분의 신인 감독들을 '1회용'으로 전락시켰고 이에 따라 '감독의 영화에서 배우의 영화로' 바뀌는 추세는 가속화되었다는 지적도 나왔다.[71]

한국 영화 점유율 23.1%

1996년 흥행 정상을 차지한 영화는 강우석 감독, 시네마서비스 제작의 〈투캅스 2〉로 70만 관객을 동원했다. 강우석은 94년 〈투캅스〉로 흥행 정상에 오른 이래, 95년 〈마누라 죽이기〉로 30만이 훨씬 넘는 흥행기록을 세운 바 있었다. 2위는 강제규 감독, 신씨네 제작의 〈은행나무 침대〉로 67만 명이었다. 이어 〈꽃잎〉(감독 장선우) 34만, 〈아기공룡 둘리〉 31만, 〈아름다운 청년 전태일〉(감독 박광수) 28만 명 등의 흥행성적을 거두었다. 그 밖의 화제작은 임권택 감독의 〈축제〉, 박철수 감독의 〈학생부군신위〉, 장현수 감독의 〈본투킬〉, 이명세 감독의 〈지독한 사랑〉, 이정국 감독의 〈채널 69〉, 김영빈 감독의 〈나에게 오라〉, 홍상수 감독의 〈돼지가 우물에 빠진 날〉 등이었다.[72]

96년의 최대 화제작이었던 강우석 감독의 〈투캅스 2〉는 공륜심의 때 곤욕을 치러야 했다. 대사 한마디 때문이었다. 공륜은 상인들이 강 형사(박중훈 분)에 대한 대책회의를 하면서 '멸치어장' 운운하는 대사를 삭제하려고 했다. 이를 거부하고 대신에 베드신을 삭제하여 고등학생 관람가 신청을 낸 영화사는 결국 연소자관람불가를 받아야 했다. 등급의 관건은

70) 노순동, 〈"자본은 환영, 하청공장 전략은 반대"〉, 『TV저널』, 1996년 3월 13일에서 재인용.
71) 이윤정, 〈한국 영화 '그 얼굴이 그 얼굴'〉, 『한국일보』, 1996년 11월 29일, 17면; 이대현, 〈한국 영화감독은 1회용인가〉, 『한국일보』, 1996년 11월 8일, 23면.
72) 김인수, 〈한국 영화 1996년도 대차대조표〉, 『리뷰』, 1996년 겨울, 213~216쪽.

〈은행나무 침대〉는 금융자본을 영화로 끌어들인 첫 번째 사례가 되었다.

대통령 아버지의 직업과 관련된 '멸치어장' 이었던 것이다.[73]

〈은행나무 침대〉는 〈결혼이야기〉(1992)로 대기업의 자본을 영화계에 처음으로 끌어들였던 신씨네가 일신창업투자금융의 자본으로 만들면서 금융자본을 영화로 끌어들인 첫 번째 케이스가 되었다. 일신창투의 〈은행나무 침대〉 전액지원을 계기로 금융자본의 영화제작 참여가 줄을 이었다.[74]

이전까지는 흥행 베스트 3위만 벗어나도 10만 명대에 머무르던 한국

73) 배장수, 〈고달픈 산고 치렀던 화제작들〉, 「뉴스메이커」, 1996년 10월 17일, 45면.
74) 곽신애, 〈1996년 한국 영화의 정치경제학〉, 「KINO」, 1997년 1월, 132쪽.

영화가, 96년부터는 8위까지의 작품이 모두 20만을 상회하는 관객을 동원한 것은 특기할 만한 것이었다. 이는 한국 영화 관람비율 상승으로 이어졌는데, 문화체육부가 발표한 자료에 따르면 96년 한 해 동안 전국의 영화 관객 4,220만 명 가운데 한국 영화 관람인원은 976만 명으로 23.1%의 점유율을 보였다. 이는 95년의 21%에 비해 2.1% 늘어난 것으로 93년의 점유율이 15.9%, 94년이 20.5%였던 것을 감안하면 완만하기는 하지만 뚜렷한 상승곡선을 그리고 있는 것이었다.[75]

그러나 한국 영화가 다소 호황을 누렸다지만 외화는 폭발적인 관객 증가를 기록했다. 외국 영화는 서울 개봉관 기준으로 〈더 록〉 98만 5,000명, 〈인디펜던스 데이〉 98만 2,000명, 〈미션 임파서블〉 80만 명, 〈이레이저〉 60만 명, 〈쥬만지〉 59만 5,000명의 관객동원을 기록했다.[76] 상위 10편이 614만 명(서울 상영관 집계)을 동원했는데, 모두가 미국 작품이었다.[77]

제1회 부산국제영화제

1996년 9월 13일부터 21일까지 일주일간 제1회 부산국제영화제(PIFF)가 개최되었다. 22억 원이 소요된 이 행사는 축제로서는 성공을 거두었다. 18만 명의 관객이 수영만 야외무대와 중심가 남포동의 극장 거리에 모여들었다. 한국의 한 영화감독은 이 인파에 대해 들뜬 목소리로 "이제 내 영화의 가장 든든한 후원자가 누구인지를 알았다. 실체를 확인했다"고 했고, 동남아시아의 한 감독은 "나는 우리나라에서도 이렇게

75) 〈한국 영화 관객 늘고 있다〉, 『전라매일』, 1997년 5월 25일, 16면; 지영준, 〈한국 영화 '약진' 할리우드 '빅뱅'〉, 『TV저널』, 1997년 1월 8일.
76) 〈올 흥행순위 '더 록' 1위… '투캅스 2' 4위〉, 『동아일보』, 1996년 12월 26일, 18면.
77) 오정국, 〈할리우드영화 수입국 11위〉, 『문화일보』, 1997년 6월 24일, 19면; 지영준, 위의 글.

1996년 9월 제1회 부산국제영화제(PIFF)가 개최되었다.

많은 관객 앞에서 내 영화를 상영해 본 적이 없다"고 감격해했다. 외국 영화인들은 이구동성으로 "젊은 관객이 이렇게 많은 영화제는 처음 본다"고 놀라워했다.[78]

　그러나 이 영화제에선 한국의 검열제도가 도마 위에 올랐다. 『시사저널』은 "이번 영화제 중 가장 크게 도드라진 문제가 공연윤리위원회(공륜)의 사전심의제도이다. 사실상 '검열'이나 다름없는 이 제도의 모순은 14일 밤 부영극장에서 상영된 영화 〈크래쉬〉(미국 · 데이비드 크로넨버그 감독)에서 여실히 드러났다"고 보도했다.

　"이 작품은 자동차를 충돌시켜 성적 쾌감을 추구하는 인간 군상을 통해 참담한 기계 문명의 일면을 통렬히 풍자하여 올해 칸 영화제에서 심사위원상을 수상한 '예술품'이다. 파격적 내용과 영상으로 초미의 관심

---

78) 안정숙, 〈아름다운 가능성 남긴 부산영화제〉, 『경제정의』, 1996년 겨울, 223쪽.

을 모았던 이 작품을 보려고 운집한 관객들은 영화가 10분이 넘게 삭제되자 아연실색했다. 외국 영화인들까지 불러 놓은 국제 영화 잔치에서 상상조차 할 수 없는 '사건'이었다."[79]

프랑스의 자크 오디야르 감독은 이를 '더럽고 치사한' 사건이라고 말했다.[80] 부산국제영화제 집행위 책임자들은 "이 문제는 가능하면 보도가 안 되는 것이 좋겠다"며 덮어두는 데만 급급했다.[81]

영화 사전검열 위헌판결

부산국제영화제에서 한국이 검열로 국제적 망신을 산 게 영향을 미쳤던 걸까? 20일 후인 96년 10월 4일 헌법재판소는 공연윤리위원회의 영화 사전검열을 헌법 위반이라고 판결했다. 이에 영화평론가 강한섭은 "1996년 10월 4일은 한국 사회사의 기념비적 날이 되었다"고 평가했다.

"그날 헌법재판소의 어른들이 어마어마한 판결로서 대한민국과 그 국민들이 나아가야 할 길을 밝히셨기 때문이다. 판결의 핵심은 두 가지다. 첫째, 영화는 단순한 오락이 아니라 학문 및 예술의 표현수단이므로 언론에 상응하는 표현의 자유를 누려야 한다. 둘째, 이렇게 중요한 영화를 공연윤리위원회가 사전에 심의하여 자르거나 금지해서는 안 된다. 소식을 전해 들은 영화인들이 환희에 겨워 졸도하고 해방 이후 반세기 동안 마땅히 보아야 할 영화와 장면들에서 격리당해 온 국민들은 태극기를 들고 거리로 쏟아져 나와도 좋을 일이었다. 영화인들은 딴따라에서 예술가로 격상되고 국민들은 박탈되어 온 '볼 권리'를 되찾았으니 말이다."[82]

---

79) 소성문, 〈세계가 놀란 공룡 가위질-제1회 부산국제영화제 결산/관객 큰 호응…사전심의제 다시 도마에〉, 『시사저널』, 1996년 10월 3일.
80) 〈'위선의 시대' 영상으로 고발〉, 『시사저널』, 1996년 10월 3일, 108면.
81) 김민경, 〈부산시민 영화에의 타는 목마름〉, 『뉴스플러스』, 1996년 10월 3일, 71면.
82) 강한섭, 〈이제 게임은 끝났다〉, 『어떤 영화를 옹호할 것인가』(필커뮤니케이션즈, 1997), 338쪽.

영화 〈닫힌 교문을 열며〉 마지막 장면.

이 판결은 93년 10월 당시 장산곶매의 대표였던 강헌이 〈닫힌 교문을 열며〉(1992)가 사전검열을 받지 않았다고 해서 불구속 기소되자, 헌법재판소에 낸 위헌 심판 제청신청에 대해 3년 만에 내려진 결정이었다. 강헌은 "기쁘지만 좀 얼떨떨하다"며 다음과 같이 말했다.

"사실 갑작스럽게 내려진 결정이라 전혀 마음의 준비가 없었다. 3년 전 위헌제청을 한 이후부터 그냥 결정을 기다리는 입장이었고, 내가 특별히 노력한 것은 없다. 이번 결정도 한 기자가 전화로 알려줬다. 이번 결정의 의미를 축소하고 싶은 생각은 없지만, 이미 3년 전 서울형사지법에서 위헌제청을 받아들인 것이 사법부의 승리라고 생각했다."[83]

『KINO』 97년 1월호는 "헌법재판소의 위헌판정을 끌어내기까지 독립

---

83) 손일영, 〈인터뷰/영화사전심의 위헌판결 이끌어낸 강헌씨-가장 큰 수혜자는 관객〉, 『뉴스메이커』, 1996년 10월 17일, 51면.

영화인들이 음비법(음반 및 비디오물에 관한 법률) 및 검열철폐와 싸워온 수많은 기록 중 가장 강렬한 기폭제가 된 것은 '푸른영상' 의 압수수색과 음비법 위반으로 김동원 대표가 긴급구속된 해프닝이었다"고 분석했다.

"(96년) 6월 14일에 발생했던 이 사건은 영화인을 연대시키는 동인이 되었고 '표현의 자유쟁취 및 음반 및 비디오에 관한 법률폐지를 위한 대책위원회' 를 발족시키는 계기가 되었다. 이후 대책위는 7월 5일부터 명동성당 앞에서 〈상계동 올림픽〉 등을 '불법으로' 거리상영하는 운동을 전개하며 악법철폐에 정면으로 맞섰고, 위헌판결 후 〈파업전야〉 상영으로 자축과 각오를 다지며 거리상영을 마쳤다."[84]

96년 현재 13개의 영화 잡지가 간행될 정도로 영화 담론은 전성기를 구가했다. 월간으로 『스크린』, 『로드쇼』, 『키노』, 『프리미어』, 『영화예술』, 『으뜸과 버금』, 『비디오 무비』, 『비디오 프라자』, 『영음문화』, 『영상음반』, 주간으로 『씨네 21』, 영화진흥공사에서 발행하는 『영화소식』, 그리고 부정기간행물 『영화언어』 등이었다. 이는 경이의 대상으로까지 여겨졌다.[85]

95년 창간하면서 『씨네21』은 "한겨레가 영화를 보면 이렇게 달라진다", 『키노』는 "100년을 기다린 영화잡지가 온다"고 선전했는데, 둘 다 '창간호 완전매진' 을 선언했다.[86]

84) 〈키노 독자가 뽑은 96년 한국 영화계 10대 뉴스〉, 『KINO』, 1997년 1월, 107쪽.
85) 이한상, 〈'영화잡지', 그 색깔론을 위해〉, 『상상』, 1996년 겨울, 385~394쪽.
86) 손동수, 〈새로운 영화잡지들이 혁명할 것인가〉, 『오늘예감』, 제3호(1995년 6월), 35쪽.

'몸'·'불륜'·'섹스'의 재발견

새로운 화두로 등장한 '몸'

1996년 홍성태는 "가히 '문화의 시대'다. 지난 시대를 지배했던 모든 견고한 것들이 부드러운 '문화' 속으로 녹아 사라지고 있는 듯하다. 바야흐로 '하드웨어'의 시대는 가고 '소프트웨어'의 시대가 도래했다는 외침이 도처에서 번쩍인다"고 했다.[87]

96년 한국 사회에선 몸이 새로운 화두로 등장했다. 94년 차인표 데뷔, 96년 구준엽 데뷔에 의미를 부여하면서 그 둘의 데뷔는 몸을 바라보는 TV의 관점에 지각적인 변화가 일어났음을 암시한다는 주장도 제기되었다. 그들 이전엔 미디어에서 소비되는 몸은 주로 여성이었고, 그 방식은 남성의 말초적이고 관음적인 욕구에 호소하는 수줍은 수준을 넘어서지 못했지만, 그들의 등장 이후 비로소 몸에 대한 대량 생산·복제·소

---

87) 홍성태, 〈정보사회와 문화의 정치경제학〉, 『문화과학』, 1996년 가을, 13쪽.

비가 일어나기 시작했다는 것이다.[88]

근육과 배에 왕(王)자를 새기는 몸 만들기가 유행이 되는가 하면, 신세대 사이엔 셀프누드 바람까지 불었다. 자신의 젊은 시절 몸을 기록해 두고 싶다며 자신의 누드 사진을 선물하거나, 심지어 자신들의 섹스 장면을 비디오로 찍어두는 젊은 연인들까지 생겨났다. 신현림은 자신의 누드를 담은 『세기말 블루스』라는 시집을 내 화제가 되기도 했다.[89]

애인 신드롬

1996년 최고의 TV드라마 히트작은 MBC 미니시리즈 〈애인〉이었다. 이 작품은 유부남과 유부녀의 사랑을 '불륜'이 아닌 '사랑'의 눈으로 새롭게 해석해 멜로드라마의 역사를 새로 썼다는 평가를 받았다. 이혼과 가족형태의 변화가 본격적으로 시작된 시점에서 나온 드라마였다.[90] 한국방송비평회는 '애인'의 사회문화적 의미를 해석한 『애인: TV드라마, 문화 그리고 사회』라는 책까지 냈다.

사회적으론 이 드라마의 영향을 받아 이른바 '애인 신드롬'까지 생겨났다. 〈애인〉의 삽입곡인 캐리&론의 〈IOU〉는 하루에도 몇 번씩 방송에서, 길거리에서 들을 수 있게 되었다. 황신혜의 10만 원이 넘는 머리핀과 커리어우먼 패션이 인기를 끌었고, 49만 8,000원짜리 구치핸드백도 수입 단일상품 최단시간 매진이라는 신기록을 세웠다. 유동근이 드라마에서 입었던 '잉크블루셔츠'도 백화점에서 불티나게 팔렸다. 드라마에 등장했던 카페, 호텔, 식당 등도 큰 재미를 보았다.[91]

---

88) 완군, 〈카우치와 김인규: 금기와 광기를 넘어 일상의 몸과 마주하라〉, 『문화사회』 제1호(2005년 12월), 274쪽.
89) 『스포츠서울』, 1996년 11월 29일; 주상호, 〈셀프누드는 외설이다?〉, 『오늘예감』, 1997년 봄, 39쪽에서 재인용.
90) 황지희, 〈금기 깬 멜로드라마들〉, 『PD저널』, 2006년 1월 18일, 5면.
91) 『경향신문』, 1996년 12월 18일, 29면; 노염화, 『키치소년, 문화의 바다에 빠지다』(토마토, 1997), 210쪽.

MBC 미니시리즈 〈애인〉은 이혼과 가족형태의 변화가 본격적으로 시작된 시점에서 나온 드라마로 '애인신드롬'을 불러일으켰다.

'남성의 전화' 같은 상담기관이나 신경정신과 병원에서는 30~40대 직장인들의 카운셀링이 늘어났다. 흥행에 실패했던 〈엄마에게 애인이 생겼어요〉라는 영화도 비디오 대여점에서 인기를 누렸다. 불륜 감시 산업이 호황을 누리게 되었다는 등, 조사를 해 봤더니 여성의 54.8%가 외도 욕구가 있더라는 등의 기사들도 양산되었다.[92]

여성학계는 "남편의 외도는 당연시하면서 왜 아내의 외도를 문제삼는가"라고 맹공격했다. 〈매디슨 카운티의 다리〉는 감동적이라고 하면서 〈애인〉은 불륜이라고 몰아붙이는 사회의 이중적 잣대도 도마에 올랐다.[93]

96년 9~10월 하이텔에선 이 드라마를 놓고 '저질 불륜 드라마', '있을 수 있는 아름다운 사랑 이야기'라는 찬반 양론이 맞섰다. 양쪽의 대표적인 의견은 다음과 같았다.

"반대 의견: 이런 저질 불륜 내용을 마치 30대의 아름다운 사랑인 양

---

92) 노염화, 『키치소년, 문화의 바다에 빠지다』(토마토, 1997), 210쪽; 전규찬, 〈'애인'을 둘러싼 이야기들: TV 드라마 텍스트의 주변 담론 분석〉, 황인성·원용진 엮음, 『애인: TV 드라마, 문화 그리고 사회』(한나래, 1997), 34쪽.
93) 『경향신문』, 1996년 12월 18일, 29면.

표현하는 데 문제 있는 것 아닙니까? 결혼과 우리의 가정이 무슨 장난입니까? 언론은 이런 내용을 시청률 높은 화제작처럼 보도하는 데 문제가 있다고 생각합니다. MBC는 즉각 방송을 중지해야 합니다."

"찬성 의견: 뭣보담도 민주사회라 하면 진정 다양한 소재, 주제, 영상, 연기, 각색 등등 다양한 작품을 보고 안목도 좀 넓히자고요. 조금만 격에서 벗어나면 너나 모두 비판만 하자시니 진짜 튀는 작품 나오기 되게 힘든 환경이야, 우린. 지금이 어디 계몽주의 시댄감?"[94]

『중앙일보』 96년 10월 6일자는 "이 드라마는 그 불륜과 외도를 너무나 현실에 가깝게 묘사(리얼리티의 확보)함으로써 많은 시청자들의 관심권 내에 들어있는 것이다. …… 주부들 사이에 '너 애인 있니?' 란 말이 농담으로 오가며 남편 단속이 한창이라 한다. 또한 대다수의 건전한 남편들에겐 한번쯤 환상적인 로맨스를 꿈꾸게 만드는 촉매 역할을 한다는 뒷이야기도 들린다"고 했다.[95]

신문들은 대체적으로 비난의 편에 섰는데, 가장 극렬한 비판 중의 하나는 『세계일보』 96년 10월 18일자 사설 〈TV드라마와 가정파괴〉였다.

"지금 시중에는 차마 눈뜨고는 볼 수 없는 부끄럽고 민망한 TV드라마 한 편이 온통 국민들을 분노시키고 있다. MBC가 방영하고 있는 유부남, 유부녀의 사랑 놀음을 가증스럽게도 미학으로 포장한 〈애인〉이라는 미니시리즈다. …… 이 사회를 지탱하는 마지막 기둥인 가정을 지키기 위해서라도 드라마 〈애인〉은 당장이라도 중단하기 바란다. 그리고 국민에게 사죄해야 한다."[96]

『조선일보』 96년 10월 23일자 사설 〈드라마 망국론〉도 만만치 않았다.

---

94) 전규찬, 〈 '애인' 을 둘러싼 이야기들: TV 드라마 텍스트의 주변 담론 분석〉, 황인성 · 원용진 엮음, 『애인: TV 드라마, 문화 그리고 사회』(한나래, 1997), 21쪽에서 재인용.
95) 전규찬, 위의 글, 33쪽에서 재인용.
96) 전규찬, 위의 글, 38쪽에서 재인용.

"〈애인〉의 경우, 마지막에 각자 가정으로 돌아가는 설정이지만, 그 과정에서 이미 윤리는 파괴될 수 있다는 독소를 드라마 중독증 환자들에게 퍼뜨렸음을 부인해서는 안 된다. 이런 역기능이 누적되면 암보다도 더한 폐해를 줄 수 있다고 본다"고 했다.[97]

극우잡지인 『한국논단』 96년 12월호에서 한국정신병리학회 회장 백상창은 "MBC에서 하는 〈애인〉이라든가 이런 텔레비전 프로그램을 하루 종일 관찰해 본 사람이라면 알 수 있겠습니다만, 그것을 보는 남한 사람이 미치거나 타락되거나 살 맛을 잃지 않는다면 그 사람은 이상한 사람이다, 이렇게 볼 정도로 대한민국의 방송매체가 남한 사람들을 급격하게 죽음의 본능으로 이끌고 있다고 저는 봅니다"라고 주장했다.

에로비디오의 전성기

에로물도 큰 인기를 누렸다. 에로비디오가 처음 등장한 건 80년대 중반이었다. 85년을 계기로 우후죽순처럼 생기기 시작한 소위 '떡텔'로 불리는 교외의 러브호텔과 대중화의 길을 걷기 시작한 룸살롱 등 섹스산업이 번창하고, 여기에 비디오 테크놀로지와 영상미디어의 진보가 가세하면서 에로비디오는 전성기를 누리게 되었다.[98]

95년 이전의 고전 에로비디오의 출연자는 5~8명이었고 등장인물들의 사회적 역할도 한정되었다. "젊건 늙건 간에 성 기능에 장애를 가지고 있는 사장님, 전력이 항상 의심스러운 젊은 사모님을 기본 축으로 때에 따라 방종한 딸, 사회의식이 있다가 말아버린 아들, 항상 힘(?)이 넘쳐나

---

97) 전규찬, 〈 '애인'을 둘러싼 이야기들: TV 드라마 텍스트의 주변 담론 분석〉, 황인성·원용진 엮음, 『애인: TV 드라마, 문화 그리고 사회』(한나래, 1997), 36~37쪽에서 재인용.
98) 이교동, 〈젖소부인을 위한 변명: 에로비디오의 정치경제학〉, 현실문화연구 편, 『문화읽기: 삐라에서 사이버문화까지』(현실문화연구, 2000), 480쪽.

는 운전기사 양반이나 정원사 아저씨, 색에 목숨을 건 가정부가 여러 변형된 형태로 부가되며, 마나님의 옛 직장(?) 동료, 옛날 남자(고시생이었다가 성공했으면 더욱 좋고), 사장님의 여직원(사장인데 직원은 항상 하나다) 등등이 기본 갈등을 제공하는 인물로 설정된다."[99]

그러나 96년을 계기로 에로비디오의 내용이 크게 바뀌었다. 『한국대학신문』 96년 3월 25일자가 3월 중 서울시내 5개 여대 앞 비디오방 대여순위를 조사한 결과, 1위 〈리허설〉, 2위 〈옥보단〉, 3위 〈네트〉, 4위 〈쇼걸〉, 5위 〈크림슨 타이드〉, 6위 〈런어웨이〉, 7위 〈젖소부인 바람났네〉, 8위 〈어쌔신〉, 9위 〈제인에어〉, 10위 〈워터월드〉·〈중경삼림〉 등으로 나타났다. 대체로 에로물 아니면 작품성에 대해서는 전반적으로 낮은 점수를 받은 헐리우드 영화들이었다. 특이한 것은 〈리허설〉, 〈옥보단〉, 〈쇼걸〉, 〈젖소부인 바람났네〉 등 최근 화제가 되었던 에로물들이 40%를 차지했다는 점이었다.

이와 관련, 손동수는 "'잘난 대학생 놈들 내 그럴 줄 진작에 알았지' 하며 싸늘한 냉소를 머금을 분들도 계시겠고, '아, 우리의 대중문화 소비 수준이 점점 더 젖소같이 천박해지는구나' 라고 지사적 개탄을 금치 못할 분도 계시리라"라면서 "그러나 나에게는 대부분의 독자들이 이 사실에 그다지 참담해하지 않을 것이라는 심증이 있다"고 했다.

"비디오 대여점에 한번이라도 가본 사람이라면 차고 넘치는 한국 에로물들의 화려한 전시를 확인했을 것이기 때문이다. 위선을 떨지는 말자. 정말 나도 당신도 안 본다면 35mm 개봉용도 아니고 손쉬운 베타캠으로 제작된 그 많은 비디오용 세미포르노들이 그리 당당하게 고개를 들고 있겠느냐는 말이다. 그러므로 여배우 진도희는 자신 있게 이렇게 말

---

99) 이교동, 〈젖소부인을 위한 변명: 에로비디오의 정치경제학〉, 현실문화연구 편, 『문화읽기: 삐라에서 사이버문화까지』(현실문화연구, 2000), 483~484쪽.

할 근거를 가지고 있다. '다들 밤에는 빌려다 보면서 난리들이다.'"[100]

에로비디오 시장의 선두 주자는 단연 〈젖소부인〉 시리즈의 진도희였다. 미스코리아 가슴 사이즈 평균치인 34인치보다 3인치가 더 큰 37인치의 가슴과 '거친 숨소리와 요염한 자태'는 그녀의 트레이드마크가 되었다.[101]

〈젖소부인 바람났네〉

1995년 10월 한씨네가 불과 5,000여만 원을 투입, 1만 5,000여 장을 팔아 제작비 몇 곱절의 수입을 올린 〈젖소부인 바람났네〉는 특별히 야할 것도 없었다. 그런데도 히트한 이유는 제목이 주는 호기심 때문이라는 것이 에로영화계의 공통된 분석이었다. 그래서 이후 유사 제목을 가진 비디오들이 대거 등장했다.

〈물소부인 바람났네〉, 〈물소부인 물먹었네〉, 〈김밥부인 옆구리 터졌네〉, 〈연필부인 흑심 품었네〉, 〈만두부인 속 터졌네〉, 〈꽈배기부인 몸 풀렸네〉, 〈꽈배기부인 몸 틀며 울다〉, 〈자라부인 뒤집어졌네〉, 〈라면부인 몸 불었네〉, 〈계란부인 날로 먹네〉, 〈소라부인 속 나왔네〉, 〈젖소남편 바람 피우네〉, 〈어쭈구리〉, 〈애들은 재웠수〉, 〈구멍가게〉, 〈홧김에〉 등이 잇따라 출시되면서 에로비디오는 황금기를 맞았다.[102]

백지숙은 "이 기발한 비디오 제목들은 그것을 나열하는 것만으로도 충분히 즐거움을 주는 화젯거리가 되었다. 여기에 힘입어 이들 제목이 방송 소재로 등장하거나 출연 배우가 쇼 프로에 초대되는 등 이른바 공

---

100) 손동수, 〈영화에 대해 솔직하게 말하기〉, 『상상』, 1996년 여름, 76~77쪽.
101) 김동철, 『스타는 밤에도 쉬지 않는다』(우리문학사, 1996), 81~82쪽.
102) 노만수, 〈욕망을 판다, 고로 존재한다〉, 『뉴스메이커』, 2000년 4월 13일, 57면; 김동철, 위의 책, 195~196쪽.

식문화에 편입될 수 있는
여지도 생겨나게 되었다"
고 했다.[103]

손동수는 "70년대에서
80년대 초반에 이르는 동
안 우리의 통칭 에로물들
은 그래도 〈반노〉와 같은
법적 제재와 맞선 영화도
있고, 〈앵무새 몸으로 울
었다〉나 〈땡볕〉 같은 조금
이라도 원초적인 에로티시
즘에 관한 고민을 시도한
작품들이 있었다. 그러나
어느새 우리 관객의 에로
취향은 그야말로 말초적
수준에서 고착되어 버렸
다"고 평가했다.

〈젖소부인 바람났네〉가 히트한 이유는 제목이 주는 호기심 때문
이다. 이후 유사한 제목을 가진 비디오들이 대거 등장했다.

"나는 비디오 시장이 안
정된 이후 생겨난 트렌디 에로영화의 양산 과정을 그 원죄적 동인으로
본다. 한국의 에로물은 〈어우동〉·〈뽕〉·〈어디에 쓰는 물건인고〉류의
고전 에로물에서 다시 〈캉캉〉·〈복카치오〉류의 코믹에로로, 그리고는
〈야시장〉·〈정사수표〉 같은 인신매매·호스티스류로, 그리고 이제는
〈원초적 본능〉에서 영감을 얻은 스릴러 에로물들이 주류를 이루는 일정
한 계보와 흐름을 가지고 있다. 이렇게 나열하면 꽤 다양한 물건들이 있

103) 백지숙, 『짬뽕: 백지숙의 문화읽기』(푸른미디어, 1997), 69쪽.

어 보이지만 그것은 속 모르는 사람들의 생각이다. 우선 열받는 일은 이들 영화들은 하나같이 일단 벗겨 보고 생각은 나중에 하자는 식의 영화라는 것이다."[104]

이어 손동수는 "〈성애의 여행〉이라고 해서 사뭇 열심히 유목민적인 '성애'를 탐구하는 로드무비라고 오해하는 사람은 없을 것이다. 단지 배경을 여기저기 옮겨다니며 벗겨보자는 것일 뿐. 좋다. 한발 물러서서 저예산에 시나리오 수정할 새도 없이 찍어대야 먹고사는 형편이라는 제작사의 말에 고개를 끄덕여보자. 타국의 성에 대한 영화적 탐구와는 비교할 수 없다는 자국문화 보호의 관점을 억지로라도 가져보자"며 다음과 같이 말했다.

"그 다음에 걸리는 것은 그 구역질나는 도덕주의와 윤리주의다. 이야기하자면 이런 것이다. 한 유부녀가 있다. 부유한 그녀의 남편은 성불구다. 그녀는 욕구불만이지만 잘 견디며 정상적인 부부생활을 유지하려고 눈물나는 노력을 한다. 그러던 어느 날 우연히 성실하고 매너 있어 보이는 남자의 유혹을 받고 넘어간다. 그리고 그 욕망의 바다로 빨려 들어간다. 남편과의 갈등은 증폭되고 불륜은 계속된다. 드디어 그 매너 있는 남자는 본색을 드러내 돈도 요구하는 한편 변태적인 행위로 그녀에게 고통을 준다. 그 남자는 계획적으로 그녀를 점찍었던 것이다. 결국 그녀는 그 남자의 마수를 이겨내고 정신을 차려 착한 남편의 품으로 돌아온다. 유교적 윤리관의 현대적 승리, 또는 돈 많은 나쁜 남자가 가난하고 착한 여자를 유린하지만 결국 정의는 살아있어 부자를 감옥에 처넣는다는 이야기는 어떤가. 아무리 보아도 우리의 에로물들은 에로티시즘에 대한 탐구가 아니라 여필종부, 인과응보, 권선징악, 살신성인 등등이 주제다. 이것은 제도적으로는 80년대 후반 포르노물 단속과 함께 완화된 심의기준이

---

104) 손동수, 〈영화에 대해 솔직하게 말하기〉, 『상상』, 1996년 여름, 83쪽.

제시되자, 어물쩡 윤리적 결말만 가지면 좀 더 생각 없이 벗겨도 된다는 정책적 방향을 수렴한 결과이기도 하다."[105]

한국 영화의 국내 시장점유율은 20% 미만이었지만, 비디오 대여점에서 에로 비디오가 전체 대여편수의 50~60%를 차지했고, 그 가운데 한국 영화가 절반 가량이나 되었다.[106]

광고도 그 어느 때보다 더 '성적(性的) 코드'에 집착했다. '소비자문제를 연구하는 시민의 모임'은 96년 3월부터 4개월간 방송 3사에 방송되었던 광고물 218편을 분석해 그 점을 지적했다. 음료수인 'TG' 광고의 "언제든지 따 마실 수 있다"·"언제든지 쉽게 먹을 수 있다. 마음에 드는 것으로 골라 마실 수 있다"는 문장, '진주 바로구이 갈비맛 후랑크' 광고에서 소년 모델이 제품을 가리키며 "너는 참 뜨겁겠다. 그치만 정말 맛있겠다"고 말하는 장면, 빙과류인 '더블 비얀코' 광고에서는 군대훈련장을 배경으로 상관인 여성모델이 부하인 남성모델에게 "줘도 못 먹나"며 윽박지르는 장면이 있으며 음료수 '너'의 경우 상품명을 아예 중의적으로 붙이고 "너를 마시고 싶다"라고 한 사례 등이었다.[107]

'묻지마 미팅'·'묻지마 관광'

현장 실습을 원했던 걸까? 96년엔 '묻지마 미팅'과 '묻지마 관광'이 유행했다. 상대방의 신원에 대해 아무것도 묻지 않고 말하지도 않는 걸 전제로 남녀가 만나거나 같이 관광을 떠나는 것이었다.

『한겨레』 96년 10월 30일자는 "서른두 살의 장 대리에게 그날의 만남은 아주 '특별한' 경험이었다. 지난달 초였다. 고등학교 동창이 미팅을

---

105) 손동수, 〈영화에 대해 솔직하게 말하기〉, 『상상』, 1996년 여름, 83~84쪽.
106) 김소희, 〈에로비디오: 성애의 여행〉, 『리뷰』, 1997년 가을, 53쪽.
107) 마정미, 〈광고의 선정성 문제〉, 『상상』, 제15호(1997년 봄), 70쪽.

하자고 했다. '무슨 미팅이냐'고 했더니 '부담 없이 놀다 오면 된다'고 동창은 말했다. 상대방에 대해서는 일체 알려고 해서도 알아서도 안 된다는 그의 말에 구미가 잔뜩 땡겼다"며 다음과 같이 보도했다.

"그들은 강남 압구정동의 한 카페에서 만났다. 고교 동창 4명이 20대로 보이는 여자들과 짝짓기를 했다. 처음에는 어색했다. 할말이 없었다. 그러나 차츰 분위기에 익숙해져갔다. 모든 게 풀어지는 느낌이었다고 했다. 지금 어떤 모습을 보이더라도 오늘이 지나면 아무 흔적도 남기지 않을 것이라는 사실이 그의 '남성적 호기'를 북돋았다고 했다. 그리고 그들은 약속대로 서울 근교의 자연휴양림 통나무집으로 자리를 옮겼다. '호기심에서 그렇게 했고 그 뒤 아내에게 죄책감도 있었지만 또 기회가 오면 할 것 같다. 굳이 변명하자면 우리의 일상생활이 너무 단조롭지 않은가.'"

40대라고 기죽을 수는 없었다.

"40대 중반의 한 대기업 중견간부인 이아무개 씨는 북한산성 쪽 음식점에서 행사를 가졌다. 5쌍이었다. 불행하게도 참석자 중 한 남자와 여자가 아는 사이였다. 부인의 친구였다. 분위기가 일순 어색해졌다. 그러자 이런 모임에 익숙한 한 여자가 나섰다. '두 사람이 아는 사이고 보니 절대로 밖에 알려지지는 않겠네요.' 어색함은 질펀한 웃음으로 바뀌었다. 이날 한 쌍을 제외하고 나머지는 '본 행사'를 즐긴 것 같았다고 그는 전했다."

일부 이벤트업체는 '묻지마 미팅'의 대중화에 나섰다.

"이들 업체는 생활정보지에 원하는 남녀를 모집하는 광고를 싣는다. '누군가 그립고 외로워 동반자를 찾는 남녀는 연락주십시오.' 남자의 경우는 10~15만 원 정도를 입금시키면 회원으로 등록되고 여자는 무료다. 업체는 회비를 받는 남자 회원들이 짝을 찾는 데 실패해도 3~4차례의 기회를 더 준다. 업체는 이들이 회원으로 가입하면 원하는 상대의 조건을 들은 뒤 서로 맞는 남녀를 짝지어 준다. 회원 남녀에게 만날 장소만 알려주면 그것으로 끝이다. 모든 과정에서 업체와 회원이 얼굴을 맞대는 일은 없다.”

여행사가 남녀를 짝지어 줘 눈요기와 함께 몸요기까지 할 수 있도록 하는 관광상품은 개발돼 판매된 지 이미 오래이며, 그런 ‘묻지마 관광’은 한발 더 나아가 관광지가 아닌 도심에서 짧은 시간에 그리고 간단히 익명의 즐김을 제공하는 수준에까지 이르렀다. ‘묻지마 해외관광’은 이런 만남의 더 적극적이고 대중적인 형태였다. 만나서 상대방을 전혀 알려고 하지 않은 채 즐기다 헤어지기는 마찬가지며, 단지 시간과 경제적 여유가 있는 사업가나 전문직 40~50대들이 해외라는 자신을 보다 안전하게 숨길 수 있는 ‘공간’에서 이루어진다는 점만이 다를 뿐이었다.

“국내건 해외건 상품의 내용에는 차이가 없다. 대개 남녀 동수로 해외로 나간다. 목적지는 괌이나 동남아의 휴양지고 일정은 4박 5일을 넘지 않는다. 관광은 전혀 중요하지 않다. 여행사는 일정에 신경 쓸 필요가 없다. 선택관광이나 골프를 치도록 하는 등 그들이 주변의 시선에서 자유롭도록 해 주면 된다. 목적지를 향해 가는 비행기 안에서도 그들은 서로를 알지 못한다. 목적지의 공항에서 비로소 만난다. 그리고 짝을 짓고 ‘여행’을 시작한다. 물론 서로를 알려고 하지 않는다. 헤어지는 순간까지 ‘세련된’ 매너로 즐김에 충실하면 된다. 휴양지 공항에서 그들은 헤어진다. 귀국하는 비행기 안에서부터 그들은 원래의 ‘남남’이 된다.”

비용 문제는 어떻게 되는가?

“한 관계자는 ‘남자들이 모든 비용을 댄다. 경제적, 시간적 여유가 풍족한 사람들이기 때문에 여행사에도 만족할 만한 대가를 지불한다’고 말했다. 그런 남자 고객들은 많다고 한다. 여행사가 해외로 자주 나가는 고객 가운데 몇 명을 골라 이런 상품을 제의하기도 하고 한번 상품을 이용한 고객들이 팀을 만들어 여행사에 다시 그 상품을 요청하기도 한다는 것이다. 상품 판매에 굳이 어려움이 있다면 '여자 수배'라고 여행사 쪽은 말한다. 남자 고객들의 '수준'에 맞는 여자들을 얼마나 구할 수 있느냐는 게 상품의 성패를 결정짓는다는 것이다. 그러나 한 여행사 직원은 '경제적 부담도 없고 위험하지도 않다면 기꺼이 응할 수 있는 여자들이 많지 않겠느냐'고 말했다. 실제로 지난해 부산에서는 한 여행업체가 여행을 함께 할 남녀 파트너를 모집해 소개해 주겠다는 광고를 일간지에 '공개적'으로 게재해 며칠 만에 1,000여 명의 남녀회원들을 확보한 일도 있었다."[108]

---

108) 강석운·박종생,〈'묻지마' 사회심리학을 캔다/즐기기 위한 익명의 남녀 만남 늘어〉,『한겨레』, 1996년 10월 30일, 11~12면.

'업그레이드' · '채팅' 열풍

'업그레이드하기' 문화

1995년 8월 9일 미국의 인터넷 기업 넷스케이프의 기업 공개는 인터넷 투자의 열풍을 촉발시켰다. 인터넷 분석가인 메리 미커는 그날이 "온라인 시대의 원년을 연 날"이라고 말했다. 이후의 인터넷 광풍(狂風)이 넷스케이프의 기업 공개에서 시작되었기 때문이다.[109] 마이클 만델은 그날 신경제가 태어났다고 주장할 수 있다면서 그 이유에 대해 다음과 같이 말했다.

"2년 전에는 존재하지도 않았던 회사가 세계에서 가장 거대하고 강력한 소프트웨어 회사인 마이크로소프트와 빌 게이츠에 도전하게 되었다는 것이 중요하다. …… 넷스케이프의 기업 공개는 신경제의 양식을 결정했다. 경쟁의 격화, 급속한 기술 변화, 그리고 낮은 인플레이션. ……

---

109) 앤서니 퍼킨스 · 마이클 퍼킨스, 형선호 옮김, 『인터넷 거품: 거품을 알면 전략이 보인다』(김영사, 2000), 60쪽.

신경제는 이제 금융 시장이 혁신을 지원하도록 명령을 내리고 있다. 이것은 엄청난 차이이다."[110]

한국이 그런 광풍의 무풍지대일 리는 없었다. 신경제의 기운은 한국에도 도달했고, 그래서 그 기운을 상징하는 '업그레이드 키드' 라는 말까지 나오게 되었다. 김승학은 "업그레이드한다. 옷도, 차도 바꾼다. 가전제품도 바꾼다. 시대의 에피소드 '잘못된 만남' 에선 애인도 바꾼다. 눈에 보이는 것은 모두 신(新)으로 바꿔라. 감각도, 세대도, 라면도. '못살겠다, 갈아보자' 의 가치가 높이 솟고 그 이념의 푯대 위에 쓰여진 다섯 글자, '업그레이드'. '업그레이드하기' 는 우리 시대의 역사적 사명이 되었다"고 했다.[111]

김승학은 '업그레이드하기' 문화는 컴퓨터 대중화의 역사 속에서 태동되었다며 "아무리 업그레이드를 해도 더 좋은 것이 언제나 존재한다는 강박은 업그레이드의 맹렬성을 더욱 부추긴다"고 했다.

"업그레이드를 위한 낭비적 노동력 소비는 눈덩이처럼 불어난다. 설혹, 성공적으로 업그레이드를 해도 새로운 기능을 얼마나 효과적으로 사용할 것인가는 또 다른 문제다. 사용되지도 않고 때론 그런 기능이 있다는 것조차 모르고 사장된 기능이 의외로 많다. 기술이 실질적으로는 소비되고 있지 않지만 소비되고 있다는 느낌만 주는 것이다."[112]

또 그는 "업그레이드 키드는 일반적인 상품에 작용하는 구매욕구보다 더 절실하게 새로운 기술상품을 획득해야 한다는 강박관념에 시달리게 된다"고 말했다.

"업그레이드 키드에게 업그레이드는 절실하다. 업그레이드할 것이 있으면 반드시 해야 직성이 풀린다. 밤잠을 설쳐가면서라도 새로 구입한

110) 마이클 만델, 이강국 옮김, 『인터넷 공황』(이후, 2001), 30~33쪽.
111) 김승학, 〈업그레이드 키드의 생애〉, 『오늘예감』, 제3호(1995년 6월), 187쪽.
112) 김승학, 위의 글, 190쪽.

멀티미디어 업그레이드 키트를 설치해야 하고 MPEG 동화상을 보고 WAV 사운드를 들어보아야만 한다. 그래야 안심이 된다. 안도감과 함께 희열을 느낀다. 업그레이드한 대상물은 업그레이드 키드의 한 부분이 된다. 업그레이드 키드의 자아는 무한순환적 업그레이드 기제 속에서 상실되고 업그레이드한 대상물의 하드웨어 혹은 소프트웨어의 새로운 기능으로 대치된다."[113]

'인터넷 광란'과 과도한 표절시비

1996년 노엽화는 "마치 인터넷을 쓰지 않으면 다 죽을 거라는 투의 협박을 언론이 앞장서서 하는 까닭은 무엇인가"라는 질문을 던지면서 "어린이들에게까지 인터넷을 가르치라고 설쳐대는 이 광란의 이면은 그리 깨끗하지 않다"고 말했다.

"이런 인터넷 열풍몰이는 『조선일보』와 『중앙일보』에서 가장 열심이다. 이들이 100만이 넘는 독자들에게 꾸준히 '인터넷 하기'를 강요하는 것은 컴퓨터 시장에서 무시하지 못할 만큼의 수요를 자극한다. 컴퓨터 시장이 커지면 당연히 광고시장은 종속적으로 커지고, 그 광고는 다시 『조선일보』와 『중앙일보』에 돌아오게 되어 있다. 또한 『중앙일보』의 협박을 받은 컴퓨터 수요자의 대부분은 삼성의 램과 하드디스크, 모니터를 탑재한 컴퓨터를 구입하게 되어 있다. 이렇듯 나팔수와 장사꾼의 절묘한 결합으로 인터넷과 컴퓨터 시장은 두둥실 굴러가고 있는 것이다. 대중들을 컴퓨포비아(compuphobia: 컴퓨터공포증)에 시달리게 하고, 그 병을 빌미로 장사를 해먹는 영악한 문화산업. 병 주고 돈 뺏고!!"[114]

---

113) 김승학, 〈업그레이드 키드의 생애〉, 『오늘예감』, 제3호(1995년 6월), 191쪽.
114) 노엽화, 『키치소년, 문화의 바다에 빠지다』(토마토, 1997), 174쪽.

PC통신은 무언가 이야기할 거리를 찾아내야만 했다. 그래서 과도한 표절시비도 일었다. 노염화는 요즘 일어나고 있는 표절시비를 보고 있으면 뭔가 잘못 돌아가고 있다는 느낌이 든다고 했다. 대중문화의 창의성과 질적 발전을 위한 표절 논의라기보다는 누군가의 표절을 한 건 잡아서 '스타' 가 되어 보겠다는 자들의 천국인 것 같다는 것이다.

"그래서인지 PC통신의 표절 관련 게시판에서는 매일 수십 건의 표절 신고가 들어오고 있고, 인기 가수가 신곡을 내놓으면 100% 표절시비를 겪게 된다. 그러나 표절논쟁에 음악적 지식이나 정합성은 무용하다. 오로지 신고자들에게는 자신이 들었던 A란 곡이 최근 신곡을 내놓은 인기 가수의 B란 곡과 분위기가 비슷하다는 심증만 존재하면 그만이다. 혹시 나중에 표절이 아니라고 밝혀지더라도 책임질 하등의 이유가 없는 곳이 PC통신인 것이다. 그야말로 선무당들의 심증 배설 장소이다. 수용자들의 적극적인 개입은 일단 긍정적인 것이지만 차분히 살피다보면 선무당의 칼부림이 얼마나 무모할 수 있고 또한 들쥐 같은 다수의 폭력이 무엇인가도 알 수가 있다. 흠집내기에 혈안인 대중들의 쇼비니즘적 생존방식이다."[115]

채팅의 매력과 마력

1996년 고길섶은 "심한 경우 직장인임에도 불구하고 한 달에 150시간씩 꼬박꼬박 채워대는 '채팅신자' 가 있는가 하면, 실제로 선망받는 젊은 인재가 채팅에 미쳐버려 정신병원에 실려간 사례도 있다. 어떤 여대생은 방학 두 달간 중 한 달간은 밤새워 채팅으로 때우고 다른 한 달간은 몇십만 원 되는 사용료와 전화세를 납입하기 위해 아르바이트 전선으로

---

115) 노염화, 『키치소년, 문화의 바다에 빠지다』(토마토, 1997), 184쪽.

나간다"고 말했다.

"그처럼 채팅에 물려드는 사람들은 세대를 불문한다. 채팅은어로 말하자면 '중딩이(중학생)'와 '고딩이(고등학생)'와 '대딩이(대학생)' 따위의 학생층만이 채팅을 즐기는 것은 아니다. '외로운' 30대들, '꺾어지는' 40~50대들도 유유상종으로 종종 접속한다. 주부들의 참여도 만만찮다."[116]

또 고길섶은 "많은 남자들은 여자를 찾으러 떠돌고 여자들은 남자들의 꼬임을 유혹한다. 상당수에 있어서 대화방들은 그런 꼬시기의 줄다리기가 팽팽해진다. 그 시장을 교란하기 위해 말투나 대화명 조작으로 때로는 남자가 여장도 하고 여자가 남장도 하기 때문에 남자가 여장한 남자에게 속아넘어가기도 하고 수상하다 싶으면 모두가 나서서 '성별감정'에 열을 올린다"고 했다.

"이렇거나 저렇거나 의기투합되면, 주기적인 채팅약속을 하면서 하나의 채팅 '조직'이 결성되는가 하면 삐삐번호나 아이디 교환을 하면서 '오프'를 약속하거나 '번개팅(채팅 당일 만나는 것)'도 불사한다. 처음부터 술 마실 사람 찾는 방 개설도 눈에 띈다. 낯선 사람들과의 이러한 낯익히기와 가까이하기가 즉각적으로 가능해지는 것은 채팅시장의 매력이자 마력임에 틀림없다."[117]

---

116) 고길섶, 『문화비평과 미시정치』(문화과학사, 1998), 135~136쪽.
117) 고길섶, 위의 책, 158쪽.

독도 사태와 월드컵 열풍

'독도 망언' 규탄대회

대통령 김영삼은 95년 11월 14일 한중 정상회담 후 "일본에서 계속 망언이 나오고 있다. 문민정부의 당당한 도덕성에 입각해 그런 버르장머리를 기어이 고쳐놓겠다"고 말했지만,[118] 일본의 버르장머리는 여전했다.

1996년 2월 9일 일본 외무장관 이케다 유키히코는 "독도는 역사적으로나 국제법상으로나 우리나라(일본)의 고유영토"라고 주장하고 일본 정부는 독도에 선박접안용 부두를 건설하려는 계획을 중단할 것을 한국 정부에 요구했다고 밝힘으로써 한국 국민을 분노하게 만들었다.

한국 사회는 곧 '독도 망언' 규탄의 분위기에 휩싸였다. 대통령이 독

---

118) 훗날 『한국일보』 정치부 부장대우 이영성은 이 발언으로 인해 우리는 통쾌했지만 일본은 들끓었다며 이렇게 말했다. "일본의 정계와 재계는 '보복'에 암묵적인 동의를 했으며 97년 들어 한국 금융기관 등에 빌려준 돈의 만기가 돌아오자 통상적인 만기연장을 해 주지 않고 회수하기 시작했다. 일본의 자금 회수가 외환위기의 중요한 원인 중 하나였다." 이영성, 〈YS·부시처럼 말해서야…〉, 『한국일보』, 2005년 3월 28일.

도 해양 경비대에 전화를 걸어 "독도를 지키는 일은 국민 자존심을 지키는 일"이라고 격려를 했던가 하면 공군 참모총장은 "철통 공군, 독도 전선 이상 없다"고 장담했다.

여차하면 전쟁이 일어날 수도 있다는 것이었을까? 힘으론 일본을 당할 수 없지만 정신력은 우리가 한 수 위라는 걸 어떻게 해서든 보여 주어야 했던 것일까? 전국적으로 일본을 규탄하는 대회가 열렸고 일본 외상의 화형식까지 거행됐다. 문인들은 3·1절 행사를 독도 앞바다에서 치렀고 그 행사를 위해 〈독도는 우리땅〉이라는 노래를 불렀던 가수 정광태가 미국에서 갑작스레 초청됐다. 독도 수비대엔 위문 편지가 답지했고 초등학교 학생들까지 나서서 독도 토론회를 열었다.

언론은 그런 국민 정서에 부응하는 걸로도 모자라다고 여겼던지 훨훨 타오르는 국민적 분노의 불길에 기름을 퍼부어대기에만 바빴다. 오래전 어느 지방자치단체가 일본 민속예술단을 초청해 예정대로 공연을 갖자, 때가 어느 땐데 그런 공연을 '강행' 하느냐고 나무라기까지 했다.

월드컵 유치 전쟁

그런 분위기에 '월드컵 축구' 가 가세했다. '월드컵 축구' 도 일본과의 싸움이었다. 2002년 월드컵 축구 개최지 선정을 둘러싼 싸움이었다. 2002년 월드컵 축구 개최지 결정은 6월 1일 국제축구연맹 집행위원회의 집행위원 21명이 투표로 결정하게 돼 있었다.

언론은 개최국의 국민 호응도도 중요하다면서 월드컵 붐을 조성하는 데에 앞장섰다. 신문들마다 앞 다투어 "세계로 가는 월드컵 우린 해낼 수 있어요"라는 캠페인을 전개했고, 기업들은 전면 광고를 내면서 "월드컵 유치야말로 21세기 코리아의 큰 전환점이 될 것입니다"라고 외쳐댔다.

방송사들은 매일 내보내는 고정 프로그램으로도 모자라 앞 다투어 특

한국의 월드컵유치 엽서보내기 운동본부 회원들이 취리히에서 2002 월드컵 로고가 새겨진 티셔츠를 현지인들에게 나눠준 뒤 승리를 다짐하는 포즈를 취하고 있다.

집 프로그램을 제작하고 이벤트를 기획했다. 미국과 유럽에서까지 '월드컵 유치를 위한 열린 음악회'가 공연되었다. 〈가자 월드컵으로〉, 〈2002년 월드컵 코리아〉 등등의 노래가 선을 뵈었고, 〈내일은 월드컵〉이라는 만화영화까지 등장했다.

2월 22일 개최지 결정 표결을 100일 앞두고 월드컵 유치위원회의 '전광 게시판 점등식'과 아울러 스티커 배부와 거리 캠페인이 벌어졌다. 그날 세종문화회관 소강당에서는 '범종교인 월드컵 유치 및 평화통일 기원대회'가 열렸는데, 불교·개신교·천주교·유교·원불교·천도교·대종교 등의 400여 인사가 참석했다.

종교인들의 열성은 뜨거웠다. 국제축구연맹 집행위원회 21명의 집행위원을 각 교회마다 한 명씩 담당해 기도를 드리는가 하면 애원조의 편지보내기 운동까지 벌였고, 여기엔 초등학교 어린이들 편지까지 가세했다. 김영삼 대통령은 '범종교인 월드컵 유치 및 평화통일 기원대회'에 보낸 축하 메시지에서 "월드컵 유치를 통해 남북 교류와 협력을 획기적으로 증진시켜 나가자"고 격려했다.

일본의 독도 영유권 주장에 자극을 받은 한 시민은 월드컵 유치를 위해 1억 6,000만 원 상당의 부동산을 월드컵 유치위원회에 내놓았다. 양복점을 경영하는 한 시민이 전 재산을 내놓은 것이어서 많은 사람들을 감동시켰다.

열기가 너무 뜨거워 다른 사람도 아닌 KOC 위원 김광희는 "월드컵 유치에 대한 반대 의견이나 비판 등 소수 의견은 국민 정서에 반하고 국익에 역행하는 것으로 치부되는 등 의사 내셔널리즘의 대두가 두려운 오늘이다"고 말하기까지 했다.

'월드컵 마녀사냥'

노염화는 "90년대가 문화의 시대라고 하지만 여전히 우리는 문화라는 개념을 떠올릴 때 문예(영화, 음악, 미술, 문학)를 가장 먼저 떠올린다. 이는 이 시대가 여전히 정치 우위의 사고가 지배적이라는 것을 알려준다. 진정한 문화의 시대라고 하면 우리의 일상의 문제, 일상의 권력 즉 미시권력에 대한 관심이 극대화되어야 한다"며 다음과 같이 말했다.

"우리는 여전히 정치와 일상의 분리에 익숙하다. 우리는 정치적인 것은 거시적인 것이고, 미시적인 것은 취향적이란 이분법을 몸에 익히고 살아간다. 그것은 참으로 정치적인 일이다. '근육으로 익힌 지식은 평생토록 유지된다'는 말처럼 가장 자연스럽고 일상화된 것이 가장 벗어나기 힘든 정치의 굴레이다. 일상의 문제란 쉽게 말해 정치적으로 진보적인 사람이 일상에서는 가부장의 폭력을 휘두르는 것이 낯선 풍경이 아니라는 점에 주목하는 것이다. 스포츠 또한 마찬가지인데, 스포츠는 정치와 계급투쟁 외부에 치외법권으로 존재한다는 환상을 대중들이 가지고 있다는 것이 중요한 지점이다."[119]

노염화는 "2002년 월드컵 개최지 결정에 한국과 일본이 엄청난 물량 싸움을 하고 있는 것은 기정 사실이고, 여기에다 해묵디 해묵은 대일감 정이 독도와 월드컵을 매개로 해서 폭발 직전에 있다"고 지적했다.

"독도 문제가 있은 후부터, 월드컵 유치 경쟁이 뜨거워진 후부터 올림픽 예선 각 종목에서 한일전이 벌어지면 국가의 운명이 걸려 있는 듯이 언론이 떠들어 대고 국민들은 밤새 TV에 집중하면서 환호성과 탄식을 번갈아 낸다. 한·일 공동개최 논의를 꺼낸 신한국당 김윤환 의원은 하이텔 스포츠 게시판에서 조상 대대로 친일파였다는 물증이 게시된다. PC통신 토론실에 마련된 '월드컵 토론실'에서나 플라자란 스포츠 게시판에서 월드컵 유치에 조금이라도 삐딱한 소리를 하면 바로 친일파, 매국노, 이기주의자로 마녀사냥을 당한다."[120]

그는 "월드컵 광풍(狂風)은 여기서 그치지 않는다. 각종 단위에서 월드컵 유치 지원모임을 열고 고속도로 톨게이트 종업원들에게 월드컵 앞치마를 나눠준다느니, 뇌성마비 장애인들이 월드컵 유치 기원 축구대회를 열었다느니, 96 로봇 월드컵 축구대회를 한국에서 유치했다느니, 정말 '월드컵'이란 말만 들어도 닭살이 오를 지경이다"라고 말했다.[121]

월드컵 한·일 공동개최

월드컵 개최지 선정 한 달여를 앞두고선 하루에도 수십 번씩 "월드컵 코리아. 그 감격에 MBC", "2002 월드컵은 SBS가 책임집니다"라는 방송멘트가 홍수처럼 쏟아져 나왔다. 양쪽 눈 옆에 양손을 V자로 표시하면

---

119) 노염화, 『키치소년, 문화의 바다에 빠지다』(토마토, 1997), 190~191쪽.
120) 노염화, 위의 책, 193~194쪽.
121) 노염화, 위의 책, 194쪽.

1996년 5월 31일 국제축구연맹(FIFA)은 2002년 월드컵대회의 한·일 공동개최를 최종 확정했다.

'2002년 월드컵은 한국에서' 라는 표시로 공인되었다.[122]

1996년 5월 31일 국제축구연맹(FIFA)은 스위스 취리히에서 집행위원회를 열고 2002년 월드컵대회의 한·일 공동개최를 최종 확정했다. 집행위는 이날 하오 4시(한국 시간)부터 FIFA 본부 회의실에서 각 대륙 집행위원 21명 전원이 참석한 가운데 열린 회의에서 레나르트 요한손 유럽축구연맹(UEFA) 회장이 제안한 2002년 공동개최안을 한·일 당사국이 수용하는 조건으로 채택, 만장일치로 통과시켰다. 한국과 일본은 모두 FIFA의 권유안을 받아들였다. 이에 따라 1일 집행위에서 실시될 예정이었던 개최지 결정투표는 취소됐다. 이로써 21세기를 여는 첫 월드컵인 제17회 대회는 1930년 우루과이에서 제1회 대회가 개최된 이래 아시아 대륙에서 최초로 열리게 됐으며 공동개최 역시 이번이 처음이었다.[123]

122) 노엄화, 『키치소년, 문화의 바다에 빠지다』(토마토, 1997), 193쪽.
123) 『한국일보』, 1996년 6월 1일, 1면.

날라리 문화

서동진은 96년에 쓴 '개날라리론'에서 청소년 내부의 계급분할이 이루어지고 있다며, '영턱스클럽'이 개날라리의 스타일을 재현한다고 했다.

서동진은 96년에 쓴 '개날라리론'에서 청소년 내부의 계급분할이 이루어지고 있다며, 양아치 · 날라리 · 개날라리 등 3분법을 제시했다. 양아치는 청소년 사회의 부르주아, 날라리는 중간계급, 개날라리는 프롤레타리아트라는 것이다. 그는 '영턱스클럽'은 개날라리의 스타일을 재현한다고 했다.

"이들은 밤길의 신촌골목과 신사동 어귀에서 우리의 손길을 잡아끌던 삐끼의, 한낮의 이대 보세골목에서 나른한 낮빛으로 상점 사이를 순례하던, 반드시 한두 번쯤 마주쳤을 저 개날라리의 스타일을 대중문화 속으로 운반한다. 어느 대중문화 잡지에서 이들을 촌티 스타일의 쇼윈도로 꼽은 것은 그 촌티라는 말이 천박하고 저열하여 못 가진 자들의 스타일을 부르는 다른 이름일 경우에만 옳은 말이다. 즉, 이들이 프롤레타리아트적이란 말을 차마 내뱉지 못하는 중간층적인 미학의 용어로 그 촌스러움이란 용어가 직관적으로 선택됐을 때에 한해 이들은 촌스러울 뿐이다."[가]

폭주족은 125cc 오토바이로 시속 120km에서 140km로 달렸다. 더 달리고 싶어도 오토바이가 따라주지 않았다. 한 폭주족은 1000cc가 넘는 오토바이로 260km까지 속력을 내 그 바닥에서 영웅 대접을 받기도 했다. 고길섶은 무한속도의 경지에 이르게 되면 '무음(無音)의 경지'에 도달하게 된다고 했다.

"140km로 달리면 핸들이 부르르 떨린다. 헬멧을 쓰지 않으면 세찬 바람을 견뎌내기 힘들다. 폭주시 남들에게는 고막을 찢는 엔진소음으로 스치지만, 그 자신들에게는 전혀 들리지 않는다. 무음의 경지란 바로 이것이고, 여기에 모든 폭주족들의 고유한 욕망 대상이 존재한다. 순간순간 하체에 전기가 짜릿하게 터져 나오고 그들은 그 스릴의 무아경지에서 죽음으로써 폭주에 집중한다. 의식적인 집중이 아니라 어느 순간 무의식적인 집중으로, 그리고 무의식의 질주 속에서, 골치 아프고 억압적인 코드들만이 겹겹이 에워싼 숨막히는, 사회라는 컨텍스트는 사라져 버린다. 무음의 경지란 새로운 세계, 해방의 세계 그 순간 바로 그것의 빅뱅이다."[나]

노염화는 〈추적 60분〉, 〈시사매거진 2580〉 등에서 계도·계몽의 대상으로 규정된 폭주족을 옹호했다. 그는 "그들과 만나면서 나는 이들이 제대로 된 인간으로 대접받을 때, 타인들로부터 잠깐이나마 부러움의 시선을 받을 때는 도심의 거리를 뽀개면서 활주할 때뿐이라는 결론을 내렸

가) 서동진, 〈개날라리들의 정다운 합창: '영턱스클럽'〉, 현실문화연구 편, 『문화읽기: 뻐라에서 사이버문화까지』(현실문화연구, 2000), 293쪽.
나) 고길섶, 『문화비평과 미시정치』(문화과학사, 1998), 263쪽.

다"고 했다.

"총잡이(주유소), 철가방(배달원) 등으로 일할 때는 항상 지저분한 인간, 사회의 낙오자로 취급받는 그들은 자신의 노동(당당하게도!)으로 획득한 125cc 대림 오토바이를 몰고 거리를 활보할 때에만 자신의 존재를 떳떳이 남들에게 드러내는 것이다. 이 활주 능력 덕에 여자친구들을 얻기도 하지. 물론 기성세대의 욕지거리도 상당하다. 그들이 조직폭력배, 집단강간실천연합, 고통을 혼란시키는 거리의 난폭꾼인 것처럼 이야기하기도 한다. 나는 그들이 미치는 해악이 전혀 없다고 하는 건 아니다. 하지만 그들을 특별한 사회악이라고 이야기하는 것엔 결단코 반대한다."[다]

노염화는 날라리들이 아직까지 문화평론의 텍스트가 되지 않은 이유는 무엇이냐는 문제를 제기했다. 그는 "문화텍스트가 되기에 선점성과 선정성이 충분한 날라리들이 문화담론화되지 않은 까닭은 여전히 도덕의 문제였을 것이다"고 했다.

"날라리들의 입지를 조금이라도 옹호하는 발언을 공식 담론화하려 했다가는 날라리들과 함께 패키지로 패륜아가 되어 버리기 십상이기 때문이다. 날라리에 대한 우호적 발언은 유교주의 돌쇠, 도덕주의 돌쇠, 교육주의 돌쇠, 신한국 돌쇠들에게 파상적 공격을 받기에 딱 좋은 거리인 것이다. 이윤창출을 위해서는 사회적 권위나 도덕, 금기·금단을 우습게 무너뜨려온 것이 자본의 행보이다. 그러나 아직은 드러내 놓고 날라리 문화를 칭송해서 문화산업의 팽창을 꾀할 만큼 도덕적 경건주의가 고개를 숙인 시기가 아니다."[라]

노염화는 "우리 시대 날라리가 차지하고 있는 경제적인 역할은 결코 무시할 수 없을 정도이다. 삐끼와 총잡이(주유원), 철가방(배달원)으로 대

다) 노염화, 『키치소년, 문화의 바다에 빠지다』(토마토, 1997), 13~14쪽.
라) 노염화, 위의 책, 121~122쪽.

표되는 날라리 인력은 물론 스스로의 경제적 생존조건이기도 하지만 전체 경제구도로 봤을 때도 그와 같은 저가(低價)의 노동력은 무척이나 소중한 것이다"고 말했다.

"날라리 문화가 중요한 것은 그들이 대단한 생산력, 대안적 생산력을 가졌다는 점이 아니라 자본주의 유통구조에 윤활유를 치며, 주변부 문화를 소비해서 전체 경제구도를 유지시킨다는 것에 있다. 날라리들이 유행시키는 패션 시장은 얼마나 거대하며 폭주족이 만들어 내는 오토바이 시장은 또 얼마나 거대한가. 또 한 가지, 지금 대중음악계의 주류인 랩댄스 그룹 멤버의 거의 모두는 날라리로 분류되었던 학교의 낙오자들이 채우고 있지 않은가. 이들은 대단한 노동착취를 당하고 있다. 시간당 2,000원선의 저수당 아르바이트로 고용되는 이들의 노동은 그 누구도 문제삼지 않는다. 기성세대는 날라리들의 행동양태 등에 대해서는 욕지거리를 하지만 그들의 값싼 노동력은 십분 이용해 먹고 있는 것이다."[마]

마) 노염화, 『키치소년, 문화의 바다에 빠지다』(토마토, 1997), 126쪽.

공주병 신드롬

1996년 수많은 '신드롬'이 양산되었다. 과거를 동경한 전생 신드롬, 가족해체 틈새를 비집고 들어온 애인·아버지 신드롬, 애틀랜타올림픽이 낳은 빠떼루 신드롬, 자신을 최고로 내세우며 자기도취에 빠지는 공주병 신드롬 등등.

전생 신드롬은 정신과의사 김영우가 촉발했다. 그는 『전생여행』이라는 책에서 "최면을 통해 전생의 기억을 끄집어내는 방법으로 많은 정신병을 치료했다"고 주장했다. 정신의학계에서는 그를 '이단아'로 규정했지만, 책은 불티나게 팔려나갔고 이윽고 최면을 유도하는 테이프, 전생이 들여다보인다는 구슬까지 등장했다. 영화 〈은행나무 침대〉, 소설 〈천년의 사랑〉, 드라마 〈8월의 신부〉를 보았을 때 느꼈던 전생에 대한 심정적 동경이 정신과의사의 권위를 업고 '확신'으로 변해간 경우였다. 심리학자들은 "미래에 희망을 가질 수 없기에 과거에 애써 매달린다"고 분석했다.[가]

96년 8월에 출간된 김정현의 소설 『아버지』(문이당)는 아버지의 무력함과 희생을 그려 수많은 이들의 눈물샘을 자극하면서 70만 부가 팔려나갔다. 김정현은 젊은이들로부터 "어떻게 하면 아버지와 친해질 수 있는지 가르쳐 달라"는 질문공세에 시달리기도 했다. 홍정선은 이 소설이 베스트셀러가 된 것은 "한국의 전통적인 가족제도가 붕괴되는 과정이 만들어 낸 필연적 결과"이며 "과거에 적어도, 표면적으로, 제도적이고 관습적인 차원에서는 무소불위의 권력자였던 가장의 위치가 이제는 한 집안의 불쌍하기 짝이 없는 하인 위치로 전락해 버렸다는 세간의 인식과

가) 『경향신문』, 1996년 12월 18일, 29면.

관련되어 있다"고 했다.[나]

아버지 신드롬이 울증이라면 빠떼루 신드롬과 공주병 신드롬은 조증에 가까웠다.

빠떼루 신드롬은 애틀랜타올림픽 중계방송시 구수한 남도 사투리로 "빠떼루 줘야함다"를 반복했던 레슬링 해설가 김영준의 작품이었다. 4년 전 바르셀로나올림픽에서도 김영준은 똑같은 해설을 했지만 별 반향이 없었던 반면, 96년엔 PC통신이 신드롬을 만들어 냈다. 처음엔 재미있는 발음에 불과했지만 시간이 지나면서 빠떼루에는 거창한 해석이 부여돼, 사람들은 정치가에게, 재벌들에게 하루에 몇 번씩 빠데루를 선언하곤 했다. 국정감사에서 법사위원장 강재섭은 "선배님이라도 질의를 길게 하면 빠떼루 줄 수밖에 없다"고 얘기했을 정도였다. 김영준은 이 인기에 힘입어 세 편의 광고에 모델로 출연했다.

공주병은 오래전부터 정신과의사들이 '자기애적 성격장애'로 진단한 증상이었지만, 96년 한국 사회를 휩쓴 공주병 신드롬은 공주병의 의미를 바꿔놓았다. '미나공(미안해, 나 공주야)'이라는 말처럼 자신이 공주병에 걸렸다는 사실을 자랑스럽게 드러내고, 사람들도 공주병 환자를 비웃지 않고 부러워했다.

그렇게 만든 주인공은 탤런트 김자옥이었다. '공주병의 병원체'로 불린 김자옥이 45세의 나이에도 불구하고 MBC-TV 〈오늘은 좋은 날〉에 여고생 교복차림으로 등장해 "난 너무 예뻐서 탈이야", "너 나한테 홀딱 반했지?", "예쁜애 예쁜애 하지말고 자옥이 너라고 꼭 집어서 얘기해", "너는 꽃을 돈 주고 사니. 나는 꽃이 받는 거지, 사는 건지는 몰랐어" 등의 유행어를 만들어 내면서 공주병을 유행시켰다. 공주병은 코미디의 단골 소재로 떠올랐고, 공주병을 소재로 한 우스개시리즈만 수백여 개에

나) 홍정선, 〈한국 문학 속에 나타난 '가장상'의 변화〉, 『황해문화』, 제14호(1997년 봄), 145쪽.

이르렀다. 공주병을 시리즈로 한 유머 중엔 이런 것도 있었다. "공주병은 내 직업병이다. 왜냐구? 난 공주니까."[다]

김자옥이 11월에 내놓은 두 장의 앨범 《공주는 외로워》와 《공주병 캐럴》은 60여만 장에 이르는 음반 판매량을 기록했는데,[라] 〈공주는 외로워〉의 가사 내용은 이랬다.

"거울속에 보이는 아름다운 내 모습 나조차 눈을 뜰 수 없어/ 세상 어떤 예쁜 꽃들이 나보다 더 고울까/ 나는 정말 완벽한 여자예요/ 때로는 날 보는 여자들의 질투어린 시선이/ 여리고 순수한 내 마음을 아프게도 하지만/ 누가누가 알아줄까 오~ 혼자라는 외로움을/ 이쁜 나는 공주라 외로워"

노염화는 공주병과 왕자병은 나르시시즘의 극단적인 예로 볼 수 있지만, "최근의 공주병, 왕자병은 단순히 나르시시즘이라기보다는 하나의 처세술로 보인다"고 했다.

"스펙터클한 드러내기로 가득한 세상, 다들 잘났다고 떠드는 세상에서 겸양이란 능력 없음과 미천함의 동의어가 되어 버렸다. 남들에 뒤처지지 않기 위해 내공을 기르는 것도 중요하지만 미끈한 포장으로 자신을 드러낼 줄도 알아야 한다라는 것을 체득한 사람들의 처세술이라고 봐야 옳을 것 같다."[마]

'공주병 신드롬'은 1가구 2자녀 시대의 교육 방식과 더불어 사회적 흐름이 된 차별화 또는 과시 욕구를 반영했다. 김자옥이 연기한 공주는 귀엽고 천진난만했지만, TV 밖에 실제로 존재하는 공주와 왕자들은 영악했다. 영악함은 소비자본주의 시대의 '왕족'이 갖춰야 할 제1의 덕목이었다.

다) 『경향신문』, 1996년 12월 18일, 29면; 이재현, 『나는 뻐끼다: 이재현의 문화비평』(푸른미디어, 1998), 249쪽.
라) 『경향신문』, 1996년 12월 19일, 1면.
마) 노염화, 〈나르시스적 문화주체가 가져다 준/줄 새로운 가능성〉, 『문화과학』, 1997년 가을, 184쪽.